ÉLÉMENTS

DE

LÉGISLATION

USUELLE

PAR

E. DELACOURTIE

Avocat à la Cour d'appel de Paris, Docteur en droit

OUVRAGE RÉDIGÉ CONFORMÉMENT

Aux programmes officiels

POUR L'ENSEIGNEMENT SECONDAIRE SPÉCIAL

(TROISIÈME ANNÉE)

SEPTIÈME ÉDITION

PARIS

LIBRAIRIE HACHETTE ET Cie

79, BOULEVARD SAINT-GERMAIN, 79

1554

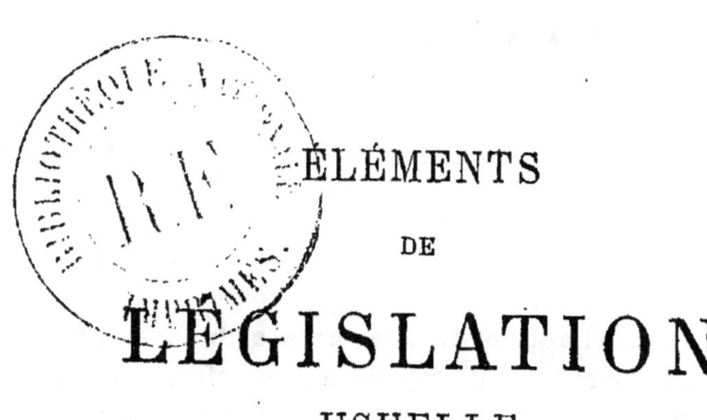

ÉLÉMENTS

DE

LÉGISLATION

USUELLE

ÉLÉMENTS

DE

LÉGISLATION

USUELLE

PAR

E. DELACOURTIE

Avocat à la Cour d'appel de Paris, Docteur en droit

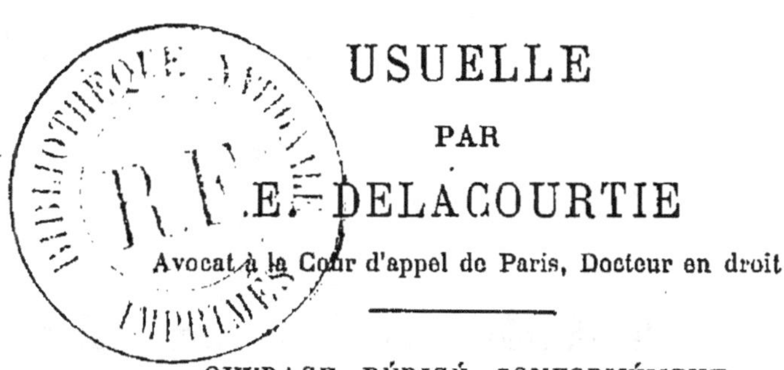

OUVRAGE RÉDIGÉ CONFORMÉMENT

Aux programmes officiels

POUR L'ENSEIGNEMENT SECONDAIRE SPÉCIAL

(TROISIÈME ANNÉE)

SEPTIÈME ÉDITION

PARIS

LIBRAIRIE HACHETTE ET Cⁱᵉ

79, BOULEVARD SAINT-GERMAIN, 79

1880

PRÉFACE

Ce volume est le développement du programme officiel, dont il suit fidèlement l'ordre et la division. Nous nous sommes à cet égard conformé à la règle que nous nous étions imposée dans notre précédent volume consacré aux éléments de la législation commerciale et industrielle. La législation usuelle comprend un ensemble de notions que tout citoyen doit connaître, car elles se présentent avec le caractère le plus évident d'utilité pratique. Nous avons en effet à étudier, dans ces éléments, l'organisation politique et administrative de notre pays et les dispositions les plus importantes des lois qui nous régissent, en un mot, les principes essentiels du droit public et administratif, du droit privé et du droit pénal. En parcourant le cercle étendu de ces matières, nous nous sommes efforcé de réunir trois qualités qui nous paraissent indispensables dans un ouvrage de cette nature : la précision, la clarté, la simplicité ; puissions-nous ne pas être resté trop loin du but que nous avons cherché à atteindre ! Nous croirions avoir fait une chose utile, si nous avions pu, dans la mesure de nos forces, contribuer à vulgariser la connaissance si nécessaire et généralement si peu répandue des éléments de notre législation.

L'ENSEIGNEMENT SECONDAIRE SPECIAL

LÉGISLATION USUELLE

(TROISIÈME ANNÉE)

Préliminaires.

Nécessité d'une puissance publique et d'une législation pour toutes les sociétés humaines. — Sans puissance publique et sans législation, il ne peut y avoir ni ordre ni justice. — Attributions essentielles de la puissance publique. — Organisation diverse selon les peuples et les temps. — Objet multiple de toute législation. — Droit public et administratif. — Droit privé (civil et commercial). — Droit pénal.

— DROIT PUBLIC ET ADMINISTRATIF.

DROIT PUBLIC.

(*Constitution du 14 janvier 1852 et sénatus-consultes du 7 novembre et du 25 décembre 1852.*) — *Principes fondamentaux du droit public.* — Unité nationale. — Droits garantis à tous les citoyens. — Obligations imposées à tous les citoyens.

Organisation de la puissance publique. — Ses bases : l'Empereur, chef héréditaire de l'État. — Le Sénat. — Le Corps législatif. — Le Conseil d'État. — L'autorité judiciaire. — L'autorité administrative.

L'Empereur, chef de l'État. — Notions sommaires sur ses prérogatives en ce qui concerne les rapports de la France avec les autres nations (traités de paix, d'alliance et de commerce). — En ce qui concerne le gouvernement intérieur : ses rapports avec le Sénat, le Corps législatif et le Conseil d'État. — Chef du pouvoir exécutif. — Ses prérogatives : Maintien de l'indépendance réciproque de l'autorité administrative et de l'autorité judiciaire.

Le Sénat. — Notions sommaires sur son organisation et ses attributions.

Le Corps législatif. — Notions sommaires sur sa composition, son élection, ses attributions.

L'autorité judiciaire. — Ses attributions générales. — Principes de son organisation. — Divisions territoriales pour l'administration de la justice. — Juridictions ordinaires pour les contestations civiles et les affaires criminelles. — Juridictions spéciales. — Cour de cassation. — Objet de son institution.

Dans quelles formes agissent les organes de la puissance publique. — Sénatus-consultes. — Lois. — Décrets et règlements d'administration publique. — Arrêtés. — Jugements et arrêts.

DROIT ADMINISTRATIF.

Organisation administrative. — *Division administrative de la France.* — Principes constitutifs. — Administration centralisée et hiérarchique. — Division administrative de la France en départements, arrondissements, cantons et communes.

L'administration est *active* : c'est-à-dire agit, délibère et juge les litiges qui naissent à l'occasion des actes ; *consultative* et *contentieuse.* — L'action administrative est généralement confiée à un agent unique. — La délibération appartient à des assemblées ou conseils. — L'exercice de la juridiction n'appartient pas exclusivement à des assemblées ou conseils. — Renvoi.

Au centre, l'action administrative appartient à l'Empereur et aux ministres. — Le Conseil d'État délibère.

Au chef-lieu du département, l'action est aux mains du préfet. — Corps délibérants : le conseil de préfecture et le conseil général.

Au chef-lieu d'arrondissement, le sous-préfet. — Le conseil d'arrondissement.

Au chef-lieu de la commune, ie maire. — Le conseil municipal.

De l'Empereur, chef suprême de l'Administration. — Quels sont ses pouvoirs quant au personnel des agents administratifs, quant aux services publics ou matières administratives.

Des Ministres. — Dix ministères : Ministère d'État. — Justice et cultes. — Affaires étrangères. — Intérieur. — Finances. — Guerre. — Marine et colonies. — Instruction publique. — Agriculture, commerce et travaux publics. — Maison de l'Empereur et des beaux-arts. — Les ministres sont chargés de l'exécution des lois et des décrets impériaux ; leur autorité s'exerce par des arrêtés ou des instructions pour l'organisation ou l'exécution de services publics, et par des décisions individuelles concernant les particuliers.

Du Conseil d'État. — Son organisation. — Nature diverse de ses attributions.

Des Préfets. — Des attributions du préfet, comme agent du Gouvernement et comme représentant du département.

Quelques mots sur les décrets de décentralisation préfectorale des 25 mars 1852 et 12 avril 1861.

Des Secrétaires généraux de préfecture.

Des Conseils de préfecture. — Leur composition. — Leurs attributions. — Ils donnent des avis. — Ils assistent le préfet dans l'action administrative. — Ils autorisent les personnes morales à plaider. — Ils sont juges du contentieux administratif.

Des Conseils généraux. — Leur composition. — Un conseiller par canton. — Mode de nomination.

Le conseil général assiste, éclaire et contrôle le préfet dans la gestion des intérêts spéciaux du département.

Des sessions ordinaires et des sessions extraordinaires des conseils généraux. — Quatre sortes de délibérations : — 1° délibérations exécutoires par elles-mêmes ; — 2° délibérations exécutoires après approbation de l'autorité supérieure ; — 3° avis ; — 4° vœux. — Notions générales sur le budget départemental.

Des Sous-Préfets. — Chefs de l'administration active dans l'arrondissement : ils n'ont cependant qu'exceptionnellement une autorité directe sur les citoyens. — Caractère principal : agents de transmission entre les préfets et les maires ou les citoyens.

Des Conseils d'arrondissement. — Leur composition. — Règlent, sous l'autorité du conseil général, la répartition des contributions entre les communes. — Pour le surplus, attributions simplement consultatives.

Des Maires et Adjoints. — Nommés par l'Empereur ou par le préfet.

Rappel des attribtiuons d'ordres divers dont le maire est investi. — Deux sortes d'attributions administratives : 1° agent du Gouvernement ; 2° représentant des intérêts spéciaux de la commune.

. Agent du Gouvernement, le maire est chargé de la publication et de l'exécution des lois ou règlements.

Il exerce une autorité directe en plusieurs matières. — Il est notamment chargé de la police municipale et rurale. — Il peut prendre, sous la surveillance de l'autorité supérieure, des arrêtés, soit règlementaires (permanents ou temporaires), soit individuels.

Le maire est le mandataire légal de la commune, considérée comme personne civile, pour la gestion de ses intérêts spéciaux. — Ce qu'il peut et doit faire en cette qualité.

Attributions des adjoints.

Des Conseils municipaux. — Leur composition. — Leur mode de nomination. — Dix membres au moins, trente-six au plus, suivant la population. — Des élections municipales. — Du renouvellement des conseils municipaux.

Quatre sessions ordinaires. — Leur durée. — Des sessions extraordinaires.

Quatre sortes de délibérations des conseils municipaux : — 1° délibérations exécutoires par elles-mêmes ; — 2° délibérations soumises à l'approbation de l'autorité supérieure ; — 3° avis ; — 4° vœux.

Du budget communal.

Notions générales sur les agents administratifs auxiliaires pour les différentes branches du service public.

Matières administratives. — Étendue et importance des services publics en France. — Nécessité de choisir.

Armée. — De son recrutement. — Contingent cantonal. — Tirage au sort. — Du conseil de révision. — Causes d'exemption, de dispense. — Des soutiens de famille. — De l'exonération du service militaire par voie de remplacement. — Par voie de substitution de numéros. — Composition de l'armée. —Réserve. — Garde nationale.

De l'avancement des militaires, au *choix* ou à *l'ancienneté.*— Du *grade*, qui est une propriété. — De *l'emploi*, qui est facultatif pour le Gouvernement. — De la *non-activité.* — De la *réforme.* — De la *retraite.*

Recrutement de l'armée de mer. — De l'inscription maritime. — Flotte cuirassée et flotte à voiles.

Cultes. — Notions sommaires sur l'organisation ecclésiastique de la France. — Culte catholique : — archevêchés, évêchés, cures, paroisses. — Cultes non catholiques : — église réformée ; église de la confession d'Augsbourg ; culte israélite ; culte musulman. — Organisation de ces divers cultes.

Instruction publique.— Organisation administrative spéciale pour l'instruction publique. — Enseignement primaire ; écoles publiques et libres ; écoles normales. — Enseignement secondaire classique et spécial.—Colléges communaux, lycées. — Enseignement supérieur : — Facultés. — Établissements spéciaux : — Collége de France. — Muséum d'histoire naturelle. — Observatoire impérial. — Bureau des longitudes. — Institut. — Bibliothèques et musées.

Écoles spéciales des ministères de l'intérieur, de la guerre, de la marine, des finances, des travaux publics.

Travaux publics. — *Desséchement des marais.* — *Mines, minières et carrières.* — Travaux publics proprement dits. — Nature diverse des travaux publics : — Travaux civils (ponts et chaussées, bâtiment civils). — Travaux militaires. — Travaux maritimes. — Travaux mixtes. — Agences diverses chargées de la direction des travaux publics et de leur exécution.

Servitudes imposées à la propriété pour l'exécution des travaux publics. — Expropriation pour cause d'utilité publique. — Déclaration d'utilité publique par l'Administration. — Plan parcellaire. — Jugement d'expropriation. — Indemnité préalable. — Indemnité fixée à l'amiable ou par un jury d'expropriation. — Occupation des terrains pour fouilles et extractions de matériaux et pour dépôts, nécessaires pour l'exécution de travaux publics.

Législation particulière aux travaux de défense militaire. — Aperçu de la législation sur les servitudes militaires.

Législation relative au desséchement des marais.

Législation des mines, minières et carrières. — Leur définition. — Des concessions de mines. — Des permissions d'exploiter les minières. — De la surveillance des carrières.

Voir dans le programme pour la législation industrielle (p. 7 et 8), ce qui concerne les établissements dangereux, insalubres et incommodes, les brevets d'invention, les marques et les dessins de fabrique.

Voirie. — Acceptions différentes de ce mot. — De la grande voirie (routes impériales, départementales, chemins de fer, rivières navigables et flottables). — De la petite voirie (chemins vicinaux, rues et places des villes). — Quelques détails sur la grande et la petite vicinalité.

Des servitudes d'utilité publique, imposées aux propriétaires riverains des voies de communication. — Alignement. — Chemin de halage et marchepied.

Fortune publique. — Dépenses et ressources de l'État. — Dépenses ordinaires et extraordinaires. — Budget de l'État, sa composition. — Attributions du ministre des finances quant à la gestion de la fortune publique. — Agences centrales et locales pour l'administration et le recouvrement des revenus publics.

Ressources. — Notions générales sur le domaine national. — Domaine public. Domaine de l'État. Domaine de la Couronne.

Contributions publiques ou impôts. — Leur importance parmi les ressources de l'État. — Principes communs aux contributions publiques. — Nature diverse des contributions publiques. — Explication des dénominations de contributions directes et de contributions indirectes.

Contributions directes. — Contributions directes proprement dites. — Taxes assimilées.

Quatre contributions *directes :* — 1º l'impôt foncier ; — 2º l'impôt personnel et mobilier ; — 3º l'impôt des portes et fenêtres ; — 4º l'impôt des patentes. — Distinction de ces contributions en impôts de répartition et en impôts de quotité. — Principal et centimes additionnels.

Notions générales sur l'impôt foncier. — Sur le cadastre.

Notions sommaires sur l'impôt personnel et mobilier. — Sur l'impôt des portes et fenêtres. — Sur l'impôt des patentes.

Notions sur la rédaction et la mise en recouvrement des rôles. — Publication. — Voies autorisées pour le recouvrement. — Nature diverse des poursuites. — Réclamations. Demandes en décharge ou réduction. Demandes en remise ou modération. Ce qui les distingue.

Les contributions *indirectes* comprennent principalement les droits sur les boissons, sur les sels et sur les sucres, les droits d'enregistrement et de timbre, les douanes, les monopoles des postes, des tabacs et des poudres.

Impôt des boissons. — Droit de circulation. — Droit d'entrée. — Du congé. — Du passavant. — Du passe-debout.

— Du transit. — De l'exercice. — De l'abonnement individuel ou collectif.

Notions sommaires sur l'impôt du sel et des sucres.

Enregistrement. — Donne date certaine aux actes. — Est un impôt. — Les droits d'enregistrement sont *fixes* ou *proportionnels*. — Dans quel cas les uns, dans quel cas les autres. — En matière d'actes à titre onéreux et d'actes à titre gratuit.

Aperçu des droits de mutation, des droits d'obligation en matière civile ou commerciale, des droits de quittance.

Timbre. — Timbre de dimension. — Timbre proportionnel. — Sanction.

Dépenses publiques. — Notions sommaires. — Comment elles s'effectuent. — Comment il en est justifié. — Règlement du budget. — Apurement de la gestion des comptables. — Attributions de la Cour des comptes.

Voir dans le programme pour la législation industrielle (p. 17), ce qui concerne les douanes, le monopole des tabacs, du papier timbré, des poudres et salpêtres, des postes.

Justice administrative. — Nature du contentieux administratif. — Il comprend les réclamations élevées contre des actes administratifs, pour violation des obligations imposées à l'Administration par les lois ou règlements qui la régissent ou par les contrats qu'elle a consentis.

Juridictions administatives. — Notions générales sur la compétence, en ce qui concerne les matières les plus usuelles : préfets, conseils de préfecture, ministres, conseil d'État.

Du recours au conseil d'État pour excès de pouvoirs.

II. — DROIT PRIVÉ.

Importance du droit privé. — Il a son expression dans les divers codes qui constituent l'ensemble de notre législation.

Unité de la législation pour toute la France. — Décrétée en 1790, réalisée sous le Consulat et l'Empire. — Bienfaits de la codification.

Le *Code Napoléon* règle les rapports que les particuliers ont les uns avec les autres au point de vue de leurs intérêts privés.

Le *Code de commerce* règle les rapports de commerçant à commerçant.

Le *Code de procédure* trace les règles au moyen desquelles chacun exerce ses droits et en assure la consécration.

Des agents servant, soit à constater les droits de chacun, soit à les mettre en action.

Des notaires. — Leur rôle extrajudiciaire. — Ils sont à la fois officiers publics et conseils de leurs clients.

Des huissiers, des avoués, des greffiers. — Leurs attributions respectives.

Des avocats. — Des agréés.

Code Napoléon. — Sa division en trois livres comprenant 2281 articles. — Le premier traite des personnes ; le deuxième, des biens ; le troisième, des différentes manières dont les personnes acquièrent les biens ou s'obligent les unes envers les autres.

Des personnes. — La loi les considère successivement au point de vue de la nationalité, du mariage, de la paternité ou de la filiation, de la minorité ou de la majorité, de la capacité ou de l'incapacité .

De la nationalité. — Comment on est ou l'on devient Français. — Caractère hospitalier de la loi française.

De l'état civil. — Importance d'une bonne tenue des actes de l'état civil. — Différents actes de l'état civil. — Personnes qui concourent à leur rédaction. — Rôle respectif des parties et des témoins. — Autorité de ces actes et foi qui leur est due. — Tout le monde peut se procurer des extraits des registres. — De la rectification des actes de l'état civil.

Du domicile. — Ses effets. — Domicile d'élection. — Domicile politique.

De l'absence. —Indication sommaire des mesures à prendre dans l'intérêt des absents.

LÉGISLATION, 3e année.

Du mariage. — La famille est la base de la société. — Le mariage est la source de la famille. — Qualités et conditions pour pouvoir contracter mariage.

Age, consentement des époux, consentement des parents, inexistence d'un lien précédent. — Pièces à produire pour être admis à contracter mariage. — Le mariage est indissoluble pendant la vie des époux.

De la paternité et de la filiation. — Insister sur la puissance paternelle et sur le respect qui lui est dû. — Droits du père sur la personne de son enfant. — Droits sur ses biens. — Engagement volontaire.

De l'adoption et de ses effets.

De la minorité.

Les mineurs orphelins sont en tutelle ou émancipés.

Les enfants qui ont leur père et mère ont leurs biens administrés par le père. — Différentes sortes de tutelles. — Du subrogé-tuteur; — du conseil de famille.

Notions très-sommaires sur l'administration des tuteurs; — des comptes de tutelle.

De l'émancipation. — Des conditions, de la forme, des effets et du retrait de l'émancipation.

De l'interdiction. — Montrer que c'est une mesure de protection. — État de la personne interdite. — Courte analyse de la loi du 30 juin 1838, sur les aliénés. — Garanties données à la liberté individuelle. — Mesures que la loi permet contre les personnes qui abusent de leur liberté civile. — Conseil judiciaire donné aux prodigues.

Des biens. — La propriété est une nécessité sociale et non le résultat d'une convention humaine.

Distinction des biens meubles et immeubles.

Utilité de cette distinction, surtout au point de vue de l'hypothèque, de la compétence, de l'aliénation

Biens immeubles par nature; — immeubles par destination; — immeubles par l'objet auquel ils s'appliquent. — Ne pas négliger d'indiquer les développements donnés de nos jours à la fortune mobilière. — Aperçu des diverses valeurs mobilières.

De la propriété. — Ses caractères. — Ses limites nécessaires.

Distinction de la propriété et de la possession.

Possession de bonne foi, possession de mauvaise foi. — Conséquences de la distinction.

Fruits naturels.

Des divers démembrements de la propriété.

Notions sur le droit d'usufruit.

Droits d'usage.

Servitudes. — 1° Servitudes qui dérivent de la situation des lieux. — Des eaux de source. — Des eaux traversant une propriété. —Des différentes espèces de rivières. — Du drainage. — Du bornage. .

2° Servitudes établies par la loi. — Mitoyenneté. — Droits de vue sur la propriété du voisin, égout des toits, droit de passage.

3° Servitudes établies par le fait de l'homme.

Continues et discontinues; — apparentes et non apparentes.

Conséquences de cette distinction pour l'acquisition et l'extinction des servitudes. — Le professeur s'étendra particulièrement sur ce qu'on appelle les *lois du voisinage* et sur les usages de chaque localité.

Des différentes manières d'acquérir. —Notions générales.

Des successions. — Elles s'ouvrent par la mort.

Indiquer d'une manière générale sur quels principes repose le droit de succession. —La loi française admet l'égalité dans les partages. — L'égalité est conforme au vœu de la nature. — Héritiers, successeurs aux biens. — Quatre ordres d'héritiers : 1° descendants; 2° père et mère en concours avec les frères et sœurs; 3° ascendants; 4° collatéraux jusqu'au douzième degré.

Notions sommaires sur la représentation ; — dans quel cas elle a lieu. — Celui qui est appelé à succéder peut prendre trois partis : accepter purement et simplement, — accepter bénéficiairement, — renoncer. — Conséquences pratiques de ces trois partis. — Insister sur l'acceptation *tacite*, et faire connaître les faits qui entraînent cette acceptation.

Successions vacantes. — Conséquences.

Des libéralités, donations entre-vifs et testaments. — Notions sommaires sur la capacité de donner et de recevoir, sur la quotité disponible et sur la réserve.

Formes des donations entre-vifs. — Irrévocables. — Trois exceptions à l'irrévocabilité : inexécution des conditions, ingratitude, survenance d'enfants.

Des testaments. — Leurs formes : par actes publics (notariés), olographes, mystiques. — Insister spécialement sur le testament olographe. — Quelles sont ses formes ? — Formule à indiquer. — Sur quoi l'écrire ? — Précautions à prendre. — Date. — Écriture. — Signature. — Renvois. — Quelles dispositions peut contenir un testament ? — Dépôt du testament. — Testament des personnes qui ne peuvent signer, et ne peuvent lire, qui ne peuvent parler.

A quoi est tenu le légataire universel, institué dans un testament olographe ou mystique ? — Conséquences de l'acceptation d'un legs universel ou à titre universel. — Enregistrement des testaments. — Les exécuteurs testamentaires, leurs droits, leurs devoirs et leur responsabilité.

Définition des legs, — universels, — à titre universel, à titre particulier. — Effets de ces legs.

Notions sur les obligations. — Source des obligations : la loi, les contrats, les quasi-contrats, les délits, les quasi-délits.

Contrats synallagmatiques et unilatéraux, commutatifs et aléatoires, de bienfaisance et à titre onéreux. — Le professeur passera rapidement sur ces divisions et définitions. Il insistera particulièrement sur cette idée, que les conventions légalement formées tiennent lieu de loi à ceux qui les ont faites, et qu'elles doivent être exécutées de bonne foi. — Sainteté de la parole donnée. — La fidélité à ses engagements est une condition du crédit. — Importance du crédit.

Conditions de la validité des contrats. — 1° Consentement;

vices du consentement : erreur, violence, dol; 2° capacité;
3° objet; 4° cause.

Quelques idées pratiques sur les dommages-intérêts. —
Développement de cette idée, que, quelle que soit la nature
du contrat, l'homme doit apporter à la conservation de la
chose d'autrui les mêmes soins qu'il apporte d'ordinaire dans
l'administration de sa propre fortune.

Les obligations s'éteignent par les modes indiqués dans
l'article 1234 du Code Napoléon. — Définition et caractère
de chacun de ces modes d'extinction.

Un mot sur le paiement en billets de banque, en monnaies
étrangères, en billon. — De la gestion d'affaires. — Du paiement de l'indu. — Des délits. — Des quasi-délits. — Solidarité
des délinquants pour la réparation du préjudice causé. — De
la responsabilité des faits d'autrui. — Comment se prouvent
en justice la propriété et ses démembrements, l'existence et
l'extinction des obligations. — A qui incombe en général la
preuve ? — Indiquer succinctement les divers modes de
preuves. — Insister sur les devoirs du témoin. — Peine du
faux témoignage. — Sainteté du serment. — Conséquences
du serment décisoire. — Expliquer ce qu'il faut entendre par
l'autorité que la loi attribue à la chose jugée.

Du contrat de mariage, c'est-à-dire du règlement de la société
de biens entre les époux. — Se borner à citer et à caractériser
les différents régimes d'association conjugale quant aux biens.

Nature et forme de la vente.

Quand la vente est-elle translative de propriété ?

Qui peut acheter et vendre ?

Quelles choses peuvent être vendues?

Le vendeur doit livrer la chose et la garantir à l'acheteur. —
Éviction de l'acheteur. — Ses conséquences.

L'acheteur doit payer le prix.

De la vente à réméré, de ses effets.

De la rescision pour cause de lésion de plus des sept
douzièmes. — Elle ne s'applique qu'aux immeubles; — elle
ne peut être invoquée que par le vendeur.

Les créances, les droits peuvent être l'objet d'une vente; mais, comme ils ne peuvent être livrés corporellement, l'acheteur doit signifier la vente ou transport au débiteur cédé, ou lui faire faire une acceptation de transport.

Loi du 20 mai 1838, concernant les vices rédhibitoires dans les ventes et échanges d'animaux domestiques.

Qu'est-ce que l'échange?

Du louage. — Deux sortes de louages : — louage des choses ; — louage d'industrie.

1° Louage des choses.

Règles communes aux baux de tous les immeubles.

Règles spéciales aux baux des maisons d'habitation. — Tenir compte des usages locaux, et dans chaque école d'enseignement secondaire spécial, avoir soin de placer, à côté des dispositions générales du Code, l'indication exacte des usages de la contrée. — Éclairer le tout par des exemples et des formules. — Règles spéciales aux baux à ferme.

Aperçu général sur les différents systèmes d'amodiation du sol. — Culture patriarcale, ou du *faire valoir soi-même*. — Métayage. — Fermage. — Règles diverses.

2° Louage d'ouvrage et d'industrie. — Quelques notions sur la liberté du travail, l'apprentissage et le marchandage. — Loi sur les livrets.

Louage des gens de travail, des voituriers, des entrepreneurs.

Notions sommaires.

Du bail. — Cheptel. — Différentes sortes de cheptels.

Des sociétés civiles.

Idées générales sur l'association. — Ses avantages. — Travaux qui la comportent.

Sociétés. — Définition.

Des diverses sortes de sociétés civiles. — Engagements des associés entre eux et à l'égard des tiers.

Des sociétés dites de coopération. — Comment finit la société?

Du prêt.

Prêt à usage. — Obligations de l'emprunteur.

Engagements de celui qui prête à usage. — Rembourse-ments nécessaires. — Indemnités.

Prêt de consommation. — Obligations du prêteur. — Enga-gements de l'emprunteur. — Définition.

Du prêt à intérêt. — L'intérêt est le prix du loyer d'un ca-pital. — Indiquer succinctement le rôle que joue le capital dans la production. — Légitimité de l'intérêt. — Signaler que l'argent est une marchandise, soumise comme les autres au concours de l'offre et de la demande.

Loi du 3 septembre 1807, sur le taux de l'intérêt conven-tionnel. — Enquête sur la matière.

De l'intérêt légal.

De l'usure. — Sanction pénale.

Définition de la rente. — Ce qu'il faut entendre par rente perpétuelle et rente viagère.

Quelques notions générales relatives aux rentes sur l'État. — Notions du crédit public.

Du dépôt. — Dépôt proprement dit et séquestre.

Le dépôt est volontaire ou nécessaire. — Leur nature et leurs différences.

Séquestre. — Conventionnel ou judiciaire. — Leurs effets,

Des contrats aléatoires. — Définition. — Simple nomen-clature. — On insistera sur la rente viagère. — Conditions requises pour la validité du contrat de rente viagère.

Effets du contrat.

Des assurances contre l'incendie, la mortalité des bes-tiaux, etc. — Insister sur les diverses espèces d'assurances. — Obligations de l'assuré et de l'assureur. — Mode d'extinc-tion du contrat d'assurance. — Asssurances à prime et assurances mutuelles.

De la mutualité.

Notions sommaires sur les assurances sur la vie. — Com-binaisons diverses.

Du mandat.

Obligations du mandant et du mandataire.

Comment finit le mandat.

Du cautionnement.

De ses effets entre le créancier et la caution, entre le créancier et le débiteur, et entre ceux qui se sont portés conjointement cautions du même débiteur.

Des transactions. — Définition.

Comment peut-on, en général, terminer une contestation. — Recours à la justice. — Arbitrage. — Transaction. — Avantages de la transaction.

De la contrainte par corps.

Voie rigoureuse d'exécution. — A été toujours en s'adoucissant. — Indication sommaire des cas dans lesquels elle a lieu.

Des priviléges.

Les biens du débiteur sont le gage commun de ses créanciers; ils sont partagés entre tous les créanciers au marc le franc, à moins que certains créanciers n'aient des causes de préférence, priviléges ou hypothèques. Dans cette matière, il suffira de caractériser la différence entre le privilége et l'hypothèque, d'indiquer quelles sont les créances privilégiées, comment se conservent les priviléges, se divisent les hypothèques, se règle le rang des créanciers hypothécaires, de quels droits ils sont nantis, et comment on peut dégager les immeubles des hypothèques qui les grèvent.

De la prescription. — Définition. — Deux sortes. — Prescription afin d'acquérir. — Prescription afin de se libérer. — L'une profite au possesseur et lui donne la propriété; — l'autre au débiteur, et le libère de son obligation.

Conditions de la prescription afin d'acquérir. — Possession continuée pendant un certain temps.

Conditions de la possession.

Prescription afin de se libérer. — Conditions. — Silence du créancier pendant un certain temps.

Durée du temps requis pour prescrire.

Prescriptions particulières.

Procédure civile. — **Du** droit de se faire juger par des arbitres volontaires. — Notions sommaires sur les arbitrages. — Devoirs des arbitres.

Notions sommaires sur l'instruction des affaires devant les diverses juridictions civiles.

Aperçu général des frais que peut faire naître un procès. — De l'assistance judiciaire.

Le ministère des avoués. — Étendue de leurs attributions. — Quelques notions sur les jugements, les enquêtes, les expertises, les matières sommaires et l'appel.

Notions sommaires sur l'exécution des jugements, et particulièrement sur la saisie-arrêt, sur la saisie-exécution (saisie des meubles) et sur la saisie immobilière.

Quelques mots sur la distribution des deniers entre les créanciers d'un même débiteur, soit dans la contribution, soit dans l'ordre.

III. — DROIT PÉNAL.

Esprit général de la législation criminelle. — La société punit et ne se venge pas. — Codification de la législation criminelle. — Cette législation ne se trouve cependant pas tout entière dans le *Code pénal* et dans le Code d'instruction criminelle. — Nécessité de se borner dans cette étude.

Code pénal. — Caractère et différence des diverses infractions aux lois pénales. — Crimes, délits, contraventions.

Classification des peines.

De la récidive.

Des personnes punissables et excusables, ou responsables pour crimes ou délits.

Notions spéciales sur certains crimes et délits.

Des associations ou des réunions illicites. — De la violation des règlements relatifs aux manufactures, au commerce ou aux arts, et de la loi sur les coalitions.

Des entraves apportées à la liberté des industries.

De la banqueroute et de l'escroquerie

Délits des fournisseurs.

Code d'instruction criminelle. — De la poursuite des crimes, des délits et des contraventions. — De l'action publique et de l'action civile.

De la police judiciaire et des officiers qui l'exercent. — Court exposé des attributions des maires, des commissaires de police, des officiers de gendarmerie, des gardes champêtres et forestiers. — Énumération des agents qui ont le droit de dresser des procès-verbaux. — Réquisition d'un chef de maison. — Devoir des témoins devant le juge d'instruction et à l'audience. — Mandats de comparution, de dépôt et d'arrêt. Les distinguer. — De la mise en liberté sous caution. (*Loi du* 14 *juillet* 1865, *sur la mise en liberté provisoire.*)

Voies de recours contre les jugements de simple police et contre les jugements et arrêts de police correctionnelle. — Opposition, appel, pourvoi en cassation.

Des Cours d'assises. — Où elles se tiennent? — Comment sont-elles composées? — Cours. — Jurés.

Comment les jurés sont-ils désignés?

Comment la Cour d'assises est-elle saisie? — Arrêt de mise en accusation.

Physionomie d'une audience de Cour d'assises. — Serment des jurés. — Lecture de l'acte d'accusation. — Interrogatoire de l'accusé et des témoins. — Réquisitoire du ministère public. — Défense des accusés. — Résumé du président.

Remise des questions aux jurés. — Délibération. — Nombre de voix requises pour la condamnation. — Circonstances atténuantes.

Verdict du jury. — Acquittement. — Condamnation. — Absolution.

Du pourvoi en cassation contre les arrêts des Cours d'assises.

TABLE DES MATIÈRES

PREMIÈRE PARTIE.

DROIT PUBLIC.

DEUXIÈME PARTIE.

DROIT ADMINISTRATIF.

TITRE I. — Organisation administrative.

TITRE II. — Matières administratives.

TITRE III. — Contentieux administratif.

TROISIÈME PARTIE.

DROIT PRIVÉ.

QUATRIÈME PARTIE.

DROIT PÉNAL.

FIN DE LA TABLE.

ÉLÉMENTS
DE LÉGISLATION
USUELLE.

PRÉLIMINAIRES.

Nécessité d'une puissance publique et d'une législation pour toutes les sociétés humaines. — L'existence de l'homme en société a pour conséquence nécessaire la création d'une puissance publique chargée de pourvoir aux besoins généraux et de maintenir l'ordre entre les citoyens. « Le premier besoin d'une société, a-t-on dit avec raison, c'est la constitution d'un pouvoir public, sans lequel la vie commune serait tourmentée par le désordre en permanence (1). » L'autorité publique édicte certaines règles, qui s'imposent à tous les citoyens, et même, dans certains cas, à tous ceux qui habitent le territoire; l'ensemble de ces règles forme la législation du pays.

Attributions essentielles de la puissance publique. — L'organisation des pouvoirs publics dépend de diverses circonstances : elle doit être appropriée aux temps et aux lieux, au degré de civilisation, à l'état des mœurs, aux traditions nationales. La constitution politique et la législation des divers peuples présentent ainsi des différences considérables toutefois, et en tenant compte de ces différences, il est possible de ramener à quelques idées simples les attributions essentielles de la puissance publique, attributions qui se retrouvent chez tous les peuples civilisés. L'autorité publique

(1) Batbie, *Introduction au Droit public et administratif*, p. 15.

doit veiller à la défense du territoire, faire les lois et les règlements nécessaires à leur application, maintenir le bon ordre et la paix publique, réprimer les faits coupables, juger les contestations qui s'élèvent entre les citoyens, enfin pourvoir à certains services d'intérêt commun que l'initiative individuelle serait impuissante à assurer. Pour remplir ces attributions nombreuses, il faut que la puissance publique se subdivise en diverses branches, qui sont : le pouvoir législatif, le pouvoir administratif ou exécutif et l'autorité judiciaire.

Objet multiple de la législation ; droit public ; droit administratif ; droit privé ; droit pénal. — La législation comporte plusieurs divisions, suivant les différents objets auxquels elle doit pourvoir. Le *droit public* comprend l'étude des droits garantis aux citoyens, de l'organisation des grands pouvoirs de l'État et des rapports établis entre eux par la Constitution. Le *droit administratif* s'occupe de l'organisation des services administratifs et des rapports qui peuvent exister entre les particuliers et l'administration. Le *droit privé* règle les relations des citoyens entre eux : il se subdivise en *droit civil* et *droit commercial*. Les dispositions du droit civil sont applicables à tous les citoyens ; le droit commercial édicte certaines règles spéciales pour ceux qui exercent le commerce et pour les actes qui constituent la profession commerciale. Enfin le *droit pénal* établit les peines applicables à certaines infractions réprimées par la loi, et détermine les formes qui doivent être suivies pour arriver à punir les coupables.

Division. — Nous avons divisé, conformément à ces indications, notre travail en quatre parties, consacrées : la première, au droit public ; la seconde, au droit administratif ; la troisième, au droit privé ; la quatrième et dernière, au droit pénal. Nous n'avons pas compris dans le droit privé la législation commerciale qui rentre dans les études de la quatrième année d'enseignement.

PREMIÈRE PARTIE.

DROIT PUBLIC.

CHAPITRE PREMIER.

PRINCIPES FONDAMENTAUX DU DROIT PUBLIC.

Unité nationale. — Le premier principe de notre droit public est l'unité nationale, qui implique l'union complète de toutes les parties du territoire français. Avant 1789, la France était divisée en un certain nombre de provinces, ayant une individualité propre, possédant des lois, des coutumes, une organisation particulière. Cet état de division rendait difficile l'action du pouvoir central : les mesures les plus utiles pouvaient se trouver compromises par les obstacles qu'apportaient à leur exécution les intérêts particuliers et les institutions de telle ou telle province. L'Assemblée nationale de 1789 a fondé l'unité nationale : elle a fait disparaître la division en provinces ; toutes les parties du territoire ne forment plus qu'une seule nation, soumise aux mêmes institutions et aux mêmes lois.

Droits garantis à tous les citoyens. — La Constitution du 3 septembre 1791 énumère un certain nombre de principes, que les divers régimes qui se sont succédés dans notre pays ont toujours respectés. Ces principes, considérés comme fondamentaux, et qui servent encore aujourd'hui de base à notre droit public, sont les suivants :

1° *L'égalité civile*, qui a pour éléments essentiels : l'admissibilité de tous aux places et emplois, la répartition égale de l'impôt, l'absence de tout privilège en faveur d'une classe de citoyens ou en faveur de certaines personnes.

2° *La liberté individuelle*, qui consiste dans la faculté pour tout citoyen d'aller, de venir, de séjourner suivant sa volonté, de se livrer à tel travail, à telle industrie qu'il juge convenable; c'est aussi par une conséquence du même principe que nul ne peut être arrêté ni détenu qu'en vertu d'un ordre de la justice.

3° *L'inviolabilité du domicile et de la propriété*. On ne peut pénétrer dans le domicile du citoyen sans son consentement, si ce n'est pour la recherche d'un fait puni par la loi pénale, d'un crime ou d'un délit, et pour l'exécution d'une décision de justice. Le propriétaire ne peut être dépouillé de sa propriété que pour cause d'utilité publique et moyennant une juste et préalable indemnité. C'est le cas d'*expropriation pour cause d'utilité publique*.

4° *La liberté de conscience et des cultes*. La liberté de conscience est absolue : nul ne peut être inquiété pour ses opinions religieuses, pourvu qu'elles ne se manifestent pas publiquement. Mais l'exercice du culte est soumis à certaines mesures de police qui étaient nécessaires pour éviter toute atteinte à l'ordre public.

5° *La liberté de la presse*. Le principe de la liberté de la presse existe dans nos lois actuelles, en ce sens qu'aucun écrit n'est soumis avant sa publication à aucune censure ou inspection. Toutefois, certaines obligations particulières sont imposées aux imprimeurs; certaines conditions sont exigées de celui qui veut créer un journal ou écrit périodique; en outre, les délits commis par la voie de la presse peuvent entraîner des poursuites devant les tribunaux et la condamnation aux peines portées par la loi.

6° *Le droit d'association et de réunion*. La réunion est le concours accidentel de plusieurs personnes dans un même lieu ; l'association suppose un concours permanent et à époques fixes. Les abus du droit de réunion et d'association ont nécessité des mesures qui l'ont règlementé et restreint.

7° *Le droit de pétition.* Tout citoyen a le droit de saisir l'Assemblée nationale de ses réclamations par voie de pétition. L'Assemblée examine la pétition, et peut, si elle le juge convenable, la renvoyer au ministre compétent.

8° *La gratuité et la publicité de la justice, le droit pour tout citoyen de n'etre jugé que par ses juges naturels.* Autrefois, les juges étaient rémunérés par les plaideurs, au moyen de certains droits qu'on nommait *épices.* Aujourd'hui, le juge n'a rien à recevoir du plaideur; celui-ci n'a à payer que les frais de procédure perçus par l'État ou par les officiers ministériels, avoués, huissiers, greffiers, qui concourent à l'administration de la justice. Le principe de la publicité des débats judiciaires est une garantie essentielle pour le plaideur; il ne peut y être porté atteinte que dans les cas où les débats seraient de nature à nuire à la morale publique : les juges ont alors la faculté d'ordonner le *huis clos.* Enfin, nul ne peut être distrait de ses juges naturels : ainsi se trouve empêchée la création de *commissions,* tribunaux spéciaux institués sous l'ancien régime pour juger certains crimes ou certains accusés. Ces commissions, à raison de leur origine, ne présentaient point les garanties d'impartialité et d'indépendance u'offrent les tribunaux ordinaires.

9° *Le vote de l'impôt.* L'impôt doit être voté par les représentants de la nation, la Chambre des députés et le Sénat ; le chef de l'Etat ne pourrait, par un simple décret, établir de nouveaux impôts ou proroger la durée d'impôts existants.

10° *La responsabilité des agents du pouvoir.* Les ministres sont responsables devant les Chambres qui représentent la nation. Quant aux agents de l'administration, ils sont responsables envers les particuliers des fautes qu'ils commettent dans l'exercice de leurs fonctions. Le particulier lésé par l'acte arbitraire ou abusif d'un fonctionnaire administrati peut le poursuivre, soit devant la juridiction criminelle, soi devant la juridiction civile. L'art. 75 de la Constitution de l'an VIII qui exigeait l'autorisation du Gouvernement pour les poursuites exercées contre les agents de l'administration est aujourd'hui abrogé. La faculté pour les particuliers de poursuivre directement les fonctionnaires publics à raison des abus et des excès de pouvoir qu'ils peuvent commettre est une garantie pour la liberté des citoyens; quant à l'inconvénient qui pourrait résulter de poursuites inconsidérées ou vexatoires, il n'a point paru suffisant pour placer les fonctionnaires publics en dehors du droit commun.

11° *La souveraineté nationale.* Le principe fondamental de nos institutions actuelles se trouve dans la volonté de la nation régulièrement exprimée par le suffrage universel. La Chambre des députés et le Sénat représentent la nation qui les a élus.

12° *La séparation des pouvoirs.* C'est un principe constitutionnel que les trois pouvoirs dont la réunion constitue la puissance publique : pouvoir législatif, pouvoir exécutif, pouvoir judiciaire, ne peuvent être dans les mêmes mains. Cette séparation des pouvoirs, en établissant entre eux l'équilibre, assure la liberté des citoyens.

Obligations imposées à tous les citoyens. — Les principales obligations imposées aux citoyens sont : 1° l'obligation du service militaire; 2° l'obligation de payer l'impôt; 3° l'obligation de contribuer à l'entretien et à la réparation des chemins vicinaux au moyen de prestations en nature; 4° l'obligation de faire partie du jury chargé de juger les crimes. Nous ne nous étendrons pas sur ces divers points qui reviendront dans le cours de notre travail.

CHAPITRE II.

ORGANISATION DE LA PUISSANCE PUBLIQUE.

Division. — La puissance publique comprend trois pouvoirs distincts : le pouvoir législatif, qui fait les lois ou règles générales imposées à tous les citoyens, le pouvoir exécutif, qui pourvoit à leur exécution, enfin le pouvoir judiciaire, qui juge les contestations entre les citoyens, poursuit et réprime les faits coupables. Ces diverses fonctions s'exercent par le Président de la République, qui est le chef du pouvoir exécutif, les deux Chambres, le conseil d'État, l'autorité judiciaire et l'autorité administrative à ses divers degrés.

Laissant de côté le conseil d'État et l'autorité administrative, dont nous aurons plus spécialement à traiter dans notre seconde partie, nous allons parcourir les attributions qui appartiennent à la Chambre des députés, au Sénat et au chef du pouvoir exécutif, puis nous étudierons les principes fondamentaux de l'organisation judiciaire.

§ 1er. — CHAMBRE DES DÉPUTÉS.

Notions générales sur ses prérogatives. — La Chambre des députés partage avec le Sénat le pouvoir législatif. Aucune proposition ne peut être convertie en loi, si elle n'a été votée successivement par la Chambre des députés et le Sénat. Les projets de loi sont présentés par le Gouvernement, ou proposés par un ou plusieurs membres de la Chambre. Tout membre de la Chambre des députés peut interpeller le Gouvernement, et provoquer ainsi les explications des ministres sur les questions de politique intérieure ou de politique étrangère. Les simples citoyens peuvent adresser à la Chambre des députés des pétitions.

Élection des députés ; loi du 1er Décembre 1875. — Les membres de la Chambre des députés sont élus par le suffrage universel, au scrutin individuel. Il y a au moins un député par arrondissement administratif ; les arrondissements dont la population dépasse 100,000 habitants nomment un député de plus par 100,000 habitants ou fraction de 100,000 habitants. Les arrondissements qui ont droit d'avoir plusieurs députés sont divisés en circonscriptions : le tableau des circonscriptions est établi par une loi et ne peut être modifié que par une loi. Chaque circonscription a son député, de telle sorte qu'en tout cas l'électeur n'a à voter que pour un seul nom.

Listes électorales. — Les députés sont élus par les électeurs inscrits sur les listes électorales. Tous les Français, âgés de vingt-un ans, jouissant de leurs droits civils et politiques, et ayant six mois de résidence dans la commune, ont le droit d'être portés sur la liste électorale pour l'élection des députés. Cette liste électorale est dressée dans chaque commune par une commission composée du maire, d'un délégué de l'administration choisi par le préfet, et d'un délégué du conseil municipal. Il est procédé chaque année, au commencement de janvier, à la révision des listes électorales ; la liste ainsi révisée est publiée et affichée. Tout citoyen indûment omis peut, dans les vingt jours de la publication de la liste, réclamer son inscription ; de même, tout électeur a le droit de demander l'inscription ou la radiation de toute personne qui a été à tort omise ou inscrite. Les réclamations sont soumises à la commission qui a dressé la liste ; on adjoint à cette commission deux autres délégués choisis par le conseil municipal. La décision de la commission peut être frappée d'appel devant le juge de paix, et la sentence du juge de paix peut être déférée à la Cour de cassation. Il faut observer que les militaires de tous grades, même inscrits sur les listes électorales, ne peuvent prendre part à aucun vote, quand ils sont présents à leur corps.

Formes de l'élection. — Lorsqu'il y a lieu de procéder à une élection, les électeurs sont convoqués par un décret du Président de la République. Le scrutin a toujours lieu un dimanche ou un jour férié ; il ne dure qu'un seul jour. Le vote a lieu au chef-lieu de la commune ; néanmoins, lorsque le nombre des électeurs est considérable, la commune peut être divisée par arrêté du préfet en plusieurs sections électorales. Lorsqu'un second tour de scrutin est nécessaire, il a lieu le deuxième dimanche qui suit le jour de la promulgation du premier scrutin. Dans chaque commune ou section, les électeurs viennent déposer leur vote dans la salle où siége le bureau électoral, présidé par le maire, l'adjoint ou un conseiller municipal, et composé en outre de quatre assesseurs et d'un secrétaire. Le vote est secret. Les électeurs votent au moyen de bulletins préparés en dehors de l'assemblée et sur papier blanc. Chaque électeur remet son bulletin au président, qui le dépose dans l'urne ; le vote est constaté par la signature ou le parafe de l'un des membres du bureau mis à côté du nom du votant sur la copie de la liste électorale. Après la clôture du scrutin, il est procédé au dépouillement ; le recensement général des votes et la proclamation du résultat du scrutin ont lieu au chef-lieu du département. La Chambre des députés vérifie les pouvoirs de ses membres: elle examine si le député élu remplit les conditions d'éligibilité et si les opérations électorales ont été régulières.

Conditions d'éligibilité. — Tout électeur est éligible à l'âge de 25 ans accomplis, à moins qu'il ne se trouve dans un des cas d'incompatibilité prévus par la loi. Les militaires et marins en activité de service, les fonctionnaires publics, sauf exception pour les ministres, les ambassadeurs et quelques autres fonctionnaires d'un ordre élevé, ne peuvent être investis du mandat de député. Le fonctionnaire élu est remplacé dans ses fonctions, s'il accepte le mandat de député; de même, le député nommé à une fonction publique salariée cesse d'appartenir à la Chambre. Nul ne peut être élu au premier tour de scrutin, s'il n'a réuni à la fois la majorité absolue, c'est-à-dire la moitié plus un des suffrages exprimés, et un nombre de suffrages égal au quart des électeurs inscrits. Au second tour de scrutin, la majorité relative suffit; si deux candidats obtiennent le même nombre de suffrages, le plus âgé est élu.

Durée des fonctions des députés; indemnité; dissolution. — Les députés sont élus pour quatre ans ; la Chambre se renouvelle intégralement à l'expiration de ce délai. En cas de vacance par suite de décès, démission ou autrement, il doit être procédé à l'élection dans le délai de trois mois, à compter du jour où la vacance s'est produite. Lorsqu'un député est élu dans plusieurs arrondissements, il doit déclarer son option dans un délai déterminé ; il est procédé dans le mois à l'élection pour le siége vacant par suite de l'option. Les députés reçoivent une indemnité, qui est fixée à neuf mille francs par an. La Chambre des députés peut être dissoûte par le Président de la République, mais seulement avec l'avis conforme du Sénat.

§ 2. — SÉNAT.

(*Loi du 24 Février 1875.*)

Composition du Sénat. — Le Sénat se compose de trois cents membres ; deux cent vingt-cinq sont élus par les départements, et soixante-quinze par l'Assemblée nationale. Le nombre des sénateurs élus par chaque département varie, suivant l'importance de la population, de cinq à deux : le territoire de Belfort, les trois départements de l'Algérie et les quatre colonies de la Martinique, de la Guadeloupe, de la Réunion et des Indes françaises élisent chacun un sénateur.

Élection et nomination des sénateurs. — Les sénateurs nommés par l'Assemblée nationale sont élus au scrutin de liste et à la majorité absolue des suffrages. Les sénateurs des départements et des colonies sont élus à la majorité absolue, et, s'il y a plusieurs sénateurs à nommer, au scrutin de liste, par un collége électoral spécial réuni au chef-lieu du département ou de la colonie. Ce collége électoral se compose : des députés du département, des conseillers généraux, des conseillers d'arrondissement et de délégués élus, un par chaque conseil municipal, parmi les électeurs de la commune. Pour faire partie du Sénat, il faut être âgé de quarante ans au moins et jouir de tous ses droits civils et politiques.

Durée des fonctions des sénateurs. — Les sénateurs élus par l'Assemblée nationale sont inamovibles ; en cas de vacance par décès, démission ou autre cause, il est, dans le délai de deux mois, pourvu au remplacement par le Sénat lui-même. Les sénateurs des départements et des colonies sont élus pour neuf ans, et renouvelables par tiers tous les trois ans ; pour établir l'ordre de renouvellement, les départements doivent être, au début de la première session, divisés en trois séries contenant un nombre égal de sénateurs ; il est procédé, par la voie du tirage au sort, à la désignation des séries qui devront être renouvelées à l'expiration de la première et de la deuxième période triennale.

Attributions du Sénat. — Le Sénat partage avec la Chambre des députés le pouvoir législatif ; il a, concurremment avec cette Chambre, l'initiative et la confection des lois ; les lois de finances seules doivent toujours être présentées en premier lieu à la Chambre des députés, et votées par elle. Le Sénat peut être constitué en cour de justice pour juger, soit le Président de la République, soit les ministres, et pour connaître des attentats commis contre la sûreté de l'État.

Le Président de la République ne peut dissoudre la Chambre des députés que sur l'avis conforme du Sénat.

§ 3. — PRÉSIDENT DE LA RÉPUBLIQUE.

Constitution du Pouvoir exécutif. — La loi du 25 février 1875, relative à l'organisation des pouvoirs publics, a réglé le mode d'élection du Président de la République. Conformément aux prescriptions de cette loi, le Sénat et la Chambre des députés, réunis en Congrès, ont, le 30 janvier 1879, nommé M. Jules Grévy Président de la République pour sept années.

Election du Président de la République. — Le Président de la République est élu à la majorité absolue des suffrages par le Sénat et par la Chambre des députés réunis en Assemblée nationale. En cas de vacance par décès ou pour toute autre cause, les deux Chambres se réunissent immédiatement pour procéder à l'élection d'un nouveau Président ; dans l'intervalle, le conseil des ministres est investi du pouvoir exécutif. Le Président de la République est nommé pour sept ans ; il est rééligible.

Prérogatives du Président de la République. — Le Président de la République a l'initiative des lois, concurremment avec les membres des deux Chambres ; il promulgue les lois, lorsqu'elles ont été votées par les deux Chambres : la promulgation est l'acte par lequel le chef du pouvoir exécutif atteste l'existence de la loi, et la rend obligatoire pour les citoyens ; il assure et surveille l'exécution des lois votées et promulguées ; il fait, avec l'assistance du conseil d'État, les règlements d'administration publique. Le Président de la République a le droit de faire grâce, c'est-à-dire d'accorder à un condamné remise totale ou partielle de la peine ; l'amnistie, c'est-à-dire la remise de la peine faite à toute une catégorie d'individus avant ou après la condamnation, ne peut être accordée que par une loi. La nomination à tous les emplois civils et militaires, le droit de disposer de la force armée, sont aussi dans les attributions du Président de la République ; les envoyés et ambassadeurs des puissances étrangères sont accrédités auprès de lui. Chacun des actes du Président de la République doit être contresigné par un ministre. Le Président de la République n'est responsable que dans le cas de haute trahison.

Le Président de la République négocie et ratifie les traités ; les traités de paix, de commerce, ceux qui engagent les finances de l'État, ou qui sont relatifs à l'état des personnes et au droit de propriété des Français à l'étranger ne sont définitifs qu'après avoir été votés par les deux Chambres. Une loi est nécessaire pour toute cession, échange ou adjonction de territoire. Le Président ne peut déclarer la guerre sans l'assentiment des deux Chambres.

Convocation des Chambres ; prorogation ; messages. — Le Sénat et la Chambre des députés se réunissent chaque année, le second mardi de janvier, à moins d'une convocation antérieure faite par le Président de la République. Le Président prononce la clôture des Chambres ; il peut les convoquer extraordinairement ; cette convocation est de droit, si la demande en est faite, dans l'intervalle des sessions, par la majorité absolue des membres composant chaque Chambre. Le Président peut ajourner les Chambres, mais l'ajournement ne peut excéder le terme d'un mois, ni avoir lieu plus de deux fois dans la même session. Le Président de la République communique avec les Chambres par des messages qui sont lus à la tribune par un ministre. Les ministres ont leur entrée dans les deux Chambres et doivent être entendus toutes les fois qu'ils le demandent. Lorsque le Président de la République désapprouve la loi votée par le Sénat et la Chambre des députés, il peut, dans le délai de la promulgation, demander aux deux Chambres, par un message motivé, une nouvelle délibération qui ne peut être refusée.

§ 4. — AUTORITÉ JUDICIAIRE.

Principes généraux sur ses attributions et son organisation. — L'autorité judiciaire a un double rôle : elle juge les contestations qui s'élèvent entre les citoyens ; elle réprime les infractions à la loi pénale, et, par la punition des faits coupables, elle assure l'ordre dans la société. Les tribunaux ne peuvent statuer que sur le procès même qui leur est soumis : ils ne peuvent prononcer par voie de disposition générale et pour tous les cas analogues ; il y aurait là un empiétement sur le pouvoir législatif, qui seul a le droit de prescrire les règles générales imposées à tous les citoyens.

La mission de juger est confiée à des magistrats qui sont en général inamovibles, c'est-à-dire qui ne peuvent être privés de leur siége sans leur consentement. Près de chaque tribunal se trouvent d'autres magistrats qui forment ce qu'on appelle le *parquet* ou le *ministère public*. Les magistrats du ministère public sont chargés, en matière civile, de protéger et de défendre les incapables, les femmes, les mineurs, les absents ; en matière criminelle, ils exercent des poursuites contre les auteurs des crimes ou des délits. Les magistrats du ministère public sont amovibles et révocables.

Divisions territoriales ; juridictions ordinaires pour les contestations civiles et les affaires criminelles. — Notre organisation judiciaire est calquée en grande partie sur l'organisation administrative. Dans chaque canton, il y a un juge de paix, magistrat unique qui juge en matière civile les contestations les moins importantes, et en matière pénale, comme juge de simple police, les faits appelés *contraventions de simple police*. Dans chaque arrondissement, il existe un tribunal de première instance, ou tribunal d'arrondissement, juge de droit commun pour les contestations civiles. Toutes les fois qu'une contestation n'est pas, par une disposition formelle de la loi, attribuée à une autre juridiction, elle doit être portée devant le tribunal de première instance. Le tribunal de première instance est composé de trois magistrats au moins, président, juges et juges suppléants. Dans les villes où le mouvement des affaires est considérable, le tribunal de première instance est divisé en un certain nombre de sections ou *chambres*. En matière pénale, le tribunal de première instance juge les faits qualifiés *délits de police correctionnelle;* on l'appelle alors tribunal correctionnel. Il y a, près de chaque tribunal de première instance, un procureur de la République et un ou plusieurs substituts qui remplissent les fonctions du ministère public.

Au-dessus du tribunal de première instance se trouve la Cour d'appel. Il y a 26 Cours d'appel : chacune, à l'exception de la Cour de Bastia, comprend plusieurs départements (1). La Cour d'appel est toujours divisée en plusieurs chambres; elle se compose d'un premier président, de présidents de chambre et de conseillers. Les fonctions du ministère public sont exercées près les Cours d'appel par un procureur général, des avocats généraux et des substituts du procureur général. La Cour d'appel, en matière civile, est juge d'appel des décisions rendues par les tribunaux de première instance et de commerce. En matière pénale, elle juge les appels des jugements rendus par les tribunaux correctionnels de son ressort; en outre, dans chaque département, un conseiller de la Cour d'appel est délégué pour présider, à certaines époques de l'année, la Cour d'assises qui juge les infractions les plus graves à la loi pénale, celles qui sont qualifiées *crimes.* La Cour d'assises est composée du conseiller à la Cour d'appel président, de deux conseillers ou de deux juges du tribunal

---

(1) Les siéges des Cours d'appel sont : Aix, Alger, Amiens, Angers, Bastia, Besançon, Bordeaux, Bourges, Caen, Chambéry, Dijon, Douai, Grenoble, Limoges, Lyon, Montpellier, Nancy, Nîmes, Orléans, Paris, Pau, Poitiers, Rennes, Riom, Rouen et Toulouse.

du lieu où elle siége, enfin de douze jurés, simples particuliers tirés au sort pour juger chaque accusé.

Juridictions spéciales. — Les juridictions que nous venons de parcourir sont les juridictions ordinaires. Il existe en outre certaines juridictions exceptionnelles ou spéciales. Nous citerons notamment les tribunaux de commerce qui jugent les contestations entre commerçants, et les conseils de prud'hommes qui sont institués pour statuer sur les contestations entre patrons et ouvriers. Les membres des tribunaux de commerce et des conseils de prud'hommes sont choisis par l'élection. Il faut mentionner aussi les conseils de guerre, composés de militaires, qui jugent les délits commis par des personnes appartenant à l'armée.

Cour de cassation; objet de son institution. — Au sommet de la hiérarchie judiciaire se trouve la Cour de cassation, créée pour maintenir l'unité dans l'interprétation des lois. La Cour de cassation casse les décisions des juridictions inférieures lorsqu'elles contiennent une violation de la loi. Elle est divisée en trois chambres : la chambre des requêtes et la chambre civile, pour les affaires civiles; la chambre criminelle, pour les affaires criminelles. Elle comprend un premier président, des présidents de chambre, des conseillers, un procureur général, des avocats généraux. La Cour de cassation a dans l'ordre judiciaire un rôle tout particulier : lorsqu'elle annule ou casse une décision comme contenant une violation de la loi, elle ne statue pas sur le fond du procès, mais renvoie à cet effet devant une juridiction de même ordre que celle dont la décision a été cassée.

CHAPITRE III

DANS QUELLES FORMES AGISSENT LES ORGANES DE LA PUISSANCE PUBLIQUE.

Division. — Les actes qui émanent des divers organes de la puissance publique prennent des noms différents. On distingue les lois, les décrets et réglements d'administration publique, les arrêtés, les jugement et arrêts

Lois. — Le Président de la République partage avec les deux Chambres l'initiative des lois ; les projets de loi présentés par le Gouvernement peuvent être portés d'abord à la Chambre des députés ou au Sénat ; ils doivent être votés par l'une et par l'autre Chambre. Après l'examen d'une commission, le projet est soumis à la délibération en séance publique, puis au vote de l'Assemblée. Chacun des membres de la Chambre des députés ou du Sénat peut également proposer des projets de loi ; c'est ce qu'on appelle *l'initiative parlementaire*. Les projets de lois de finances doivent toujours être présentés d'abord à la Chambre des députés et votés par elle.

La loi, votée par les deux Chambres, est promulguée par le Président de la République. La promulgation résulte de l'insertion au *Journal officiel :* la loi est exécutoire, à Paris, un jour après sa promulgation, et partout ailleurs, dans l'étendue de chaque arrondissement, un jour après que le journal officiel est parvenu au chef-lieu de cet arrondissement ; la date de la réception est constatée par un registre tenu dans chaque préfecture ou sous-préfecture.

Décrets ; règlements d'administration publique. — On appelle décrets les actes qui émanent du Président de la République, chef du pouvoir exécutif. On distingue plusieurs espèces de décrets : les décrets simples ont pour objet de statuer sur une des matières qui rentrent dans les attributions du pouvoir exécutif. Tels sont notamment les décrets nommant à une fonction publique, conférant un grade dans l'armée ; ces décrets sont rendus sur le rapport du ministre compétent. On appelle règlements d'administration publique, ou décrets règlementaires, ceux qui ont un caractère général, et sont faits pour assurer l'exécution des lois, pour déterminer les règles de détail qu'elles n'ont pu prevoir. Les règlements d'administration publique ont cela de particulier que le conseil d'Etat doit nécessairement donner son avis, intervenir dans leur préparation et leur rédaction. L'accomplissement de cette condition est constaté dans le préambule du décret par ces expressions : *le conseil d'État entendu.* Un certain nombre de décrets spéciaux et non règlementaires doivent, d'après une disposition formelle de la loi, être rendus après avis du conseil d'État. Cet avis est exigé pour les décrets créant des tribunaux de commerce, accordant une concession de mine, etc. Les décrets spéciaux rendus ainsi sur l'avis du conseil d'État sont désignés sous le nom de : *décrets rendus dans la forme des règlements d'administration publique.*

Arrêtés. — Les actes que font les diverses autorités administratives dans les limites de leurs attributions prennent le nom d'arrêtés; on dit ainsi : arrêté ministériel, arrêté préfectoral, arrêté du maire.

Jugements et arrêts. — Les décisions que rendent les tribunaux en matière civile ou criminelle portent le nom de jugements ou arrêts. On réserve la dénomination d'arrêt pour les décisions des Cours d'appel, des Cours d'assises et de la Cour de cassation. On dit au contraire : jugement du tribunal de première instance, du tribunal de commerce. Les décisions des juges de paix et des conseils de prud'hommes prennent souvent dans l'usage le nom de *sentences.*

DEUXIÈME PARTIE.

DROIT ADMINISTRATIF.

Division. — Le droit administratif comprend l'organisation administrative à ses divers degrés, les matières administratives, c'est-à-dire l'ensemble des objets auxquels se rattachent les services administratifs, enfin le contentieux administratif, ou le jugement des contestations administratives. Notre seconde partie sera divisée en trois titres, qui correspondent à cette triple division.

TITRE PREMIER.

ORGANISATION ADMINISTRATIVE.

CHAPITRE PREMIER.

NOTIONS GÉNÉRALES.

Principes constitutifs; hiérarchie; centralisation. — On définit l'administration : l'ensemble des services qui concourent à l'exécution de la pensée du Gouvernement et à l'application des lois d'intérêt général. L'organisation administrative repose sur le double principe de la hiérarchie et de la centralisation. Elle se compose de divers ordres de fonctionnaires, subordonnés hiérarchiquement les uns aux autres, et répondant à la division territoriale en départements, arrondissements et communes. Au-dessus des administrations locales se place l'administration générale ou centrale, qui donne l'impulsion aux divers rouages de l'organisation administrative. La centralisation, ou le contrôle par l'administration centrale des actes émanés des autorités locales et de la gestion des intérêts locaux, est indispensable pour conserver à l'action administrative sa force et son unité. L'absence absolue de centralisation amènerait l'indépendance complète des autorités locales et par suite une véritable anarchie dans l'administration. Mais, d'un autre côté, l'abus de la centralisation entraîne de graves inconvénients : s'il faut remonter à l'autorité centrale pour les moindres affaires, il en résulte des lenteurs, des difficultés, des embarras sans nombre. Il est donc nécessaire de laisser une certaine initiative, une certaine autonomie aux autorités locales, en réservant toutefois le droit de surveillance de l'autorité supérieure pour les actes les plus importants. Les lois récentes consacrées à l'organisation administrative tendent à y introduire cette décentralisation modérée.

Division administrative de la France. — La France est divisée en départements, arrondissements, cantons et communes. Le département et la commune ne sont pas seulement des divisions administratives : ils constituent également des personnes morales, créées par la loi, susceptibles d'avoir des droits et des obligations. Ainsi le département peut être propriétaire, créancier, débiteur; il en est de même de la commune. L'arrondissement et le canton ne sont au contraire que des divisions administratives, et n'ont point le caractère de personnes juridiques. Il faut remarquer encore que le canton n'a point d'administration particulière; toutefois, l'intérêt de cette subdivision administrative se présente à plusieurs points de vue : c'est au chef-lieu de canton que le conseil de révision pour le recrutement tient ses séances; chaque canton nomme un conseiller général, enfin il y a un juge de paix par canton.

Distinction de l'administration active, délibérante et contentieuse. — L'unité d'action nécessaire à l'administration ne peut se rencontrer dans une administration collective. Agir est le fait d'un seul, a-t-on dit avec raison. Aussi l'action administrative à ses divers degrés est-elle confiée à un fonctionnaire unique. Mais, à côte de l'administrateur chargé d'agir, se trouvent des corps délibérants qui l'éclairent de leurs conseils : c'est l'administration délibérante. Ces conseils sont composés de plusieurs personnes, car, si agir es' le fait d'un seul, délibérer est le fait de plusieurs. Enfin les actes de l'administration peuvent donner lieu à des contestations, il faut des juges spéciaux pour les trancher : c'est la troisième forme de l'administration, l'administration, contentieuse.

Cette distinction se retrouve aux divers degrés de l'administration. Ainsi, au centre, l'action administrative appartient au Président de la République et aux ministres, auprès desquels est placé le conseil d'État, corps délibérant; dans le département, le préfet agit, le conseil de préfecture et le conseil général délibèrent; dans l'arrondissement, l'action appartient au sous-préfet, la délibération, au conseil d'arrondissement; enfin, dans chaque commune, le maire agit, le conseil municipal délibère. Quant aux attributions contentieuses, elles s'exercent : au centre, par les ministres et le conseil d'État; dans le département, par le préfet et le conseil de préfecture.

CHAPITRE II.

ADMINISTRATION CENTRALE.

§ 1er. — PRÉSIDENT DE LA RÉPUBLIQUE.

Quels sont ses pouvoirs quant au personnel des agents administratifs, quant aux services publics ou matières Administratives. — Le Président de la République est le chef de l'administration, mais la plupart des détails sont délégués par lui aux agents subordonnés. L'intervention directe du Président de la République se rencontre cependant assez souvent dans les matières administratives. Le Président de la République nomme et révoque les principaux fonctionnaires : ministres, préfets, sous-préfets, etc. Il fait, avec l'intervention du conseil d'État, les règlements d'administration publique; il concède les mines; il autorise l'établissement des octrois; il confère la naturalisation aux étrangers; il ordonne ou autorise les travaux d'utilité publique, les entreprises d'intérêt général. Ces exemples, car nous n'avons point eu l'intention de faire une énumération, montrent combien est importante la participation directe du chef du pouvoir exécutif à l'action administrative. Le Sénat et la Chambre des députés, en nommant le Président de la République, lui ont conféré dans leur plénitude, mais sous leur contrôle, les pouvoirs d'administration qui appartiennent à un chef d'Etat.

§ 2. — MINISTRES.

Définition; division des ministères. — Les ministres sont nommés par le Président de la République; ils délibèrent en conseil sous sa présidence; ils sont responsables; ils peuvent être membres du Sénat ou de la Chambre des députés; ils ont entrée dans les Chambres et doivent être entendus lorsqu'ils le demandent. Les ministres sont, sous l'autorité du Président de la République, les chefs de l'administration dans les diverses branches des services publics; un des ministres porte le titre de vice-président du conseil, et préside le conseil des ministres, lorsque le Président de la République est absent ou empêché. Il y a aujourd'hui dix ministères : 1º le ministère de la justice; le ministre de la justice est souvent appelé *garde des sceaux*, parce qu'il est dépositaire des sceaux de l'Etat; 2º le ministère des affaires étrangères ; 3º le ministère de la guerre ; 4º le ministère de la marine et des colonies; 5º le ministère de l'intérieur, auquel sont rattachés les cultes;

6º le ministère des finances ; 7º le ministère de l'agriculture et du commerce ; 8º le ministère des travaux publics ; 9º le ministère de l'instruction publique et des beaux-arts ; 10º le ministère des postes et télégraphes. Les ministres résident à Paris, siège du gouvernement. Chacun des actes du Président de la République est contre-signé par le ministre compétent.

Attributions des ministres. — Les ministres exercent, dans toute l'étendue de la France, les attributions afférentes au département ministériel dont ils sont chargés; ils contre-signent les décrets relatifs à leur ministère; ils suivent l'exécution des lois et des décrets; ils nomment et révoquent un grand nombre d'agents subordonnés; ils exercent sur les actes des autorités inférieures un contrôle qui se manifeste par le pouvoir qu'ils ont de les annuler ou de les confirmer; enfin, ils dirigent les services publics qui leur sont confiés, ils préparent les règlements et les mesures nécessaires. Les ministres ont aussi dans un grand nombre de cas des attributions contentieuses; ils jugent, sauf recours au conseil d'État, les contestations qui s'élèvent dans les matières dépendant de leur service.

Dans quelles formes agissent les ministres. — Les actes faits par les ministres portent le nom d'*arrêtés*, lorsqu'ils ont un caractère d'autorité. Ainsi, c'est par des arrêtés que le ministre nomme un fonctionnaire, prescrit une mesure, annule l'acte d'une autorité inférieure. Les *instructions* sont des actes par lesquels le ministre explique aux fonctionnaires placés sous ses ordres le sens des lois et des décrets qu'ils sont chargés d'appliquer. Ces instructions sont adressées tantôt à un seul fonctionnaire et pour une affaire spéciale, tantôt à tous les fonctionnaires de la même catégorie ; elles prennent dans ce cas le nom de *circulaires*. Les instructions sont obligatoires pour le subordonné auquel elles s'adressent, mais elles n'ont point d'autorité à l'égard des particuliers qui peuvent, en cas de contestation, critiquer devant la juridiction compétente l'interprétation que le ministre a donnée à la loi ou au décret. Enfin on appelle *décision* la résolution spéciale prise par le ministre sur une réclamation qui lui est adressée par un particulier, ou sur une difficulté qui lui est soumise par un agent subordonné.

§ 3. — CONSEIL D'ÉTAT.
(*Loi du 13 juillet 1879.*)

Son organisation. — Le conseil d'Etat se divise en cinq sections, dont une section de législation, chargée de préparer les projets de loi présentés aux Chambres par le gouvernement, et une section du contentieux, qui juge les recours formés contre les décisions administratives ou les actes de l'administration. Le conseil d'Etat se compose de trente-deux conseillers d'Etat en service ordinaire et dix-huit conseillers d'Etat en service extraordinaire. Les uns et les autres sont nommés par décret du Président de la République. Les conseillers d'Etat en service ordinaire prennent part aux travaux de la section à laquelle ils appartiennent et ont voix délibérative dans toutes les affaires soumises à l'Assemblée générale du conseil d'Etat. Les conseillers d'Etat en service extraordinaire sont pris parmi les fonctionnaires de l'administration ; ils participent aux travaux de l'assemblée générale et des sections ; ils ont voix délibérative dans les affaires qui dépendent de leur ministère. Après les conseillers d'Etat viennent les maîtres des requêtes, au nombre de trente, nommés par le Président de la République, puis les auditeurs, au nombre de trente-six, divisés en deux classes, et nommés au concours. Les maîtres des requêtes ont voix délibérative dans les affaires seulement dont ils font le rapport ; quant aux auditeurs, ils n'ont voix délibérative que dans la section à laquelle ils appartiennent et pour les affaires dont ils sont rapporteurs. L'assemblée générale du conseil d'État délibérant sur les affaires administratives ou au contentieux est présidée par le garde des sceaux, ministre de la justice ; en son absence, par un vice-président nommé par le Président de la République. Chaque section est présidée par un président de section nommé par décret du Président de la République, et choisi parmi les conseillers d'État en service ordinaire. Il y a près le conseil un secrétaire général, ayant rang de maître des requêtes, qui tient la plume aux assemblées générales, et est chargé de la garde des archives; un secrétaire fait le service de la section du contentieux. Le secrétaire général et le secrétaire de la section du contentieux sont nommés par décret.

Fonctions du conseil d'État. — Le conseil d'État est appelé à donner son avis : 1° sur les projets d'initiative parlementaire que les Chambres jugent à propos de lui renvoyer; 2° sur les projets de loi préparés par le Gouvernement et qu'un décret spécial ordonne de soumettre au conseil d'État; 3° sur les projets de décrets et sur toutes les questions qui lui sont soumises par le Président de la République ou les ministres. Il est appelé nécessairement à donner son avis sur les règlements d'administration publique et sur les décrets qui doivent être rendus dans la forme des règlements d'administration publique; c'est ainsi que le conseil d'État doit être consulté sur les décrets relatifs aux concessions de mines, aux autorisations de travaux publics, à la naturalisation, etc. Lorsqu'un projet de loi renvoyé à l'examen du conseil est soumis aux délibérations de l'une ou l'autre Chambre, le Gouvernement peut charger un ou plusieurs conseillers d'État de le soutenir devant les Chambres. Les affaires soumises au conseil d'État sont, suivant leur nature et leur importance, examinées par la section à laquelle elles ressortissent, ou par l'assemblée générale du conseil d'État. Les décrets rendus après délibération de l'assemblée générale mentionnent que le conseil d'État a été entendu ; les décrets rendus après délibération d'une ou de plusieurs sections mentionnent que la section ou les sections ont été entendues. L'assemblée générale ne peut délibérer qu'avec la présence de treize membres au moins ayant voix délibératives.

Au contentieux, le conseil d'État constitue une véritable juridiction ; c'est le tribunal suprême en matière administrative. Il statue d'abord souverainement sur les recours formés contre les décisions rendues par les juridictions administratives ; il peut être saisi également des demandes d'annulation pour excès de pouvoir formées contre les actes des diverses autorités administratives. Ces affaires sont examinées d'abord par la section du contentieux, puis soumises dans certains cas à l'assemblée générale du conseil d'État délibérant au contentieux : les formes de procéder et la composition de l'assemblée générale, lorsque le conseil d'État délibère au contentieux, sont soumises à des règles particulières que nous aurons l'occasion d'indiquer plus loin.

CHAPITRE III.

ADMINISTRATION DÉPARTEMENTALE.

Division. — L'administration départementale se compose des éléments suivants : le préfet, le secrétaire général, le conseil de préfecture et le conseil général.

§ 1er. — PRÉFET.

Nomination ; caractères généraux des attributions du préfet. — Les préfets sont nommés et révoqués par le Président de la République, sur la proposition du ministre de l'intérieur. Le préfet est dans le département le représentant du pouvoir central ; il concentre dans ses mains les diverses branches des services publics, et il correspond directement avec tous les ministres, qui peuvent lui adresser des instructions ou des ordres ; il dépend toutefois plus particulièrement du ministre de l'intérieur. Le préfet réunit en sa personne deux qualités distinctes : il est agent du Gouvernement et représentant du département. Examinons successivement les attributions qui lui appartiennent à ce double titre.

Attributions du préfet comme agent du Gouvernement. — Comme agent du Gouvernement, le préfet est chargé d'assurer l'exécution des lois, des décrets, des mesures d'intérêt général, et dans ce but il peut faire des règlements applicables à tout le département; il nomme et révoque un certain nombre d'agents inférieurs de l'administration. Il représente l'État dans les contestations qu'il peut avoir à soutenir à l'occasion de son domaine; l'État en effet est considéré comme une personne : il a des biens, il peut avoir des droits à exercer ou à défendre, il est alors représenté dans le département par le préfet.

Attributions du préfet comme représentant le département. — Nous avons dit que le département n'était pas seulement une circonscription administrative, qu'il constituait un être moral, pouvant avoir des droits et des obligations comme une personne proprement dite; le préfet est chargé de l'instruction des affaires qui intéressent le département; il suit l'exécution des décisions du conseil général et de la commission départementale élue par le conseil général : c'est au conseil général et à la commission départementale qu'appartient la gestion des intérêts du département. (*Loi du 10 août* 1871.)

Tutelle administrative; décentralisation; décrets du 25 mars 1852 et du 13 avril 1861. — La loi considère les communes, les départements, les établissements publics, hospices, bureaux de bienfaisance ou autres, comme des incapables : en conséquence, pour un grand nombre d'actes, leurs représentants ne peuvent agir qu'avec l'approbation de l'autorité administrative supérieure. Ce contrôle, dont le but est d'empêcher que les autorités locales n'agissent avec imprévoyance et de manière à compromettre l'avenir, s'appelle la tutelle administrative. D'après la législation ancienne, la plupart des actes relatifs à la gestion des intérêts du département, de la commune ou des établissements publics devaient être soumis à l'approbation du chef de l'État ou du ministre. La nécessité de recourir pour presque toutes les affaires à l'autorité centrale entraînait des lenteurs et des difficultés préjudiciables à ceux mêmes que l'on voulait protéger. Un décret du 25 mars 1852, connu sous le nom de *décret de décentralisation administrative,* a remis au préfet la nomination de certains agents et la décision d'un grand nombre d'affaires, pour lesquelles il fallait auparavant s'adresser à l'autorité centrale ; cette mesure a eu pour résultat de faciliter et de rendre plus rapide l'expédition des affaires, en rapprochant l'autorité chargée de statuer. Les préfets se sont trouvés ainsi investis de la plus grande partie des attributions touchant à la tutelle administrative. En règle générale, l'approbation du préfet est suffisante, et il n'y a nécessité de recourir au ministre ou au chef de l'État qu'autant qu'une disposition formelle de la loi l'exige. Le préfet exerce la tutelle administrative sous la surveillance du ministre compétent, qui a le droit d'annuler les arrêtés pris par le préfet. Les actes qui sont ainsi soumis à l'approbation du préfet sont énumérés dans des tableaux joints au décret du 25 mars 1852 ; les pouvoirs du préfet en cette matière ont encore été augmentés par un décret du 13 avril 1861.

§ 2. — SECRÉTAIRES GÉNÉRAUX DE PRÉFECTURE

Leurs attributions. — Il y a dans chaque préfecture un secrétaire général qui est nommé par le Président de la République. Le secrétaire général signe les expéditions ou *ampliations* des arrêtés du préfet ; il peut, en vertu d'une délégation du préfet approuvée par le ministre de l'intérieur, exercer une partie des attributions qui touchent à l'administration du département. Il peut aussi, lorsque le préfet est absent ou empêché, être appelé à le remplacer. Le secrétaire général exerce les fonctions de *commissaire du Gouvernement* près le conseil de préfecture ; il donne ses conclusions dans toutes les affaires contentieuses soumises à ce conseil. (*Loi du 21 juin* 1865.)

§ 3. — CONSEIL DE PRÉFECTURE.

(Loi du 21 juin 1865.)

Sa composition. — Il y a, au chef-lieu de chaque département, un conseil de préfecture qui est composé de trois ou quatre membres ; à Paris, le conseil de préfecture comprend neuf membres. Les conseillers de préfecture sont nommés par le Président de la République ; pour exercer cette fonction, il faut être âgé de vingt-cinq ans, avoir le grade de licencié en droit, ou avoir rempli pendant dix ans au moins des fonctions rétribuées dans l'ordre administratif ou judiciaire, ou enfin avoir été maire ou membre d'un conseil général. Le conseil de préfecture est présidé par le préfet ou par un des conseillers de préfecture qui est chaque année désigné par le Président de la République. Dans le département de la Seine, il y a un président du conseil de préfecture qui le préside au lieu et place du préfet.

Attributions du conseil de préfecture ; avis ; autorisations de plaider. — Le conseil de préfecture assiste le préfet dans l'action administrative : le préfet peut le consulter sur toutes les questions relatives à l'administration départementale. Il est en outre un grand nombre de cas dans lesquels la loi exige que le préfet demande l'avis du conseil de préfecture ; le rôle du conseil de préfecture est alors purement consultatif : la décision appartient toujours au préfet. C'est aussi le conseil de préfecture qui accorde ou refuse aux communes ou établissements publics l'autorisation qui leur est nécessaire pour former une demande en justice ou défendre à un procès.

§ 4. — CONSEIL GÉNÉRAL.

(Loi du 10 août 1871.)

Composition du conseil général. — Le conseil général est un corps électif, chargé spécialement de la gestion des intérêts du département. Il est composé d'autant de membres qu'il y a de cantons dans le département ; chaque canton nomme un conseiller général. Pour être membre d'un conseil général, il faut avoir vingt-cinq ans, être domicilié dans le département ou y être inscrit au rôle de l'une des contributions directes, enfin ne se trouver dans aucun des cas d'incompatibilité prévus par la loi ; nul ne peut faire partie de deux conseils généraux ou d'un conseil général et d'un conseil d'arrondissement. Les présidents, vice-présidents et secrétaires des conseils généraux sont élus par le conseil parmi ses membres.

Élection des membres. — L'élection des membres du conseil général se fait au suffrage universel, dans chaque commune, sur les listes dressées pour les élections municipales. Pour être élu au premier tour de scrutin, le candidat doit réunir la majorité absolue, c'est-à-dire la moitié plus un des suffrages exprimés, et un nombre de suffrages égal au quart de celui des électeurs inscrits. Au second tour de scrutin, la majorité relative suffit, quel que soit le nombre des votants. Tout électeur du canton, les candidats et les membres du conseil général peuvent arguer de nullité les opérations électorales ; la réclamation est consignée au procès verbal ou déposée au secrétariat général de la préfecture. Les réclamations sont déférées au conseil d'État, qui statue dans les formes prescrites pour le jugement des affaires contentieuses ; la décision doit être rendue dans le délai de trois mois, à compter de l'arrivée des pièces au secrétariat du Conseil. Les conseillers généraux sont nommés pour six ans, et sont renouvelés par moitié tous les trois ans.

Sessions des conseils généraux. — Les conseils généraux ont chaque année deux sessions ordinaires ; l'ouverture de la première session annuelle a lieu de plein droit le second lundi qui suit le jour de Pâques ; la seconde session commence le premier lundi qui suit le 15 août. Le conseil général peut être réuni extraordinairement par décret du chef du pouvoir exécutif, ou par le préfet, si les deux tiers des membres du conseil en adressent la demande au président. A l'ouverture de la session d'août le conseil nomme son bureau, qui reste en fonctions jusqu'à la session d'août de l'année suivante. Les séances du conseil général sont publiques. Le préfet assiste aux délibérations, et doit être entendu toutes les fois qu'il le demande. Tout acte et toute délibération du conseil général relatifs à des objets qui ne sont pas légalement compris dans ses attributions sont nuls et de nul effet ; la nullité en est prononcée par un décret rendu en conseil d'État. La dissolution d'un conseil général peut être prononcée par le chef de l'Etat, à la condition d'en rendre compte aux Chambres dans le plus bref délai possible.

Attributions des conseils généraux. — Les délibérations du conseil général n'ont pas toutes le même caractère. On distingue : 1° les délibérations exécutoires par elles-mêmes. Le conseil général statue définitivement, sur un grand nombre d'affaires intéressant le département, notamment l'acquisition, l'aliénation et l'échange des propriétés départementales, autres que celles affectées à certains services publics, le classement et la direction des routes départementales, des chemins de grande communication, les projets, plans et devis des travaux à exécuter sur les fonds du département, etc. Le conseil général répartit entre les communes les contributions directes, c'est-à-dire qu'il détermine la part que chaque commune aura à supporter dans le chiffre total des contributions que la loi de finances fixe chaque année pour le département. Les délibérations par lesquelles le conseil général statue définitivement peuvent être annulées par décret rendu en conseil d'État pour excès de pouvoir ou violation de la loi; 2° les délibérations dont l'exécution peut être suspendue par décret. Ces délibérations qui ont pour objet notamment la part contributive à imposer au département dans les travaux exécutés par l'État, et les demandes des conseils municipaux pour l'établissement et le renouvellement des taxes d'octroi, sont exécutoires, si, dans les trois mois qui suivent la clôture de la session, un décret motivé n'en a suspendu l'exécution ; 3° les avis. Le conseil général donne son avis sur tous les objets sur lesquels il est appelé à donner son avis en vertu des lois et règlements, ou sur lesquels il est consulté par les ministres; 4° les vœux. Le conseil général peut adresser directement au ministre compétent les réclamations qu'il a à présenter dans l'intérêt du département, ainsi que son opinion sur l'état et les besoins des différents services publics dans le département; il peut émettre des vœux sur toutes les questions économiques et d'administration générale, mais les vœux purement politiques lui sont interdits.

Budget et comptes du département. — Le budget est un état dressé pas avance chaque année, et contenant l'évaluation des dépenses à faire et des recettes à opérer. Le département a son budget spécial, dont la principale ressource consiste dans les centimes additionnels ajoutés aux contributions directes. Ces centimes additionnels sont des sommes ajoutées au chiffre principal de la contribution, et calculées à raison de tant de centimes par franc : une contribution de 100 francs à laquelle il faut ajouter 10 centimes additionnels s'élève à 110 francs. Il est suppléé à l'insuffisance des centimes additionnels dans certains départements au moyen d'un fonds spécial, appelé *fonds commun*, qui est réparti chaque année par un décret rendu en conseil d'Etat. Le projet de budget est préparé et présenté par le préfet au conseil général ; le budget, délibéré par le conseil général, est définitivement réglé par décret. Le budget se divise en budget ordinaire et budget extraordinaire. Le décret qui règle le budget ne peut modifier le projet voté par le conseil général que s'il a omis d'inscrire au budget un crédit suffisant pour l'acquittement de certaines dépenses obligatoires, telles que l'entretien des hôtels de préfecture et de sous-préfecture, le casernement des brigades de gendarmerie, le loyer, le mobilier et les menues dépenses des cours et tribunaux. Le conseil général entend et débat les comptes d'administration présentés par le préfet, concernant les recettes et les dépenses du budget départemental ; ces comptes sont provisoirement arrêtés par le conseil général et définitivement réglés par un décret.

Commission départementale. — La création de la commission départementale est une des innovations les plus importantes de la loi de 1871 sur les conseils généraux. Cette commission a pour fonction de veiller aux intérêts du département pendant l'intervalle des sessions et de contrôler la gestion du préfet. La commission départementale est élue chaque année par le conseil général à la fin de la session d'août : elle est composée de quatre membres au moins et de sept au plus ; elle est présidée par le plus âgé de ses membres. La commission départementale se réunit au moins une fois par mois ; elle peut en outre être convoquée extraordinairement par son président ou par le préfet. La commission départementale statue sur certaines affaires qui lui sont renvoyées par le conseil général ; elle délibère sur toutes les questions qui lui sont déférées par la loi, enfin elle donne son avis au préfet sur toutes les affaires qu'il lui soumet, ou sur lesquelles elle croit devoir appeler son attention. A l'ouverture de chaque session ordinaire du conseil général, la commission fait un rapport sur l'ensemble de ses travaux et soumet au conseil toutes les propositions qu'elle croit utiles. En cas de désaccord ou de conflit entre le préfet et la commission départementale, le conseil général est appelé à statuer.

Intérêts communs à plusieurs départements. — Deux ou plusieurs conseils généraux peuvent avoir à s'entendre sur des objets d'utilité départementale, compris dans leurs attributions, et intéressant leurs départements respectifs. En pareil cas, les présidents des conseils généraux intéressés avertissent les préfets, et les questions d'intérêt commun sont débattues dans des conférences où chaque conseil général est représenté par des délégués.

CHAPITRE IV.

ADMINISTRATION DE L'ARRONDISSEMENT.

§ 1er. — SOUS-PRÉFET.

Attributions du sous-préfet. — Il y a, dans tous les arrondissements autres que l'arrondissement chef-lieu, un sous-préfet qui est nommé par le Président de la République. Le sous-préfet a des attributions beaucoup moins étendues que le préfet : il n'a qu'exceptionnellement un pouvoir d'action ou de décision. Le décret du 13 avril 1861 a donné au sous-préfet le droit de statuer sur un certain nombre d'affaires réservées auparavant au préfet : notamment la délivrance des passeports et des permis de chasse, le règlement du budget et des comptes des bureaux de bienfaisance, le placement des fonds de ces établissements, etc. En dehors des cas où il a un pouvoir propre, le sous-préfet n'est qu'un agent d'instruction et de transmission entre le préfet, les maires et les particuliers. Il prépare la décision du préfet en recueillant les renseignements nécessaires, et lui transmet les pièces en y joignant son avis.

§ 2. — CONSEIL D'ARRONDISSEMENT.

Composition du conseil d'arrondissement. — Chaque arrondissement a un conseil d'arrondissement, composé d'autant de membres qu'il y a de cantons dans l'arrondissement, sans néanmoins que ce nombre puisse être inférieur à neuf. . S'il y a moins de neuf cantons dans l'arrondissement, ils sont divisés de manière à compléter ce minimum. Les membres du conseil d'arrondissement sont élus comme ceux du conseil général ; leurs fonctions durent six ans ; ils sont renouvelés par moitié tous les trois ans. Les président, vice-président et secrétaires sont élus pour chaque session par le conseil lui-même. Les conseils d'arrondissement ne peuvent se réunir qu'en vertu d'un décret du Président de la République. La session ordinaire du conseil d'arrondissement se divise en deux parties : la première précède, la seconde suit la session du conseil général. Le conseil d'arrondissement peut en outre être convoqué en session extraordinaire.

Ses attributions. — Le conseil d'arrondissement a pour attribution essentielle de répartir les contributions entre les communes : il exerce cette fonction sous l'autorité du conseil général ; il n'a pour le surplus que des attributions consultatives. Ainsi, il peut être appelé à donner son avis sur toutes les affaires qui concernent l'arrondissement; dans certains cas, la décision doit nécessairement être précédée de l'avis du conseil d'arrondissement. Il peut également émettre des vœux sur les divers objets à l'égard desquels le conseil général est appelé à délibérer, en tant qu'ils intéressent l'arrondissement.

CHAPITRE V.

ADMINISTRATION MUNICIPALE.

§ 1er. — MAIRES ET ADJOINTS.

Nomination. — Dans les communes chefs-lieux de département, d'arrondissement et de canton, les maires et adjoints sont nommés, parmi les membres du conseil municipal, par décret du Président de la République. Dans les autres communes, le conseil municipal élit le maire et les adjoints parmi ses membres au scrutin secret et à la majorité absolue. Lorsqu'après deux scrutins aucun candidat n'a obtenu la majorité, il est procédé à un ballottage entre les deux candidats qui ont obtenu le plus de suffrages. La séance du conseil municipal dans laquelle il est procédé à l'élection du maire est présidée par le plus âgé des membres du conseil (*Loi du 12 août 1876*). Le maire, en cas d'empêchement, est remplacé par l'adjoint ; si l'adjoint est lui-même empêché, le préfet délègue un conseiller municipal ; sinon les fonctions de maire sont exercées par les conseillers municipaux en suivant l'ordre du tableau, c'est-à-dire l'ordre de la nomination. Pour être nommé maire ou adjoint, il faut avoir vingt-cinq ans, être membre du conseil municipal ou électeur dans la commune. Les fonctions des maires et adjoints durent cinq ans : elles sont essentiellement gratuites.

Division des attributions du maire. — Les attributions du maire sont très-nombreuses et ont des caractères divers. Le maire est d'abord officier de l'état civil : il constate les naissances, mariages et décès, tient les registres, délivre les expéditions des actes qui y sônt portés. Il a certaines fonctions judiciaires pour la constatation des crimes, délits et contraventions commis dans la commune.

Les attributions purement administratives du maire se rattachent aux deux ordres d'idées suivants : tantôt le maire est agent du gouvernement, tantôt il est le représentant des intérêts spéciaux de la commune.

Attributions du maire comme agent du gouvernement. — Le maire est chargé, sous l'autorité de l'administration supérieure, de la publication et de l'exécution des lois et règlements. Certaines fonctions spéciales lui sont attribuées, notamment en matière d'élections, de recrutement, de contributions. Il veille à l'exécution des mesures de sûreté générale prescrites par les ministres et les préfets.

Attributions de police municipale ; arrêtés ; règlements temporaires ou permanents. — Sous la surveillance de l'autorité supérieure, le maire est chef de la police municipale : il doit en cette qualité prendre les mesures nécessaires pour assurer le bon ordre dans la commune, protéger les citoyens et les propriétés. On appelle plus spécialement police municipale celle qui s'exerce dans l'intérieur de la commune, ville, bourg ou village, police rurale, celle qui a pour objet la protection de la propriété rurale. En cette matière, le maire procède par voie d'arrêtés : ces arrêtés sont individuels ou règlementaires. Les arrêtés individuels doivent, avant leur exécution, être notifiés à la partie qu'ils intéressent. Quant aux arrêtés règlementaires qui ont un caractère général, leurs effets varient selon qu'ils portent règlement temporaire ou règlement permanent. Les règlements temporaires, faits en vue de circonstances transitoires, doivent être adressés au sous-préfet, qui les transmet au préfet : ils sont exécutoires aussitôt leur envoi au sous-préfet. Le préfet peut bien les annuler ensuite ; mais il ne pourra anéantir les effets produits depuis le jour où l'arrêté est devenu exécutoire jusqu'au jour où la nullité a été prononcée. Les arrêtés portant règlement permanent ne sont exécutoires qu'un mois après la remise de l'ampliation constatée par le récépissé du sous-préfet; pendant ce délai, le préfet peut en suspendre l'exécution ou en prononcer la nullité. Remarquons du reste que si le préfet a le droit de suspendre l'exécution des arrêtés du maire ou de les annuler, il n'a pas le droit de les modifier. La peine contre ceux qui violent les arrêtés pris par le maire est une amende prononcée par le tribunal de simple police.

Attributions du maire comme mandataire spécial de la commune; nomination aux emplois communaux. — Le maire est le représentant légal de la commune, considérée comme personne civile, pour la gestion de ses intérêts. Il agit tantôt seul, tantôt en vertu d'une délibération du conseil municipal : il ne peut faire seul que des actes de peu d'importance; dans tous les autres cas, il ne fait que mettre à exécution la délibération du conseil municipal. Le maire représente la commune dans les actes où elle est intéressée, dans les procès qu'elle a à soutenir ; il propose chaque année au conseil municipal le budget de la commune, qui est voté par le conseil, puis approuvé par l'autorité supérieure. Le maire ordonnance les dépenses, c'est-à-dire qu'il délivre les mandats de payement aux divers ayants-droits; mais il n'a pas le maniement des deniers, qui appartient, soit au percepteur des contributions, soit, dans les villes qui jouissent d'un revenu important, à un fonctionnaire spécial, appelé *receveur municipal;* le maire rend ses comptes au conseil municipal ; enfin il nomme à divers emplois communaux, notamment à celui de secrétaire de mairie.

Adjoints; leurs attributions. — Le nombre des adjoints varie selon la population. Dans les communes dont la population est inférieure à 2,500 âmes il n'y a qu'un adjoint; de 2,500 à 10,000, il y en a deux; au-dessus de 10,000, il peut y avoir un adjoint de plus par 20,000 habitants. L'adjoint remplace le maire en cas d'absence ou d'empêchement; il peut en outre, par délégation spéciale, exercer une partie de l'administration municipale.

§ 2. — CONSEILS MUNICIPAUX.

(Lois du 5 mai 1855, du 24 juillet 1867 et du 14 août 1871.)
(*Loi du 7 Juillet* 1874.)

Leur composition. — Les conseils municipaux sont composés d'un certain nombre de membres qui, suivant la population de la commune, varie de dix à trente-six. Le conseil municipal est composé de dix personnes dans les communes dont la population n'excède pas 500 âmes, de trente-six, dans les communes dont la population excède 60,000 âmes. Les fonctions de conseiller municipal sont incompatibles avec certaines fonctions publiques. Ne peuvent être conseillers municipaux les comptables des deniers communaux, les agents salariés de la commune, les entrepreneurs de travaux communaux, les domestiques attachés à la personne, les individus dispenses de subvenir aux charges communales, ou secourus par les bureaux de bienfaisance. Dans les communes dont la population excède 500 âmes, les parents ou alliés au degré de père, fils ou frère ne peuvent faire partie du même conseil municipal; nul ne peut être membre de deux conseils municipaux, ou maire et adjoint dans une commune et conseiller municipal dans une autre. Le maire, nommé par le gouvernement ou élu, ne peut être pris en dehors du conseil. Le conseil municipal est présidé par le maire, et, à son défaut, par l'adjoint.

Nomination des conseillers municipaux; élections municipales. — Les listes spéciales dressées pour les élections municipales comprennent tous les citoyens âgés de 21 ans, jouissant de leurs droits civils et politiques, et remplissant l'une des conditions suivantes: être né dans la commune ou y avoir tiré au sort et y résider depuis six mois au moins, être inscrit depuis un an au rôle des contributions, s'être marié dans la commune et y résider depuis un an au moins, avoir une résidence de deux années consécutives dans la commune, ou enfin y avoir une résidence obligatoire comme fonctionnaire ou ministre du culte. L'élection a lieu au scrutin de liste; la commune peut être divisée en sections par une délibération du conseil général. Peuvent être élus au conseil municipal les électeurs âgés de vingt-cinq ans, et les citoyens non domiciliés dans la commune, mais y payant une des quatre contributions directes. Les électeurs votent au scrutin secret, au moyen de bulletins préparés en dehors de l'assemblée : les bulletins doivent être sur papier blanc et sans aucun signe extérieur. Des précautions minutieuses sont prises par la loi pour assurer la liberté et la sincérité du vote. Pour être élu, au premier tour de scrutin, il faut réunir la majorité absolue des suffrages et un nombre de voix représentant le quart des électeurs inscrits; au second tour, la majorité relative suffit. La nullité des élections municipales est prononcée par le conseil de préfecture, si elle est fondée sur l'irrégularité des opérations; le tribunal de première instance juge les questions qui peuvent s'élever sur la capacité personnelle du candidat.

Renouvellement des conseils municipaux. — Aux termes de la loi du 24 juillet 1867, les conseils municipaux étaient élus pour sept ans, tandis que les maires et adjoints étaient nommés pour cinq ans seulement : on avait voulu éviter qu'il y eût coïncidence entre l'élection du conseil municipal et la nomination du maire. La loi du 14 août 1871, qui a prescrit le renouvellement des conseils municipaux dans toute la France, décide que les conseils municipaux nommés resteront en fonctions jusqu'à ce qu'une loi nouvelle soit venue régler le régime municipal. Néanmoins la durée de ces fonctions ne pourra excéder trois ans. Dans l'intervalle il n'y aura lieu à de nouvelles élections que si le nombre des conseillers municipaux se trouve réduit de plus d'un quart. Toutefois, dans les communes divisées en sections, il y a lieu de procéder à des élections partielles, toutes les fois que la section n'a plus aucun représentant dans le conseil. La dissolution des conseils municipaux peut être prononcée par décret du Président de la République; ils peuvent être suspendus par arrêté du préfet: le conseil municipal dont la dissolution ou la suspension a été prononcée est remplacé provisoirement par une commission municipale. La commission municipale ne peut rester en fonctions que pendant un certain temps fixé par la loi; ce temps expiré, ou même avant si le Gouvernement le juge opportun, il doit être procédé à de nouvelles élections.

Sessions ordinaires ; leur durée. — Les sessions du conseil municipal sont ordinaires ou extraordinaires. Les conseils municipaux s'assemblent en session ordinaire quatre fois par an : au commencement de février, mai, août et novembre. Les membres du conseil sont convoqués par écrit et à domicile trois jours au moins à l'avance ; chaque session peut durer dix jours. Dans les sessions ordinaires, le conseil peut s'occuper de toutes les matières qui rentrent dans ses attributions.

Sessions extraordinaires. — La convocation du conseil municipal peut être prescrite par le préfet ou le sous-préfet, ou autorisée sur la demande du maire ou du tiers des membres du conseil, toutes les fois que les intérêts de la commune l'exigent. Lorsque le tiers des membres demande la réunion du conseil municipal, la demande est transmise directement au préfet, qui ne peut refuser d'y faire droit que par un arrêté motivé, lequel peut être déféré au ministre de l'intérieur. La convocation pour les sessions extraordinaires se fait cinq jours au moins à l'avance ; elle doit indiquer l'objet spécial pour lequel le conseil se réunit. Dans les sessions extraordinaires, le conseil municipal ne peut s'occuper que des objets pour lesquels il a été convoqué.

Diverses espèces de délibérations des conseils municipaux ; délibérations exécutoires par elles-mêmes. — Les délibérations du conseil municipal sont de quatre espèces. Il y a : 1° des délibérations exécutoires par elles-mêmes ; 2° des délibérations soumises à l'approbation de l'autorité supérieure ; 3° des avis ; 4° des vœux.

La loi du 24 juillet 1867 a étendu notablement les attributions du conseil municipal, et lui a donné le droit de statuer définitivement sur un grand nombre d'objets, notamment sur certaines acquisitions, sur les locations dont la durée n'excède pas dix-huit ans, sur les projets de réparations à faire aux édifices communaux, le tarif des concessions dans les cimetières, et, dans certaines limites, sur les contributions extraordinaires affectées à des dépenses d'utilité communale. Il faut noter : 1° que s'il y a un désaccord entre le maire et le conseil municipal, le maire désapprouvant la mesure votée par le conseil, la délibération ne devient exécutoire qu'avec l'approbation du préfet; 2° que le préfet a le droit d'annuler la délibération de son propre mouvement, pour violation de la loi ou des règlements d'administration publique, ou sur la réclamation des intéressés. Pour permettre au préfet d'user de ce droit, une expédition de la délibération est remise au sous-préfet qui la transmet au préfet. La déliberation devient exécutoire à l'expiration d'un délai de trente jours à compter de la remise de l'expédition au sous-préfet, si le préfet ne l'a pas annulée. Le préfet a en outre le droit d'en suspendre l'exécution pendant un autre délai de trente jours.

Délibérations soumises à l'approbation de l'autorité supérieure. — Les délibérations relatives aux objets que le conseil municipal ne peut régler définitivement sont soumises à l'approbation de l'autorité supérieure. Dans la plupart des cas, cette approbation doit être donnée par le préfet. Il n'est nécessaire de recourir au ministre ou au chef de l'Etat qu'autant qu'une disposition de loi formelle l'exige.

Avis et vœux. — Le conseil municipal peut être consulté par le préfet toutes les fois qu'il le juge à propos. En outre, il est certaines affaires sur lesquelles le conseil municipal doit nécessairement donner son avis : nous citerons notamment l'établissement des marchés d'approvisionnement. (*Loi du 24 juillet 1867, art* 11.) Le conseil municipal peut aussi émettre des vœux sur tous les objets d'intérêt local; les délibérations qui excèderaient cette limite seraient irrégulières, et la nullité en serait prononcée par l'autorité supérieure.

Budget communal. — La commune a, comme le département, son budget spécial. Le budget communal comprend des dépenses obligatoires et des dépenses facultatives. Lorsque le conseil municipal ne vote pas une somme suffisante pour subvenir aux dépenses obligatoires, il y est pourvu d'office par l'autorité supérieure chargée de régler le budget. Les recettes sont ordinaires ou extraordinaires. Les recettes extra-ordinaires sont celles qui sont de nature à ne pas se repro-duire; elles trouvent en général dans le budget de la commune une application spéciale : telles seraient, par exemple, les contributions extraordinaires établies pour subvenir à une dépense déterminée. Le conseil municipal a, pour le règlement du budget, une autorité étendue : les allocations qui y sont portées ne peuvent être changées ni modifiées par l'autorité supérieure lors du règlement du budget à condition seulement qu'il soit pourvu d'une manière suffisante aux dépenses obligatoires, et qu'aucune recette extraordinaire ne soit appliquée aux dépenses obligatoires ou facultatives. (*Loi de* 1867, *art.* 2.) Il suit de là que le conseil municipal dispose, comme il l'entend, de l'excédant des recettes ordinaires sur les dépenses obligatoires. Le budget communal est présenté par le maire, voté par le conseil municipal et arrêté, dans la plupart des cas, par le préfet. Les budgets des villes qui ont trois millions au moins de revenu sont soumis à l'approbation du chef de l'Etat.

Administration spéciale de Paris et de Lyon. — A Paris, les maires n'ont que des attributions administratives très-restreintes : les fonctions appartenant au maire dans les autres communes se répartissent entre le préfet de la Seine et le préfet de police. Le préfet de la Seine représente la ville de Paris considérée comme personne morale, et il exerce, conjointement avec le préfet de police, les attributions de police municipale. A Lyon, le préfet du Rhône exerce les mêmes attributions que le préfet de la Seine et le préfet de police à Paris. Le conseil municipal de Paris est composé de quatre-vingts membres; les conseillers municipaux sont élus au scrutin individuel, à la majorité absolue et à raison d'un membre par quartier. Il y a pour chacun des vingt arrondissements de Paris un maire et trois adjoints, choisis par le gouvernement et pris en dehors du conseil municipal. Le conseil général du département de la Seine est composé : des quatre-vingts membres du conseil municipal de Paris, et de huit membres élus dans les arrondissements

de Sceaux et de Saint-Denis à raison d'un membre par canton. (*Loi du* 16 *septembre* 1871.)

CHAPITRE VI.

AGENTS AUXILIAIRES POUR LES DIFFÉRENTES BRANCHES DES SERVICES PUBLICS.

Caractère général de ces agents et division. — Les
agents auxiliaires de l'administration n'ont pas une autorité
directe sur les citoyens, un pouvoir d'action ou de décision à
eux propre : en cela ils diffèrent des fonctionnaires dont nous
nous sommes occupés dans les précédents chapitres. Parmi
les agents auxiliaires, il en est quelques-uns qui ont le droit
de dresser des procés-verbaux pour constater certains faits.

Les agents auxiliaires se divisent en deux classes : les uns
sont employés par l'administration pour son service intérieur ; les autres, pour le service actif ou extérieur.

Agents auxiliaires pour le service intérieur. — Ces
agents ont pour mission d'assister l'administration dans ses
travaux, de lui prêter leur concours direct, en instruisant les
affaires, en préparant la correspondance, les décisions. Dans
cette classe rentrent les employés qui composent l'administration centrale de chaque ministère : directeurs, chefs et
sous-chefs des bureaux, simples commis, les employés des
bureaux des préfectures et sous-préfectures, les secrétaires de
mairie.

Agents auxiliaires pour le service actif et extérieur. —.
— Ces agents se subdivisent en autant de branches qu'il y a
de différents services publics. Il y a des corps d'ingénieur
institués pour diriger et surveiller les grands travaux publics
ingénieurs des ponts-et-chaussées, des mines, de la marine
D'autres agents sont chargés de la perception et du recouvrement des revenus publics ; tels sont : les agents des diverses administrations financières, administration des contri-

butions directes, des contributions indirectes, des douanes.
Les agents de certaines administrations ont une organisation
qui a un caractère militaire : ainsi les préposés du service
actif des douanes, les agents forestiers. Il faut ajouter, pour
compléter cet aperçu rapide des agents auxiliaires, les commissaires de police et les gardes champêtres, qui ont pour
mission de maintenir le bon ordre et de constater certaines
contraventions.

TITRE II.

MATIÈRES ADMINISTRATIVES.

Division. — Les matières administratives comprennent
l'ensemble des objets qui se rattachent aux divers services
publics. Le champ est si vaste qu'il serait impossible de le
parcourir en entier : il faudrait étudier en effet tout ce qui a
trait à l'organisation de la force publique, aux cultes, aux
finances, à l'instruction publiques, aux travaux publics, aux
règlements relatifs à l'industrie. Nous avons dû limiter aux
points principaux l'étude de ces matières. Nous nous occuperons, conformément au programme : 1º de l'armée et
de la marine ; 2º des cultes ; 3º de l'instruction publique ;
4º des travaux publics ; 5º de la voirie ; 6º de la fortune publique (1).

(1) Un certain nombre de matières rentrant dans le droit administratif
sont traitées dans nos *Éléments de législation commerciale et industrielle* (4º année), voir notamment le chapitre 1ᵉʳ, appendice, les chapitres II, III, IV, VII, VIII, IX, XVI.

CHAPITRE PREMIER.

ARMÉE ET MARINE.

§ 1er. — ARMÉE.

Législation nouvelle sur le recrutement de l'armée. — La loi nouvelle votée par l'Assemblée nationale a introduit dans notre système d'organisation militaire des modifications d'une importance capitale. Elle pose d'abord en principe que tout Français doit le service militaire personnel ; tout homme valide peut être appelé de vingt à quarante ans à faire partie de l'armée active et des réserves. Le remplacement est supprimé ; enfin les militaires présents au corps ne prennent part à aucun vote. Tels sont les principes généraux posés par la loi qui s'occupe ensuite du mode de recrutement.

Recensement et tirage au sort. — Chaque année les maires dressent un *tableau de recensement,* sur lequel ils portent tous les jeunes gens ayant atteint l'âge de vingt ans révolus dans l'année précédente, et ayant leur domicile légal dans le canton. Les tableaux de recensement sont publiés et affichés dans chaque commune ; cette formalité doit être accomplie au plus tard le 15 janvier ; puis un avis également publié et affiché indique le lieu et le jour où il sera procédé à l'examen des tableaux de recensement et au tirage au sort.

L'examen des tableaux et le tirage au sort ont lieu au chef-lieu de canton, en séance publique, devant le sous-préfet assisté des maires du canton. Le tableau est lu à haute voix, le sous-préfet statue sur les réclamations qui peuvent se produire, puis, le tableau étant définitivement arrêté, il est procédé au tirage au sort. Chacun des jeunes gens inscrits prend dans l'urne un numéro. Les parents des absents, ou, à leur défaut, le maire de la commune tirent à leur place. La liste est dressée à mesure que les numéros sont tirés de l'urne ; il y est fait mention des cas et des motifs d'exemption et de dispense que les jeunes gens peuvent avoir à faire valoir. Lorsque le tirage est terminé, la liste est arrêtée par ordre de numéros, puis elle est publiée et affichée dans chaque commune.

Exemptions; dispenses et sursis d'appel. — Il n'y a d'exemption complète du service militaire qu'au profit des jeunes gens que leurs infirmités rendent impropres à tout service actif ou auxiliaire dans l'armée. Pour les autres il ne peut y avoir qu'une dispense qui a un caractère provisoire et dont l'effet cesse complètement en temps de guerre. La dispense s'applique : 1o à l'aîné d'orphelins de père et de mère; 2o au fils unique ou aîné d'une femme veuve, d'un père aveugle ou entré dans sa soixante-dixième année; 3o au plus âgé de deux frères appelés à faire partie du même tirage, si le plus jeune est reconnu propre au service; 4° à celui dont un frère est dans l'armée active; 5° à celui dont un frère est mort en activité de service, ou a été réformé ou mis à la retraite pour blessures ou infirmités contractées au service. Une dispense conditionnelle est accordée aux jeunes gens qui se vouent à l'enseignement, pourvu qu'ils contractent devant le recteur l'engagement de se consacrer pendant dix ans à cette carrière, et s'ils réalisent cet engagement; une dispense analogue est accordée à ceux qui se destinent au ministère ecclésiastique.

Les jeunes gens que les conseils municipaux ont désignés comme soutiens de famille peuvent être dispensés provisoirement du service dans l'armée active par le conseil de révision. Ces dispenses peuvent être accordées dans chaque département jusqu'à concurrence de 4 0/0 du nombre des jeunes gens reconnus propres au service et compris dans la première partie du contingent. En temps de paix, des sursis d'appel peuvent être accordés aux jeunes gens qui établissent que, soit pour leur apprentissage, soit pour les besoins d'une exploitation agricole, industrielle ou commerciale, il est indispensable qu'ils ne soient pas immédiatement enlevés à leurs travaux. Ce sursis d'appel est accordé pour un an, et peut être renouvelé pour une seconde année. A l'expiration du sursis, le jeune homme qui l'a obtenu doit faire son temps de service et satisfaire à toutes les obligations que la loi lui impose. Les jeunes gens dispensés à raison de leur situation de famille ou comme soutiens de famille, ceux auxquels des sursis d'appel ont été accordés, sont astreints à certains exercices : en cas de guerre, ils sont appelés au service actif comme les hommes de leur classe.

Conseils de révision. — Le conseil de révision est une commission chargée de statuer sur les réclamations auxquelles donnent lieu les opérations du tirage au sort et sur les causes d'exemptions et de dispense. Le conseil de révision est présidé par le préfet, il est composé d'un conseiller de préfecture, d'un conseiller général et d'un conseiller d'arrondissement, d'un officier général ou supérieur, d'un membre de l'intendance et d'un médecin ; il se transporte dans chaque canton. Les jeunes gens portés au tableau de recensement sont examinés par le conseil de révision. Les jeunes gens qui invoquent l'exemption pour infirmités sont examinés par le médecin ; le conseil de révision peut ajourner à un nouvel examen les jeunes gens qui n'ont pas la taille de 1 m. 54 centim., ou qui sont reconnus d'une constitution trop faible pour un service armé. Les décisions du conseil de révision sont définitives ; elles ne peuvent être attaquées que pour incompétence ou excès de pouvoir : le recours est porté au conseil d'État. Lorsque les opérations du conseil de révision sont terminées, la liste cantonale est définitivement arrêtée. Quand les listes du recrutement de tous les cantons du département ont été arrêtées, le conseil de révision, auquel sont adjoints deux membres du conseil général, se réunit au chef-lieu du département pour prononcer sur les demandes de dispenses pour soutien de famille et sur les demandes de sursis d'appel.

Registre matricule. — Il est tenu par département un registre matricule sur lequel sont portés tous les jeunes gens qui n'ont pas été déclarés impropres au service ou ajournés à un nouvel examen du conseil de révision. Ce registre mentionne l'incorporation de chaque homme inscrit, ou la position dans laquelle il est laissé, et successivement tous les changements qui peuvent survenir dans sa situation. Tout homme inscrit sur le registre matricule, qui change de domicile, doit en faire la déclaration à la mairie de la commune qu'il quitte et à la mairie du lieu où il va s'établir; s'il va se fixer en pays étranger, il doit faire connaître le lieu où il compte s'établir, et, dès qu'il y est arrivé, prévenir l'agent consulaire de France.

Durée du service. — La durée du service est fixée à cinq ans dans l'armée active; après cinq ans de service dans l'armée active, le soldat passe dans la réserve de l'armée active, où il sert pendant quatre ans; il est ensuite incorporé pendant cinq ans dans l'armée territoriale, et pendant six ans dans la réserve de l'armée territoriale. Le service de cinq ans dans l'armée active est réduit notablement pour une partie du contingent qui est fixée chaque année par une décision du ministre de la guerre; les jeunes soldats qui profitent de cette réduction sont pris par ordre de numéros. Cette seconde partie du contingent ne reste qu'un an sous les drapeaux; les militaires de cette classe qui justifient d'une instruction suffisante peuvent après six mois être renvoyés dans leurs foyers; au contraire ceux qui ne savent pas lire et écrire et ne satisfont pas aux examens après l'année expirée peuvent être conservés au corps pendant une seconde année. Les jeunes gens qui ne sont pas maintenus sous les drapeaux restent dans leurs foyers, à la disposition du ministre de la guerre; ils sont soumis à des revues et à des exercices. Les hommes faisant partie de la réserve de l'armée active peuvent être rappelés par décision du ministre de la guerre; ils sont soumis, pendant le temps qu'ils passent dans la réserve, à deux manœuvres, dont la durée ne peut dépasser quatre semaines. Les hommes de l'armée active en disponibilité et ceux appartenant à la réserve peuvent se marier sans autorisation, mais, quoique mariés, ils restent soumis à toutes les obligations imposées aux classes auxquelles ils appartiennent; toutefois ceux qui sont pères de quatre enfants vivants sortent de l'armée active, et passent immédiatement dans l'armée territoriale.

Engagements et rengagements. — Tout Français âgé de dix-huit ans peut contracter un engagement volontaire, à la condition de savoir lire et écrire, de jouir de ses droits civils, d'être porteur d'un certificat de bonne vie et mœurs; si l'engagé a moins de vingt ans, il doit justifier du consentement de ses père, mère ou tuteur : le tuteur doit être autorisé par une délibération du conseil de famille. La durée de l'engagement volontaire est de cinq ans. Les militaires peuvent, dans leur dernière année de service, contracter un rengagement pour deux ans au moins et cinq ans au plus; ces rengagements sont renouvelables jusqu'à l'âge de vingt-neuf ans pour les caporaux et soldats, et jusqu'à trente-cinq ans pour les sous-officiers.

Engagements conditionnels d'un an. — Afin de ne point enlever pendant un temps trop long à leurs études les jeunes gens qui se destinent aux carrières libérales, aux fonctions publiques, à l'industrie, la loi accorde, moyennant certaines conditions, une réduction notable du temps de service. Les jeunes gens qui ont obtenu les diplômes de bachelier ès lettres ou ès sciences, les diplômes de fin d'étude ou les certificats de capacité institués pour l'enseignement secondaire spécial, ceux qui ont été admis ou déclarés admissibles aux écoles du Gouvernement, sont admis, avant le tirage au sort, à contracter un engagement conditionnel d'un an. Le même droit appartient aux jeunes gens qui auront subi un examen dont le programme est déterminé par le ministre de la guerre. L'engagé volontaire d'un an doit s'habiller, s'équiper et s'entretenir à ses frais; toutefois le ministre de la guerre peut affranchir de cette obligation les jeunes gens qui ont donné des preuves de capacité, et qui justifient être dans l'impossibilité de subvenir à ces dépenses. Le nombre des engagés volontaires d'un an est fixé chaque année par région en vertu d'un arrêté du ministre de la guerre. L'engagé volontaire d'un an est incorporé dans l'armée, et soumis à toutes les obligations de service imposées aux hommes présents sous les drapeaux. Après un an de service, il subit un examen : s'il satisfait aux épreuves qui lui sont imposées, il obtient un brevet de sous-officier ou une commission équivalente ; s'il ne satisfait point à l'examen, il reste une seconde année au service, mais, après un nouvel échec, il est soumis à l'obligation de servir pendant cinq ans, les deux années qu'il a passées sous les drapeaux venant bien entendu en déduction de ce temps. Les jeunes gens qui ont contracté l'engagement d'un an peuvent obtenir un sursis jusqu'à l'âge de vingt-quatre ans pour pouvoir terminer leurs études. Le volontaire qui, pendant le temps qu'il passe sous les drapeaux, se rend coupable de fautes graves perd les avantages particuliers attachés à son engagement.

Pénalités et dispositions particulières. — Ceux qui cherchent à se soustraire aux obligations que leur impose la loi militaire sont frappés de peines sévères ; en outre à l'expiration de leur peine, ils sont mis à la disposition du ministre de la guerre et envoyés dans des compagnies de discipline. La loi dispose formellement que les jeunes gens faisant partie de l'armée reçoivent au corps l'instruction non-seulement pour leur service, mais encore sur les objets étrangers au service militaire ; le temps et la liberté nécessaires pour l'accomplissement de leurs devoirs religieux doivent leur être réservés par les règlements. Enfin tout homme ayant passé douze ans au moins sous les drapeaux, dont quatre comme sous-officier, reçoit un certificat en vertu duquel il obtient un emploi civil ou militaire en rapport avec son instruction et ses aptitudes.

Avancement des militaires. — L'avancement dans l'armée a lieu au choix ou à l'ancienneté, dans des proportions déterminées par la loi : ces proportions sont modifiées en temps de guerre, de manière à donner plus de latitude au choix. L'avancement au choix est purement discrétionnaire ; l'avancement à l'ancienneté a lieu au contraire dans des conditions fixes : il constitue un droit. Toutes les nominations pour les grades supérieurs à ceux de chef de bataillon ou d'escadron se font au choix.

Distinction du grade et de l'emploi. — Il faut distinguer dans l'état de l'officier deux choses : le grade et l'emploi.

Le grade, qui est conféré par le chef de l'État, constitue pour l'officier une propriété; l'officier ne peut perdre son grade que pour certaines causes : la démission acceptée par le chef de l'État, une condamnation criminelle, la destitution prononcée par un conseil de guerre. L'emploi, au contraire, est facultatif : le Gouvernement peut le conférer ou le retirer à son gré.

Non-activité; réforme; retraite. — L'officier pourvu d'un emploi est en activité; celui qui n'a pas d'emploi peut se trouver dans une de ces trois positions : non-activité, réforme, retraite. La non-activité est un état temporaire pendant lequel l'officier est sans emploi; elle peut avoir pour cause le licenciement d'un corps, la suppression d'un emploi, le retrait ou la suspension d'emploi. L'officier en non-activité jouit d'une partie de la solde : le temps de non-activité lui compte pour la retraite. La réforme est l'état d'un officier qui ne peut plus être appelé à l'activité, mais qui n'a pas droit cependant à une pension de retraite. La réforme a pour cause, soit des infirmités incurables, soit une faute grave commise dans le service ou contre la discipline. Dans ce dernier cas, la réforme a le caractère d'une mesure disciplinaire, qui est prononcée par le chef de l'État, sur le rapport du ministre de la guerre et après avis d'un conseil d'enquête. L'officier mis à la réforme n'a droit qu'à une partie de la retraite. La retraite est la position définitive de l'officier qui est rendu à la vie civile, et admis à jouir d'une pension. Après vingt-cinq ans de service effectif, l'officier peut être admis à la pension de retraite à titre d'ancienneté; le ministre de la guerre met d'office à la retraite, après le même temps de service, les officiers en non-activité, pour cause d'infirmités temporaires ou par mesure de discipline. (*Loi du 5 janvier* 1872.) La pension allouée à l'officier retraité est plus ou moins élevée selon le nombre des années de service et des campagnes; elle est réversible, dans une certaine proportion, au profit de la veuve en cas de décès du titulaire. La pension de retraite peut être cumulée avec le traitement d'une fonction civile : c'est ainsi que les officiers retraités peuvent être appelés à certains emplois sans perdre leur droit à la pension.

§ 2. — MARINE.

Recrutement de l'armée de mer; inscription maritime. — Les règles sur le recrutement de l'armée sont applicables à l'armée de mer : les premiers numéros sortis au tirage au sort forment le contingent de l'armée de mer. Mais les marins de la flotte, les maîtres et ouvriers des arsenaux sont fournis par l'*inscription maritime*. Tous ceux qui se livrent à la navigation et à la pêche, ou exercent une profession maritime sont compris dans l'inscription maritime; les limites de l'inscription maritime sur les côtes sont déterminées par décret du Président de la République. Tous ceux qui font partie de l'inscription maritime, et qui sont âgés de dix-huit à cinquante ans, doivent à la marine de l'État leurs services; ils sont divisés en quatre classes qui sont appelées successivement et par ordre. Le marin inscrit, qui veut se soustraire aux obligations qui résultent de l'inscription, peut le faire, en déclarant qu'il renonce à la navigation et à la pêche. L'inscription maritime confère aussi certains avantages : ceux qui y sont compris ne sont pas soumis à la loi du recrutement; après un certain temps de navigation, ils obtiennent une pension; les enfants des marins en activité de service sur les bâtiments de l'État ou dans les ports ont droit à un secours.

Administration maritime. — Le territoire maritime est divisé en six arrondissements, à la tête de chacun desquels est placé un préfet maritime; l'arrondissement est divisé en *quartiers, syndicats* et *communes;* dans chaque quartier l'inscription des marins est faite par les syndics des gens de mer, choisis par le Gouvernement parmi les anciens marins, et sous les ordres d'un fonctionnaire appartenant au commissariat de la marine. Les marins sont divisés, avons-nous dit, en plusieurs classes; il y a quatre classes : la première comprend les célibataires; la seconde, les veufs sans enfants;

la troisième, les hommes mariés n'ayant pas d'enfants ; la quatrième, les pères de famille. Les classes sont appelées successivement, et seulement si le nombre de ceux qui se présentent volontairement est insuffisant. Les mêmes règles sont appliquées aux ouvriers, tels que charpentiers, voiliers, cordiers, etc., qui exercent leurs professions dans les ports et lieux maritimes : ils sont inscrits sur un registre particulier, divisés en classes, et peuvent être appelés dans les ports pour les travaux de la marine.

CHAPITRE II.

CULTES.

Organisation du culte catholique ; archevêchés ; évêchés. — La religion catholique est la religion de la majorité des Français ; l'organisation du culte repose sur la division du territoire en un certain nombre de diocèses, lesquels se subdivisent eux-mêmes en paroisses. Dans chaque diocèse, il y a un archevêque ou un évêque : les évêques relèvent de l'archevêque, leur métropolitain ; on les appelle suffragants. La circonscription des diocèses n'est pas exactement calquée sur celle des départements ; on compte en France et en Algérie 18 archevêchés et 67 évêchés. Les archevêques et évêques sont nommés par le Président de la République ; mais ils ne peuvent exercer leurs fonctions qu'autant que leur nomination est approuvée par le Pape, qui leur accorde l'institution canonique : la nomination des évêques résulte ainsi de l'accord entre le pouvoir spirituel et le pouvoir temporel. Les archevêques et évêques centralisent entre leurs mains tous les pouvoirs ecclésiastiques ; ils ont pour les assister dans leurs fonctions des *vicaires généraux*, dont la nomination doit être soumise à l'approbation du Gouvernement.

Cures ; paroisses ; succursales. — Les diocèses sont divisés en un certain nombre de paroisses ou cures. L'église paroissiale ou cure est desservie par un titulaire inamovible qu'on appelle curé; les curés sont désignés par l'évêque, dont le choix doit être agréé par le chef de l'État. Une fois nommé, le curé ne peut être révoqué au gré de l'évêque; il ne peut être déposé qu'en vertu d'une sentence rendue suivant certaines formes prescrites par les canons de l'Eglise. Il doit y avoir au moins une cure par canton. Indépendamment des cures ou paroisses proprement dites, il y a des succursales, dont les titulaires s'appellent *desservants*. La succursale ne diffère de la cure qu'à un seul point de vue : le curé est nommé par l'évêque avec l'agrément du chef de l'État et il est inamovible; les prêtres auxquels sont confiées les succursales, ou desservants, sont nommés directement par l'évêque et ne sont point inamovibles. Les cures et succursales sont créées par décret du Président de la République. Le temporel de l'église est administré par un conseil de fabrique, composé du curé ou desservant, du maire de la commune et d'un certain nombre de membres laïques, que l'on appelle *marguilliers*. Les ministres du culte, quel que soit leur titre, reçoivent de l'État un traitement.

Cultes non catholiques ; cultes protestants. — Les deux cultes protestants reconnus en France sont : l'Église réformée, ou calvinisme, et l'Église de la confession d'Augsbourg, ou luthéranisme. Les autres communions protestantes ne sont point reconnues, c'est-à-dire qu'elles ne jouissent point de la protection directe et des subventions de l'Etat. La division fondamentale pour les églises protestantes est la paroisse, ou groupe de protestants pour lesquels l'Etat entretient un pasteur. Chaque paroisse a un *conseil presbytéral,* présidé par le pasteur, et composé d'un certain nombre de membres laïques, qui sont désignés par l'élection. Au-dessus du conseil presbytéral se trouve le *consistoire* qui exerce son autorité sur un certain nombre de paroisses formant une circonscription consistoriale. Le consistoire comprend, outre les pasteurs de la circonscription, des membres laïques en nombre déterminé.

Culte Israélite. — L'État subvient également aux dépenses du culte israélite. Les *synagogues* sont réparties en un certain nombre de circonscriptions, appelées *consistoires départementaux*. Chaque consistoire se compose de quatre membres laïques et d'un grand rabbin élus par les électeurs de la circonscription. Au-dessus des consistoires départementaux se trouve le consistoire central qui siége à Paris ; il est composé d'un grand rabbin et de huit membres laïques.

<hr>

CHAPITRE III.

INSTRUCTION PUBLIQUE.

Organisation spéciale de l'instruction publique ; conseil supérieur de l'instructon publique. — L'organisation administrative de l'instruction publique, ou *Université de France*, a pour chef le ministre de l'instruction publique, auprès duquel est placé le conseil supérieur de l'instruction publique. Ce conseil est appelé à donner son avis sur toutes les questions qui intéressent l'enseignement. La composition du conseil supérieur de l'instruction publique a été plusieurs fois modifiée : une loi soumise actuellement aux Chambres le réorganise complètement. Au lieu de comprendre, comme par le passé, des membres du conseil d'Etat, des magistrats, des archevêques et évêques, etc., le conseil supérieur ne sera plus composé que de membres de l'instruction publique, les uns nommés par le ministre, les autres élus par leurs collègues. La surveillance des établissements d'instruction publique s'exerce par des inspecteurs généraux. L'enseignement se divise, suivant la nature et l'étendue des connaissances qu'il embrasse, en enseignement primaire, enseignement secondaire, enseignement supérieur.

Recteurs ; inspecteurs d'académie. — La France est divisée en seize circonscriptions académiques (1). Chaque

(1) Les chefs-lieux des circonscriptions académiques sont : Aix, Be-

académie comprend un certain nombre de départements ; elle est administrée par un fonctionnaire appelé recteur. Le recteur est assisté d'autant d'inspecteurs d'académie qu'il y a de départements dans sa circonscription. A Paris, il n'y a pas de recteur, mais un vice-recteur ; le titre de recteur appartient au ministre de l'instruction publique. Le recteur dirige et surveille par lui-même, ou par les inspecteurs d'académie placés sous ses ordres, les établissements d'enseignement supérieur et d'enseignement secondaire. Quant à l'instruction primaire, le recteur n'en est chargé qu'au point de vue purement scolaire ; c'est le préfet qui, avec le concours de l'inspecteur d'académie, est chargé de l'administration proprement dite de l'instruction primaire : il nomme, réprimande, suspend et révoque les instituteurs. L'inspecteur d'académie correspond avec le recteur pour tout ce qui concerne l'enseignement supérieur ou secondaire et les méthodes de l'enseignement primaire ; il est subordonné au préfet en ce qui touche le surplus de l'instruction primaire.

Conseils académiques ; conseils départementaux. — Au chef-lieu de l'académie se trouve placé, auprès du recteur, un conseil académique, appelé à donner son avis sur les questions qui intéressent les établissements d'enseignement supérieur ou d'enseignement secondaire. Au chef-lieu de chaque département, il y a un conseil départemental, qui s'occupe exclusivement des affaires relatives à l'enseignement primaire.

Conseils de perfectionnement et conseil supérieur de perfectionnement pour l'enseignement secondaire spécial. (*Loi du* 21 *juin* 1865, *art.* 3. — *Décret du* 26 *août* 1865.) — Près de chacun des établissements publics d'enseignement secondaire spécial, il existe un conseil de perfectionnement, présidé par le maire, composé du proviseur ou principal, de l'inspecteur d'académie et de cinq à dix membres choisis

sançon, Bordeaux, Caen, Chambéry, Clermont, Dijon, Douai, Grenoble, Lyon, Montpellier, Nancy, Paris, Poitiers, Rennes, Toulouse.

particulièrement parmi les fonctionnaires de l'ordre civil et militaire et les notables commerçants, industriels et agriculteurs. Ce conseil donne son avis sur les améliorations que comporte l'enseignement; il adresse tous les ans un rapport au ministre, enfin il exerce, pour l'établissement près duquel il est placé, les attributions d'un comité de patronage. Le conseil supérieur de perfectionnement est institué à Paris : il est destiné à centraliser les renseignements transmis par les divers conseils de perfectionnement.

Enseignement primaire. (*Loi du* 15 *mars* 1850. — *Loi du* 14 *juin* 1854. — *Loi du* 10 *avril* 1867.) — L'enseignement primaire comprend les notions élémentaires que personne ne doit ignorer : la lecture, l'écriture, les éléments de la langue française, l'arithmétique appliquée aux opérations pratiques. L'enseignement primaire est donné par des instituteurs ou institutrices primaires dans les écoles publiques ou libres. Pour exercer la profession d'instituteur, il faut avoir vingt-un ans, et être pourvu d'un certificat de capacité délivré par une commission spéciale d'examen qui fonctionne dans chaque département.

Écoles publiques. — Les écoles publiques sont celles qui sont entretenues par la commune, le département ou l'Etat. En principe, et sauf certaines exceptions qui peuvent être admises par le conseil départemental, toute commune doit avoir une école. Lorsque la commune a cinq cents habitants au moins, elle doit avoir une école de garçons et une école de filles. Il peut en outre être établi des écoles de hameaux qui sont dirigées par des instituteurs adjoints ou des institutrices adjointes. La commune doit fournir à l'instituteur et à l'institutrice un local convenable, tant pour son habitation que pour la tenue de l'école. Les instituteurs et institutrices sont nommés et révoqués par le préfet, sur la proposition de l'inspecteur d'académie. Les enfants dont les familles sont hors d'état de payer une rétribution scolaire doivent être reçus gratuitement dans les écoles publiques ; les autres enfants payent une rétribution, qui est fixée pour chaque commune par le conseil départemental. Les communes peuvent établir une ou plusieurs écoles entièrement gratuites, à l'entretien desquelles il est pourvu au moyen de centimes additionnels, et, en cas d'insuffisance, au moyen d'une subvention fournie par le département ou par l'Etat.

Écoles libres. — Les écoles libres sont celles qui sont fonaées ou entretenues par des particuliers ou des associations. Toute personne, qui réunit les conditions de capacité nécessaires pour être instituteur primaire, peut ouvrir une école, à charge d'en faire une déclaration au maire de la commune. Le maire ou l'inspecteur d'académie a le droit de former opposition à l'ouverture de l'école ; cette opposition peut être déférée au conseil départemental qui statue, à charge d'appel au conseil supérieur. (*Loi de* 1867, *art.* 19.) L'école peut être ouverte, s'il n'est pas survenu d'opposition dans le mois qui suit la déclaration. Les écoles libres sont soumises à l'inspection de l'Etat : l'instituteur libre qui commet des fautes graves dans l'exercice de ses fonctions est traduit devant le conseil départemental qui peut le censurer, le suspendre et même l'interdire.

Écoles normales primaires. — Pour pourvoir au recrutement des instituteurs communaux, chaque département doit entretenir des élèves maîtres dans des établissements spéciaux, appelés écoles normales primaires. Il y a également des écoles normales d'institutrices.

Enseignement secondaire classique. — L'enseignement secondaire classique comprend les langues anciennes, l'histoire, les éléments des sciences naturelles et mathématiques, en un mot l'ensemble des connaissances sur lesquelles portent les examens du *baccalauréat ès lettres* et *ès sciences*. L'enseignement secondaire classique est donné dans les établissements publics, lycées ou collèges communaux, et dans les établissements privés tenus par des laïques ou par des ecclésiastiques. Toute personne, âgée de vingt-cinq ans, munie du grade de bachelier ou d'un certificat de capacité délivré par un jury spécial, peut ouvrir un établissement d'instruction secondaire, à la charge d'en faire la déclaration à l'inspecteur d'académie du département. Il peut être formé opposition à l'ouverture de l'établissemeut par le préfet, l'inspecteur d'académie et le procureur de la République. Si, dans le délai d'un mois après la déclaration, il n'est pas survenu d'opposition, l'établissement peut être ouvert.

Lycées; colléges communaux. — Les lycées sont des établissements publics d'enseignement secondaire, placés sous la direction immédiate de l'Etat; ils sont établis en vertu d'un décret du Président de la République. Le personnel des lycées se compose d'un proviseur, qui a la direction et l'administration générale de l'établissement, d'un censeur, qui surveille tout ce qui concerne l'enseignement et la discipline; de professeurs, de maîtres répétiteurs, enfin d'un économe chargé de la comptabilité. Les élèves des lycées sont entretenus aux frais de leurs parents, ou aux frais de l'Etat, des départements ou des communes : on les appelle alors *boursiers*. Les colléges communaux diffèrent des lycées en ce que les lycées sont fondés et entretenus par l'Etat avec le concours des départoments et des villes, tandis que les collèges communaux sont fondés et entretenus par les communes ; ils peuvent cependant recevoir une subvention de l'Etat. L'enseignement est le même dans les colléges communaux et dans les lycées.

Enseignement secondaire spécial. — L'enseignement secondaire spécial, qui forme, depuis la loi du 21 juin 1865, un ordre nouveau d'enseignement, a pour objet de préparer les élèves à remplir les diverses professions de l'industrie, du commerce ou de l'agriculture. Les matières obligatoires de cet enseignement sont : l'instruction morale et religieuse, la langue et la littérature française, l'histoire et la géographie, les mathémathiques appliquées, la physique, la mécanique, la chimie, l'histoire naturelle et leurs applications à l'agriculture et à l'industrie, le dessin linéaire, la comptabilité et la tenue des livres. Les élèves, à la fin des cours, peuvent subir devant un jury dont les membres sont nommés par le ministre de l'instruction publique un examen, à la suite duquel ils obtiennent, s'il y a lieu, un diplôme. Pour fournir à l'enseignement secondaire spécial le personnel enseignant, une école normale a été créée à Cluny dans le département de Saône-et-Loire.

Enseignement supérieur ; facultés ; école normale. — L'enseignement supérieur comprend cinq ordres de facultés : la théologie, le droit, la médecine, les sciences et les lettres. Ces facultés n'existent que dans quelques villes ; elles sont composées d'un doyen chargé de l'administration de la faculté, sous l'autorité du recteur, et d'un certain nombre de professeurs et de professeurs agrégés : ces derniers sont nommés au concours. Les professeurs et agrégés font des cours, et participent aux examens que subissent les étudiants qui veulent arriver aux grades conférés par les facultés, grades de bachelier, de licencié, de docteur. A l'enseignement supérieur se rattache aussi l'école normale supérieure, établie à Paris, et destinée à former les professeurs pour l'enseignement des sciences et des lettres.

Etablissements spéciaux. — Il nous reste à parcourir certains établissements spéciaux, qui ne dépendent pas directement de l'Université ; ce sont : le Collége de France, le Muséum d'histoire naturelle, l'observatoire national, le bureau des Longitudes, l'Institut, les bibliothèques et les musées.

Le Collége de France embrasse dans son enseignement les principales branches des connaissances humaines : littérature, sciences, législation, langues anciennes et modernes. Le Muséum d'histoire naturelle est un établissement créé à Paris, et ayant pour objet l'avancement des sciences naturelles. Il y a au Muséum des cours relatifs à la physiologie, l'anatomie, la minéralogie, la botanique, la physique végétale, etc. Les professeurs du Collége de France et du Muséum sont nommés par le Président de la République. Ces établissements ne confèrent pas, comme les facultés, les grades universaires.

La science astronomique est spécialement étudiée à l'Observatoire et au bureau des Longitudes. Le bureau des Longitudes est une sorte d'académie astronomique, consacrée aux progrès de l'astronomie et de la navigation.

L'Institut de France est une compagnie composée de littérateurs, des savants, des artistes qui se sont particulièrement distingués. Il est divisé en cinq académies : l'Académie française, qui comprend quarante membres ; l'Académie des sciences, l'Académie des inscriptions et belles-lettres, l'Académie des sciences morales et politiques, l'Académie des beaux-arts. Ces académies se recrutent elles-mêmes : lorsqu'une place devient vacante, la section à laquelle le membre décédé appartenait choisit celui qui est appelé à lui succéder ; la nomination doit seulement être soumise à l'approbation du Président de la République.

Enfin, pour contribuer à répandre les connaissances utiles et le goût des beaux-arts, il existe dans un grand nombre de villes de bibliothèques publiques et des musées. Les musées rentent dans les attributions du ministre de l'instruction publique.

Ecoles spéciales des divers ministères. — Des écoles spéciales ont été créées dans divers services publics afin de former des jeunes gens capables d'occuper les emplois que ces services comportent. Le ministère de la guerre a l'école de Saint-Cyr et l'Ecole polytechnique : l'Ecole polytechnique prépare non-seulement aux armes spéciales, l'artillerie et le génie, mais encore aux emplois civils des mines, des ponts-et-chaussées, des tabacs, des télégraphes. Au ministère de la guerre se rattachent également l'école de Fontainebleau, école d'application pour l'artillerie et le génie, l'école de cavalerie de Saumur, l'école supérieure de guerre. Le ministère de la marine a une école navale à Brest pour les jeunes gens qui se destinent à la marine militaire, et une école du génie maritime à Paris pour les ingénieurs de la marine. L'administration des eaux et forêts, qui fait partie du ministère des finances, a l'école forestière de Nancy. Du ministère des travaux publics dépendent l'école des ponts-et-chaussées, l'école des mines, les écoles nationales d'arts-et-métiers, les écoles vétérinaires, les écoles d'agriculture. Citons encore, pour terminer, les institutions des jeunes aveugles et les écoles des sourds-muets, qui sont dans les attributions du ministre de l'intérieur.

CHAPITRE IV.

TRAVAUX PUBLICS.

SECTION Ire.

NOTIONS GÉNÉRALES.

Définition et division. — On appelle travaux publics les travaux de construction et d'appropriation, de réparation ou d'entretien qui s'exécutent dans un intérêt général. Ces travaux ne sont pas tous de la même nature. Il faut distinguer : 1° les travaux civils, comprenant les travaux des ponts-et-chaussées et des bâtiments civils ; 2° les travaux militaires et les travaux maritimes ; 3e enfin les travaux mixtes, ou travaux intéressant à la fois les services civils et les services militaires. Les travaux publics sont exécutés aux frais de l'Etat, des départements, des communes, ou aux frais de concessionnaires qui sont mis aux lieu et place de l'administration pour leur exécution. Donnons quelques détails sur ces diverses catégories de travaux.

Travaux civils ; ponts-et-chaussées. — Les travaux des ponts-et-chaussées consistent dans la construction et l'entretien des routes nationales et départementales, la construction et l'entretien des ports maritimes de commerce, des digues, des canaux de navigation intérieure, l'établissement et l'entretien des phares, les divers travaux qui ont pour objet d'améliorer la navigation, la construction de barrages, d'écluses de quais, la construction et l'entretien des chemins de fer Ces travaux sont dirigés par les ingénieurs des ponts-et-chaussées et les agents auxiliaires placés sous leurs ordres, notamment les *conducteurs des ponts-et-chaussées.* L'exécution de ces divers travaux est ordonnée ou autorisée par une loi ou par un décret rendu en conseil d'Etat. Si les travaux doivent s'effectuer avec une subvention du Trésor, l'allocation de cette subvention doit être approuvée par une lo avant la mise à exécution. Les projets préparés par les ingénieurs sont soumis à l'approbation du ministre des travaux publics.

Un conseil, appelé *conseil général des ponts-et-chaussées*, composé des inspecteurs généraux des ponts-et-chaussées, est appelé à donner son avis sur les projets et plans de travaux et sur toutes les questions d'art que le ministre juge à propos de lui soumettre. L'exécution des travaux des ponts-et-chaussées peut avoir lieu de deux manières : tantôt l'administration les fait exécuter directement, c'est ce qu'on appelle la *régie*; tantôt elle les concède à un entrepreneur qui, moyennant un prix convenu, se charge de leur exécution. Les marchés de travaux publics se font par voie d'adjudication ; l'adjudication est annoncée à l'avance, et tous ceux qui réunissent les conditions de capacité exigées par l'administration peuvent y prendre part (1). Dans tous les cas, que les travaux s'exécutent en régie ou par entreprise, l'administration conserve son droit de surveillance et de direction.

Bâtiments civils. — Ces travaux comprennent la construction, la réparation ou l'entretien des monuments et édifices destinés à un service public non militaire. Les travaux des bâtiments civils sont dirigés par les architectes chargés des divers services. Les projets de constructions nouvelles ou de réparations importantes doivent être soumis à un conseil, appelé *conseil des bâtiments civils*. Les travaux relatifs aux édifices du culte sont exécutés sous la direction d'architectes spéciaux, appelés *architectes diocésains*. Les marchés relatifs à l'exécution des travaux des bâtiments civils se font de gré à gré, ou sont passés par adjudication.

Travaux militaires. — Les travaux militaires sont de deux sortes : les uns sont exécutés sous la direction des officiers du génie, les autres sous la direction des officiers d'artillerie. Le génie est chargé des travaux qui consistent dans la répa‑

---

(1) On trouvera dans nos *Éléments de législation commerciale et industrielle*, chap. ɪ (appendice), p. 15, des détails sur les marchés de travaux publics.

ration et l'entretien des fortifications, dans la construction, la réparation, l'appropriation et l'entretien des édifices et bâtiments militaires. Les écoles et directions d'artillerie, les arsenaux, fonderies, forges, manufactures d'armes, poudrières et ateliers de fabrication de capsules, rentrent dans le service de l'artillerie.

Travaux maritimes. — On considère comme travaux maritimes la construction, la réparation et l'entretien des navires, des ports, bassins, quais, etc., enfin des bâtiments à l'usage des services maritimes, magasins, ateliers, casernes. La construction et la réparation des navires sont confiées aux ingénieurs de la marine qui forment le corps du génie maritime. Quant aux travaux hydrauliques et aux travaux de construction, ils sont dirigés le plus ordinairement par les ingénieurs des ponts-et-chaussées.

Travaux mixtes. — Des interdictions que nous aurons bientôt à étudier pèsent sur une certaine zone autour des places de guerre et sur le territoire voisin de la frontière, ou *zone frontière :* ces interdictions, ou servitudes défensives, sont établies dans l'intérêt de la défense du pays. Lorsque des travaux publics mêmes non militaires doivent être exécutés dans les zones ainsi réservées, les projets sont soumis à une commission mixte, composée en partie de fonctionnaires civils et de militaires. Ces travaux prennent le nom de travaux mixtes, parce qu'ils intéressent à la fois la défense du territoire et un ou plusieurs services civils.

Après ces généralités, nous allons parcourir dans les sections suivantes les différentes charges imposées à la propriété pour l'exécution des travaux publics : expropriation, occupation de terrains, extraction de matériaux. Nous rattachons également à ce chapitre les servitudes militaires ou défensives, le desséchement des marais et la législation des mines.

SECTION II.

EXPROPRIATION POUR CAUSE D'UTILITÉ PUBLIQUE.

(Loi du 3 mai 1841.)

Définition. — L'exécution des travaux publics eût été souvent impossible, si l'administration n'avait été armée du droit de contraindre les particuliers à lui céder leur propriété : placée en présence de prétentions exagérées, elle n'aurait pu accomplir les travaux les plus nécessaires. L'expropriation pour cause d'utilité publique permet à l'autorité de triompher de ces résistances, en acquérant, moyennant indemnité, les propriétés dont la cession est nécessaire pour l'exécution des travaux publics. Pour que le droit d'expropriation puisse s'exercer, il faut une double condition : 1° que l'utilité publique soit constatée ; 2° que le propriétaire reçoive une indemnité avant d'être dépossédé : de cette manière, le respect de la propriété privée se concilie avec les exigences de l'intérêt général.

Formes de l'expropriation. — La procédure d'expropriation comprend quatre phases distinctes : 1° la déclaration d'utilité publique ; 2° la désignation des propriétés à exproprier ; 3° le jugement d'expropriation ; 4° la fixation de l'indemnité, à l'amiable ou par un jury spécial, et le paiement de cette indemnité.

Déclaration d'utilité publique. — L'utilité publique est déclarée, suivant la nature et l'importance des travaux, tantôt par une loi, tantôt par un décret rendu en conseil d'État. Une loi est toujours nécessaire pour sanctionner les conditions financières de l'exécution des travaux, s'il doit en résulter une charge pour le Trésor. La déclaration d'utilité publique est précédée d'une enquête administrative, qui permet aux intéressés de formuler leurs réclamations.

Plan parcellaire ; arrêté du préfet. — Après la déclaration d'utilité publique, il faut déterminer les propriétés dont la cession est nécessaire pour l'exécution des travaux. Un plan désignant chacune des parcelles, est dressé par les ingénieurs ou autres gens de l'art : ce plan porte le nom de *plan parcellaire*. Il reste déposé pendant huit jours à la mairie, où les intéressés, avertis par des publications et des affiches, peuvent venir le consulter. Ceux qui ont des réclamations à faire peuvent se présenter devant le maire ou les lui transmettre par écrit; il est dressé procès-verbal des protestations qui se produisent. A l'expiration de la huitaine, une commission se réunit au chef-lieu de la sous-préfecture, et, pendant huit jours encore, reçoit les observations des propriétaires. Le travail de la commission achevé, le préfet détermine, par un arrêté motivé, les propriétés qui doivent être cédées.

Jugement d'expropriation. — Après l'arrêté désignant les propriétés à exproprier, le préfet transmet les pièces au procureur de la République de l'arrondissement dans lequel les biens sont situés. Le procureur de la République requiert, et le tribunal prononce l'expropriation, si les formalités prescrites ont été remplies. Le jugement d'expropriation transfère la propriété à l'expropriant, mais le propriétaire exproprié reste en possession jusqu'au paiement de l'indemnité. Le jugement d'expropriation ne peut être attaqué que par la voie du pourvoi en cassation : le pourvoi doit être formé dans les trois jours de la notification du jugement. Le propriétaire dont l'immeuble est atteint par l'expropriation et désigné dans l'arrêté du préfet a le droit, si l'administration ne poursuit pas l'expropriation dans l'année qui suit cet arrêté, de saisir directement le tribunal et de lui demander de prononcer l'expropriation.

Fixation de l'indemnité; jury d'expropriation. — Toute personne atteinte par l'expropriation a droit à une indemnité distincte : le propriétaire, les locataires ou fermiers obtiennent chacun une indemnité; lorsque l'immeuble est grevé d'un droit d'usufruit, il n'est fixé qu'une seule indemnité, sur laquelle le nu propriétaire et l'usufruitier exercent leurs droits. Le propriétaire de l'immeuble exproprié doit faire connaître à l'administration ses fermiers ou locataires; sans quoi, il resterait chargé envers eux de l'indemnité à laquelle ils pourraient avoir droit.

Si les intéressés ne s'entendent point avec l'administration pour le règlement amiable de l'indemnité, elle est fixée par un jury spécial, appelé *jury d'expropriation*. Chaque année, le conseil général du département dresse une liste de jurés pour chaque arrondissement. Lorsqu'il y a lieu de recourir à un jury, la Cour d'appel, s'il y en a une dans le département, et, à son défaut, le tribunal du chef-lieu judiciaire, choisit sur cette liste seize jurés titulaires et quatre jurés supplémentaires. Le jury ne peut se constituer qu'autant que douze jurés sont présents, et les jurés ne peuvent valablement délibérer qu'au nombre de neuf au moins. Les débats sont dirigés par un magistrat du tribunal de première instance; l'administration et les expropriés font valoir leurs prétentions respectives, et le jury fixe l'indemnité. Sa décision ne peut être attaquée que par la voie du recours en cassation ; le délai pour se pourvoir est de quinze jours à compter de la décision du jury. Le propriétaire dont l'immeuble a été compris dans le jugement d'expropriation peut, si l'administration ne réunit pas le jury dans les six mois de la date du jugement, en demander lui-même la convocation.

Paiement de l'indemnité. — L'indemnité allouée par le jury doit être payée préalablement à la prise de possession par l'administration : c'est l'application du principe que l'indemnité doit être préalable. S'il y a un obstacle au paiement, l'administration dépose l'indemnité à la caisse des dépôts et consignations ; la consignation équivaut à paiement et permet à l'administration de se mettre en possession. L'indemnité allouée porte intérêt à l'expiration du délai de six mois depuis la décision du jury.

SECTION III.

OCCUPATION DE TERRAINS, FOUILLES ET EXTRACTIONS DE MATÉRIAUX NÉCESSAIRES POUR L'EXECUTION DES TRAVAUX PUBLICS.

Occupation de terrains. — Les préfets peuvent autoriser les entrepreneurs de travaux publics à déposer des matériaux sur les terrains voisins des travaux; ils peuvent également permettre l'établissement de passages provisoires et de chantiers sur des propriétés privées. Ceux à la propriété desquels ces mesures portent préjudice ont droit à une indemnité qui est fixée par le conseil de préfecture, si les parties ne s'accordent pas.

Extractions et fouilles. — Les matériaux nécessaires aux travaux peuvent aussi être pris par les agents de l'administration ou les entrepreneurs sur les terrains des particuliers. L'exercice de ce droit droit être autorisé par un arrêté du préfet désignant les propriétés sur lesquelles les fouilles et extractions seront pratiquées. Elles sont interdites dans les cours, jardins, vergers et autres propriétés fermées de murs ou de clôtures équivalentes, suivant l'usage du pays. En outre, une indemnité est payée au propriétaire : cette indemnité doit comprendre dans tous les cas le dommage causé au sol; si les matériaux ont été pris dans une carrière déjà exploitée, l'indemnité s'étend à la valeur des matériaux ; dans le cas contraire, c'est-à-dire s'il n'y a point de carrière exploitée dans le terrain, l'indemnité est limitée au dégât causé par l'extraction, et ne comprend rien pour la valeur des matériaux. Ces indemnités sont, lorsqu'il y a contestation, fixées par le conseil de préfecture.

SECTION IV.

SERVITUDES MILITAIRES.

Aperçu général de la législation. — Les nécessités de la défense du pays exigent certaines restrictions à l'exercice du droit de propriété. Ces restrictions se rapportent à trois objets principaux, qui sont : 1° les servitudes grevant les propriétés situées dans le voisinage des places de guerre ou autres points fortifiés ; 2° les servitudes qui pèsent sur les propriétés situées dans le rayon appelé *zone frontière;* 3° les servitudes existant autour des magasins à poudre.

Servitudes établies autour des places de guerre. (*Loi du 10 juillet* 1851. — *Décret du* 10 *août* 1853). — Aucune place de guerre ne peut être créée ou supprimée qu'en vertu d'une loi. Le classement des places de guerre a été fait par la loi du 10 juillet 1851 qui a déterminé, au moyen de tableaux divisant les places de guerres en trois séries, l'étendue des servitudes dont sont grevées les propriétés voisines. Il existe autour des places de guerre trois zones de servitudes. La première zone s'étend à 250 mètres : il est interdit d'y élever aucune construction, d'y planter des haies vives, des arbres ou arbustes formant haie. La seconde zone est de 487 mètres : il est interdit, autour des places de première classe, de faire aucune construction en maçonnerie ; il est permis seulement d'y élever des constructions en bois et en terre, à la charge de les démolir sans indemnité à la première réquisition de l'autorité militaire ; pour les places de deuxième classe et les postes militaires, on peut, dans cette seconde zone, élever toute espèce de constructions, à charge de les démolir à première réquisition. La troisième zone est de 974 mètres pour les places et de 584 mètres pour les postes : il ne peut y être fait aucun chemin, aucun exhaussement de terrain, aucun fouille ou dépôt de matériaux, sans la permission de l'autorité militaire. L'infraction à ces dispositions est poursuivie devant le conseil de préfecture et punie d'une amende ; les travaux faits en contravention doivent être démolis. Le sol des fortifications est inaliénable, imprescriptible, et aucune construction ne peut y être élevée ; il en est de même de la *rue militaire,* établie pour assurer la libre communication le long des remparts.

Servitudes établies dans la zone frontière. (*Décret du* 16 *août* 1853.) — On appelle zone frontière une certaine étendue de territoire, déterminée par la loi sur les côtes et à la limite des Etats voisins. Le rayon frontière est soumis à une surveillance spéciale de l'autorité militaire. Certains travaux ne peuvent être exécutés dans cette zone qu'avec l'approbation de la commission mixte dont nous avons parlé plus haut: il est interdit notamment, sans cette autorisation, de faire aucun défrichement, d'établir des canaux ou rigoles d'irrigation, de faire des prises d'eaux qui puissent modifier le régime des eaux et nuire aux inondations défensives.

Servitudes autour des magasins à poudre. (*Loi du* 26 *juin* 1854.)—Il ne peut être élevé aucune construction autre que des murs de clôture, à une distance de moins de 25 mètres des magasins à poudre de la guerre et de la marine; il ne peut être établi à la même distance des conduites de gaz, des clôtures en bois ou haies sèches, des dépôts de bois, fourrages ou matières combustibles, des plantations d'arbres de haute tige. Les usines et établissements pourvus de foyers sont interdits à une distance de 50 mètres.

SECTION V.

DESSÉCHEMENT DES MARAIS.

(Loi du 16 septembre 1807.)

Divers modes de desséchement. — Le desséchement des marais présente tous les caractères d'une mesure d'utilité générale : les marais, en effet, enlèvent des terres à l'exploitation agricole, et, par leurs émanations pestilentielles, sont une cause d'insalubrité pour les contrées voisines. Lorsque les propriétaires auxquels appartiennent les terrains en nature de marais ne peuvent eux-mêmes procéder au desséchement, l'État peut intervenir, soit pour exécuter lui-même les travaux, soit pour les faire exécuter par des concessionnaires.

Concessions de desséchement. — Lorsque le marais appartient à un seul propriétaire, ou que tous les propriétaires s'entendent pour faire le desséchement dans les délais et les conditions prescrits par le Gouvernement, la concession doit leur être accordée; dans le cas contraire, la concession a lieu au profit de ceux dont la soumission présente le plus d'avantages, qu'ils soient ou non propriétaires. La concession est accordée par un décret rendu en conseil d'État.

Avantages attribués aux concessionnaires. — Les concessionnaires ont droit, comme indemnité de leurs travaux et dépenses, à une certaine partie de la *plus-value* ou augmentation de valeur qui résultera du dessèchement. Le décret de concession détermine la proportion suivant laquelle cette plus-value doit se répartir entre les concessionnaires et les propriétaires. Pour déterminer la plus-value, il est procédé, avant l'exécution des travaux de desséchement, à une estimation par experts des terrains compris dans la concession, et, lorsque les travaux sont terminés, vérifiés et reçus, à une seconde estimation. La différence entre la valeur des terrains avant les travaux et leur valeur après les travaux constitue la plus-value, qui se partage entre les concessionnaires et les propriétaires. Les propriétaires peuvent se libérer de l'indemnité par eux due, soit en argent, soit en abandonnant une partie de leur propriété, soit enfin en constituant au profit des concessionnaires une rente sur le pied de 4 0/0. Lorsque le desséchement est fait directement par l'État, sa part dans la plus-value doit être fixée de manière à l'indemniser de toutes ses dépenses, mais sans qu'il puisse réaliser un bénéfice.

Juridiction spéciale en matière de desséchement. — Les contestations qui peuvent s'élever dans le cours des travaux sont jugées par une commission spéciale dont les membres sont nommés par le Président de la République; ils sont au nombre de sept. La commission est appelée aussi à intervenir dans les différentes phases des travaux de desséchement, pour donner son avis sur les mesures que l'administration peut avoir à prendre.

SECTION VI.

MINES, MINIÈRES ET CARRIÈRES.

(Loi du 21 avril 1810. — Loi du 9 mai 1866.)

Idée générale de la matière. — Les masses de substances minérales et fossiles qui se trouvent dans le sein ou à la surface de la terre sont comprises sous les trois dénominations de mines, minières et carrières. Régler le mode d'exploitation de ces richesses minérales, de manière à éviter qu'il n'en soit fait un mauvais usage et qu'elles ne soient mal exploitées, surveiller cette exploitation au point de vue de l'ordre et de la sécurité publique, tel est le double but que s'est proposée la législation sur cette matière.

Organisation du service des mines. — Le service des mines dépend du ministère des travaux publics : il comprend un conseil général des mines, des ingénieurs de différentes classes, et des *gardes-mines*, agents inférieurs auxiliaires des ingénieurs. Il existe à Paris une école nationale des mines où se forment les ingénieurs, à Saint-Étienne, une école destinée aux gardes-mines et aux directeurs d'exploitations et d'usines métallurgiques, et à Alais, une autre école qui a pour but de répandre les connaissances nécessaires aux maîtres mineurs.

Mines ; définition. — La loi considère comme mines les masses de substances connues pour contenir en filons, en couches ou en amas, de l'or, de l'argent, du platine, du mercure, du plomb, du fer en filons ou couches, du cuivre, de l'étain, du zinc, de la calamine, du bismuth, du cobalt, de l'arsenic, du manganèse, de l'antimoine, de la plombagine ou autres matières métalliques, du soufre, du charbon de terre ou de pierre, du bois fossile, de l'alun, des bitumes et des sulfates à base métallique. Il faut ajouter à cette nomenclature les mines de sel, qui sont soumises au même régime que les autres exploitations de mines.

Recherche des mines. — Pour faire une recherche de mines, et se livrer aux travaux de sonde ou forage nécessaires à cet effet, il faut avoir le consentement du propriétaire, ou, à défaut de ce consentement, une autorisation du Gouvernement. Cette autorisation n'est accordée qu'après que le propriétaire a été entendu, et à la charge par le tiers qui se livre à la recherche de lui payer une indemnité préalable. La permission de recherches ne peut être accordée, sans le consentement du propriétaire, dans les enclos entourés de murs, cours et jardins, et dans les terrains attenant aux habitations ou clôtures murées, dans la distance de cent mètres de ces habitations ou clôtures.

Concession des mines; formes de la demande et de la concession. — Les mines ne peuvent être exploitées qu'en vertu d'un acte de concession résultant d'un décret délibéré en conseil d'État. Celui qui veut obtenir la concession doit adresser sa demande au préfet du département où est située la mine. Cette demande est publiée et affichée, afin de permettre à ceux qui voudraient obtenir la même concession de former des demandes en concurrence et aux propriétaires intéressés de faire valoir leurs moyens d'opposition contre la concession. Le délai des publications est de quatre mois; un mois après l'expiration de ce délai, les pièces sont transmises par le préfet au ministre des travaux publics. Il est statué définitivement par un décret rendu en conseil d'État : les oppositions et les demandes en concurrence peuvent se produire devant le conseil d'État, jusqu'au décret de concession. Le Gouvernement est complétement libre d'accorder à qui il veut la concession : il choisit entre les divers demandeurs celui qui lui paraît présenter les garanties les plus grandes de bonne exploitation.

Effets de la concession; obligations du concessionnaire. — La concession, même lorsqu'elle est faite au propriétaire du sol, crée une propriété nouvelle, complétement distincte de la surface, à ce point que, si la mine et la surface se trouvent réunies dans la même main, le propriétaire peut consentir sur la mine des droits d'hypothèque qui ne s'étendront pas sur la surface, et réciproquement. Lorsque le concessionnaire n'est pas propriétaire de la surface, il doit au propriétaire du sol une redevance ou indemnité, dont le quantum est déterminé par l'acte de concession. En outre, le concessionnaire, qui par ses travaux cause un préjudice au propriétaire du sol, doit lui payer une indemnité qui est fixée au double du produit net du terrain endommagé; il peut même, dans certains cas, être obligé d'acquérir ce terrain. Le concessionnaire est tenu envers l'État d'une double redevance, une redevance fixe, qui est de dix francs par kilomètre carré, et une redevance proportionnelle au produit de l'extraction. La mine ne peut être vendue par lots ou partagée qu'avec l'autorisation du Gouvernement; il est interdit également de diviser ou de réunir les concessions sans autorisation. Enfin l'exploitation des mines reste toujours soumise à la surveillance des ingénieurs et agents de l'administration des mines.

Retrait de la concession. — Les concessions peuvent être retirées pour certaines causes déterminées, notamment lorsque l'exploitation est restreinte ou suspendue de manière à inquiéter la sûreté publique ou les besoins des consommateurs. Le retrait de la concession est prononcé par le ministre des travaux publics, dont la décision peut être attaquée devant le conseil d'État. A la suite du retrait de la concession, il est procédé à l'adjudication de la mine abandonnée.

Minières; définition. — On comprend sous le nom de minières les minerais de fer d'alluvion, les terres pyriteuses propres à être converties en sulfate de fer, les terres alumineuses et les tourbes.

Conditions de l'exploitation des minières. (*Loi du* 9 *mai* 1866.) — Lorsque l'exploitation des minières a lieu à ciel ouvert, le propriétaire est tenu, avant de commencer l'exploitation, d'en faire la déclaration au préfet; le préfet donne acte de cette déclaration, et l'exploitation peut commencer sans autre formalité. Si l'exploitation doit être souterraine, il faut une permission du préfet. Aux termes de la loi de 1810, les propriétaires de minières devaient exploiter en quantité suffisante pour fournir aux besoins des forges existant dans le voisinage, et, s'ils n'exploitaient pas ou exploitaient d'une manière insuffisante, les maîtres de forges pouvaient obtenir l'autorisation d'exploiter à leur place, à la charge de payer une indemnité. Ces dispositions sont abrogées par la loi du 9 mai 1866, qui en réserve toutefois l'effet jusqu'au 1er janvier 1876 pour les usines établies avec permission antérieurement à la loi.

Carrières; surveillance à laquelle elles sont soumises. — Les carrières renferment les ardoises, grès, pierres à bâtir et autres, les marbres, les pierres à chaux, les marnes, argiles et autres substances analogues. Les carrières s'exploitent à ciel ouvert ou avec des galeries souterraines. Les carrières ne peuvent être exploitées que par le propriétaire du sol ou avec son consentement. L'exploitation des carrières à ciel ouvert a lieu sous la simple surveillance de la police; quant aux carrières souterraines, elles sont soumises à la surveillance de l'administration des mines. Des règlements spéciaux existent dans diverses localités pour le régime des carrières.

CHAPITRE V.

VOIRIE.

Acceptions différentes de ce mot; division. — Le mot voirie désigne l'ensemble des voies de communication. On distingue la grande et la petite voirie : la grande voirie comprend les routes nationales et départementales, les chemins de fer, les rivières naviguables et flottables, les rues de Paris; la petite voirie se compose des chemins vicinaux, des rues et places des bourgs et villages et des villes autres que Paris. La petite voirie se subdivise elle-même en voirie vicinale, qui renferme les chemins vicinaux, et voirie urbaine, dans laquelle rentrent les rues des villes, bourgs et villages. Les règles d'administration diffèrent pour les voies de communication qui font partie de la grande voirie de celles qui appartiennent à la petite voirie. Les infractions aux règlements concernant la grande voirie constituent des *contraventions de grande voirie*, qui sont jugées par le conseil de préfecture ; les *contraventions de petite voirie* sont des contraventions de simple police, qui sont jugées par le juge de paix siégeant comme juge de simple police. Les voies de communication, à quelque classe qu'elles appartiennent, sont hors du commerce, tant qu'elles restent affectées à cette destination : il en résulte que les particuliers ne peuvent, par prescription ou autrement, acquérir aucun droit sur le sol des voies publiques.

§ 1er. — GRANDE VOIRIE.

Routes nationales. — Les routes nationales sont celles qui vont de Paris à l'étranger et aux grands ports militaires, de Paris aux principales villes de l'intérieur, ou enfin qui relient entre elles les villes les plus importantes. Les routes nationales sont à la charge du budget de l'État. L'ouverture des routes nationales et leur classement au nombre des voies de communication ayant cette qualification sont ordonnés par décret : c'est également un décret du Président de la République qui les déclasse, c'est-à-dire qui les retranche du nombre des routes nationales. Le sol de la route déclassée peut être vendu par l'administration ; dans ce cas, les propriétaires riverains ont un droit de préférence pour l'acquisition de ces parcelles de terre, et c'est seulement sur leur refus d'acquérir qu'elles peuvent être mises en adjudication.

Routes départementales. — Le caractère particulier des routes départementales est que leur entretien reste à la charge du département ou des départements intéressés. Il appartient aux conseils généraux de statuer définitivement sur le classement et la direction des routes départementales, et aussi sur les projets, plans et devis des travaux à exécuter pour la construction, la rectification ou l'entretien des routes départementales. Le conseil général a également le droit de déclasser les routes départementales; il désigne les services qui seront chargés de la construction et de l'entretien de ces voies de communication : il peut confier la direction des travaux de construction ou d'entretien, soit aux ingénieurs des ponts-et-chaussées, soit aux agents voyers, soit à toutes autres personnes qu'il jugerait à propos de choisir.

Rues de Paris. — Les rues de Paris sont, à raison de leur importance, soumises au régime de la grande voirie. Les attributions de voirie relatives aux rues de Paris se partagent entre le préfet de la Seine et le préfet de police.

Chemins de fer. — Les chemins de fer, construits par l'État ou par une compagnie concessionnaire, font partie de la grande voirie. L'Etat, en effet, n'exploite pas directement les chemins de fer, il les fait exploiter par des compagnies auxquelles le chemin est concédé pour un temps plus ou moins long : la concession a lieu, soit directement, soit à la suite d'une adjudication. Les chemins de fer sont construits par l'Etat, ou, et c'est ce qui se présente le plus souvent, par les concessionnaires, avec ou sans subvention de l'État. Notre réseau de voies ferrées a pris un grand développement depuis une vingtaine d'années : il est cependant encore loin d'être complet; de nouvelles lignes sont en construction, d'autres sont concédées à des compagnies déjà existantes ou à des compagnies nouvelles. La plus grande partie des lignes appartient à six grandes compagnies : compagnies du Nord, de l'Est, de l'Ouest, d'Orléans, de Lyon-Méditerranée et du Midi.

Chemins de fer d'intérêt local. (*Loi du* 12 *juillet* 1865.) — Les voies ferrées principales relient entre elles les grands centres de population, mais elles ne pénètrent pas dans les localités plus reculées, qui se trouvent ainsi privées des bienfaits de ces voies de communication rapide. C'est à cette lacune que doivent pourvoir les chemins de fer d'intérêt local. Ces chemins de fer sont établis par les départements et les communes, ou par des concessionnaires, avec le concours des départements et des communes. Il peut être alloué sur les fonds du Trésor des subventions s'élevant au tiers ou à la moitié de la dépense qui reste à la charge des départements ou des communes intéressées. Les projets de chemins de fer d'intérêt local sont arrêtés par le conseil général ; il détermine leur direction, le mode et les conditions de leur construction, il conclut les traités et prend toutes les dispositions nécessaires pour assurer l'exploitation des voies ferrées départementales. Les chemins de fer d'intérêt local font partie de la grande voirie, comme les chemins de fer d'intérêt général, et ils sont soumis à la surveillance et au contrôle de l'administration centrale. Les chemins d'intérêt local concédés jusqu'à présent sont au nombre de 72, et mesurent ensemble 2000 kilomètres. Les départements qui ont le réseau local le plus étendu sont : Eure-et-Loir, l'Eure, la Somme, l'Hérault et Saône-et-Loire. Le réseau départemental présente déjà une réelle importance, et il paraît destiné à s'accroître rapidement.

Rivières navigables et flottables. — On appelle rivières navigables celles qui peuvent porter des bateaux, rivières flottables, celles qui peuvent porter des radeaux et trains de bois. L'autorité administrative détermine les rivières ou les parties de leurs cours qui sont navigables ou flottables. Dans ces cours d'eau, le droit de pêche appartient à l'Etat, tandis que dans les cours d'eau qui ne sont ni navigables ni flottables la pêche appartient aux riverains. L'autorisation d'établir des usines sur les cours d'eau navigables ou flottables est accordée en règle générale par un décret du Président de la République. Le préfet peut autoriser seulement des établissements temporaires, ou des établissements permanents qui ne doivent pas modifier sensiblement le régime des eaux. L'administration a le droit de supprimer sans indemnité les usines autorisées sur un cours d'eau navigable ou flottable, si l'existence de l'usine nuit à la navigation. Cette faculté de suppression est la conséquence du principe que les cours d'eau navigables et flottables rentrent dans le domaine public : ils sont inaliénables, et ne peuvent être l'objet au profit d'un particulier d'un droit définitif et irrévocable. Sur les cours d'eau qui ne sont ni navigables ni flottables, les autorisations peuvent toujours être accordées par le préfet, et les usines autorisées ne peuvent être supprimées sans indemnité.

§ II. — PETITE VOIRIE.

Chemins vicinaux. (*Loi du* 21 *mai* 1836.) — Les chemins vicinaux sont des voies publiques qui mettent les communes en communication les unes avec les autres, ou qui desservent les diverses parties d'une même commune. Les chemins vicinaux présentent pour l'agriculture l'intérêt le plus sérieux, et depuis longtemps les pouvoirs publics se préoccupaient de leur amélioration. Une loi votée par le Corps législatif dans la session de 1868 fournit aux communes le moyen de hâter l'achèvement si désirable du réseau vicinal : une subvention de 100 millions payable en dix ans est accordée sur les fonds du budget pour les chemins vicinaux; en outre, la loi crée une caisse, dite *caisse des chemins vicinaux*, qui pourra prêter aux communes en dix ans 200 millions dont le remboursement aura lieu en trente ans et avec intérêts à 4 0/0.

On distingue trois sortes de chemins vicinaux : les chemins de grande communication, appelés dans l'usage *grande vicinalité* : ces chemins traversent plusieurs communes ou même plusieurs cantons; les chemins d'intérêt commun, ou *moyenne vicinalité*, qui intéressent plusieurs communes, enfin les chemins vicinaux ordinaires, ou *petite vicinalité*, qui sont à la charge d'une seule commune.

Chemins de grande communication. — Les chemins de grande communication sont classés par le conseil général qui détermine leur direction; ils sont construits et entretenus par les communes qu'ils traversent ; ils peuvent recevoir une subvention sur les fonds du département. Le conseil général répartit les subventions accordées sur les fonds départementaux aux chemins vicinaux de grande communication.

Chemins d'intérêt commun. — Le conseil général détermine également les chemins vicinaux qui ont le caractère de chemins d'intérêt commun; il désigne les communes qui doivent concourir à la construction et à l'entretien de ces chemins, sur l'avis des conseils municipaux et d'arrondissement. Des subventions sont allouées sur les fonds départementaux aux chemins vicinaux d'intérêt commun; la répartition de ces subventions appartient au conseil général.

Chemins vicinaux ordinaires. — Les chemins vicinaux ordinaires sont classés par la commission départementale du conseil général; leur entretien est à la charge des communes qu'ils intéressent et auxquelles ils appartiennent. Les chemins non classés ne peuvent constituer que des *chemins ruraux*, qui ne rentrent point dans le domaine public de la commune et sont susceptibles d'aliénation et de prescription.

Ouverture des chemins vicinaux; expropriation. — Lorsqu'il y a lieu d'ouvrir un chemin vicinal ou de changer la direction d'un chemin vicinal déjà existant, il est nécessaire de recourir à l'expropriation pour cause d'utilité publique. L'utilité publique est déclarée en cette matière par un arrêté du préfet; l'indemnité est fixée par un jury composé de quatre membres seul ment, dirigé par un magistrat du tribunal de première instance ou par le juge de paix. Il faut, au surplus, suivre les formes ordinaires de l'expropriation.

Entretien des chemins vicinaux. — Les communes peuvent d'abord pourvoir à l'entretien des chemins vicinaux au moyen de leurs revenus ordinaires. Si cette ressource est insuffisante, la commune a recours à des centimes additionnels ou à des prestations en nature. Le conseil municipal peut voter l'une ou l'autre de ces ressources, ou toutes deux concurremment. La prestation en nature consiste dans l'obligation, pour les habitants de la commune et pour tous ceux qui y ont un établissement, de fournir un certain nombre de journées de travail. Tout habitant, tout chef de famille ou d'établissement, porté au rôle des contributions directes, doit la prestation : 1° pour sa personne et pour chaque individu mâle, valide, âgé de dix-huit ans au moins et de soixante ans au plus, membre ou serviteur de la famille et résidant dans la commune ; 2° pour chacune des charrettes ou voitures attelées, et en outre pour chacune des bêtes de somme, de trait, de selle, au service de la famille ou de l'établissement dans la commune. La prestation ne peut dépasser trois journées de travail. Ceux qui ne veulent pas acquitter la prestation en nature la payent en argent : chaque année, le conseil général du département détermine la valeur qui doit être attribuée à chaque espèce de journées de travail, et le contribuable se libère en payant la somme que représente le nombre de journées dont il était tenu.

Voirie urbaine ; rues et places des villes, bourgs et villages. — Les rues et places des villes, bourgs et villages forment la voirie urbaine : ces voies publiques appartiennent à la commune et sont entretenues par elle. Lorsque les rues ou places sont le prolongement d'une route nationale ou départementale ou d'un chemin vicinal, on doit leur appliquer la législation particulière à ces voies de communication.

§ III. — SERVITUDES IMPOSÉES AUX PROPRIÉTAIRES RIVERAINS.
D'UNE VOIE PUBLIQUE OU D'UN COURS D'EAU.

Division. — Si le voisinage d'une voie publique procure aux propriétaires des avantages nombreux, il leur impose aussi certaines charges. Ces charges, ou servitudes d'utilité publique, ont pour objet la conservation des voies de communication et l'intérêt de la viabilité ou de la navigation. Nous étudierons successivement ce qui concerne l'alignement, le chemin de halage et le marchepied.

Alignement. — On appelle alignement le tracé donné par l'autorité compétente pour indiquer l'emplacement que doit occuper la façade des constructions bordant une voie publique. Il est interdit au propriétaire de construire sans s'être fait délivrer un alignement ; celui qui bâtit sans avoir obtenu l'alignement, ou qui ne se conforme pas à l'alignement qui lui a été délivré, peut être poursuivi devant les tribunaux compétents, condamné à une amende et à la démolition des constructions élevées en contravention. Le plus souvent les alignements partiels délivrés à chaque propriétaire sont donnés conformément à un plan général d'alignement arrêté à l'avance; quelquefois cependant il n'y a pas de plan général d'alignement, ce qui n'empêche pas que les propriétaires qui veulent bâtir sont tenus de demander l'alignemet partiel.

Autorité compétente en matière d'alignement. — La compétence en matière d'alignement est différente, selon la nature de la voie publique. Les plans généraux d'alignement, pour les routes nationales et départementales, sont approuvés par décret rendu en conseil d'État; les alignements partiels sont délivrés par le sous-préfet, lorsqu'il existe un plan général d'alignement, par le préfet, dans le cas contraire. En matière de chemins vicinaux, les plans généraux d'alignement sont approuvés par le préfet; quant aux alignements partiels, il faut distinguer entre les chemins de grande communication et les autres chemins vicinaux : s'il s'agit d'un chemin de grande communication, l'alignement est donné par le sous-préfet, quand il y a un plan général d'alignement, par le préfet, dans le cas contraire; s'il s'agit d'un chemin vicinal autre qu'un chemin de grande communication, l'alignement est donné par le maire. En matière de voirie urbaine, c'est-à-dire dans les rues et places des villes, bourgs et villages, les plans généraux d'alignement sont arrêtés par le préfet; les alignements individuels sont délivrés par le maire.

Effets de l'alignement quant aux propriétés sujettes à retranchement. — Les propriétés qui empiètent sur la voie publique, et se trouvent ainsi sujettes à retranchement, sont grevées d'une véritable servitude : le propriétaire ne peut y faire aucune réparation qui. soit de nature à en prolonger la durée. Il doit, s'il veut faire des travaux, demander la permission de l'administration, qui ne peut autoriser que des *travaux non confortatifs;* les travaux faits sans autorisation sont démolis. Lorsque la maison tombe ou que le propriétaire est obligé de la démolir par suite du mauvais état des constructions, l'administration n'a à payer d'indemnité que pour le terrain retranché, et non pour le bâtiment. Si l'administration veut mettre le propriétaire à l'alignement sans attendre la démolition, elle doit l'exproprier, et il aura droit à une indemnité qui représentera la valeur de son terrain et de sa construction.

Chemin de halage et marchepied. — Les riverains d'un cours d'eau navigable ou flottable sont tenus de laisser d'un côté un chemin de vingt-quatre pieds : ce chemin est destiné au passage des hommes et des chevaux employés à tirer les bateaux et trains de bois; les riverains du même côté ne peuvent planter d'arbres à la distance de six pieds à partir du chemin de halage. Du côté opposé à la rive où est établi le chemin de halage, il doit être laissé un espace de dix pieds, sur lequel il est interdit d'établir des clôtures ou de planter des arbres; c'est ce qu'on appelle le *marchepied*. Les dispositions relatives au chemin de halage et au marchepied sont empruntées à une ordonnance de 1669 qui, sur ce point, est encore en vigueur.

CHAPITRE VI.

FORTUNE PUBLIQUE.

SECTION Ire.

NOTIONS GÉNÉRALES.

Composition et vote du budget. — Le budget est défini : l'acte par lequel sont prévues et autorisées les recettes et les dépenses annuelles de l'État et des autres services que les lois assujettissent aux mêmes règles. Une loi spéciale autorise chaque année les dépenses à effectuer et les recettes à opérer pour l'année suivante; c'est la loi de finances, ou le budget. La période d'exécution des services du budget se nomme *exercice* : ainsi régulièrement le budget de l'exercice 1881 doit être voté en 1880. L'exercice comprend toute l'année pour laquelle le budget est voté ; il s'étend même à une partie de l'année suivante : en effet, il n'est clos pour le payement des dépenses qu'au 31 août de cette seconde année ; l'exercice 1880, par exemple, sera clos au 31 août 1881.

Le budget est préparé par le ministre des finances, discuté en conseil d'État, puis présenté aux Chambres avec sa division en chapitres et articles. Chacun des articles du budget des dépenses est soumis au vote de l'une et l'autre Chambre. On appelle *crédit* la somme prévue pour une dépense déterminée. En dehors des prévisions du budget, de nouveaux crédits supplémentaires ou extraordinaires ne peuvent être alloués qu'en vertu d'une loi. Les ministres ne peuvent, sans engager leur responsabilité, dépenser au delà des crédits qui leur sont ouverts. Chaque ministère a son budget spécial, qui forme une partie du budget général de l'État.

Attributions du ministre des finances quant à la gestion de la fortune publique. — Le ministre des finances est chargé de la gestion de la fortune de l'État, de la perception des impôts de toute nature, de l'exploitation des domaines de l'État. Le ministère des finances acquitte toutes les dépenses relatives aux différents services ; il paie les arrérages des rentes et les pensions ; il a en un mot la surveillance et le contrôle de tous les faits relatifs à la recette et à l'emploi des deniers de l'État.

Vote de l'impôt. — L'impôt n'est voté que pour une année, à l'exception des contributions indirectes qui peuvent être votées pour une durée illimitée. Les impôts directs, une fois l'année expirée, ne peuvent être perçus qu'en vertu d'un nouvel acte législatif. Il arrive quelquefois que l'assemblée qui a la mission de voter l'impôt, n'ait pu épuiser, avant le commencement de l'exercice, les discussions auxquelles donne naissance l'établissement du budget des recettes et des dépenses, en pareil cas, la Chambre ordonne que les impôts continueront à être perçus, pendant un certain nombre de mois, sur le pied de l'année précédente : c'est ce qu'on appelle voter des douzièmes provisoires. L'Assemblée nationale a dû recourir à cette mesure dans le cours de la session de 1872.

Agences centrales et locales pour l'administration et le recouvrement des revenus publics. — Outre son organisation centrale, le ministère des finances a dans les départements des agents spéciaux. Ces agents sont, au chef-lieu du département, le *trésorier payeur général;* il centralise les recettes et pourvoit aux dépenses publiques pour tout le département; au chef-lieu d'arrondissement se trouve le *receveur particulier,* auquel sont versés les fonds provenant des recettes faites dans l'arrondissement. L'arrondissement lui-même est divisé en un certain nombre de ressorts de perceptions; dans chaque ressort de perception, un *percepteur* est chargé de poursuivre le recouvrement des contributions directes.

Administrations spéciales rattachées au ministère des finances. — Indépendamment du service général des finances, il existe un certain nombre d'administrations qui se rattachent au ministère des finances, et sont chargées du recouvrement des contributions ou de la gestion des biens de l'État. Ces administrations sont : la direction générale des contributions directes, les directions générales des contributions indirectes, des douanes, des tabacs, la direction générale de l'enregistrement, du timbre et des domaines. La direction générale des forêts est rattachée au ministère de l'agriculture. Ces diverses administrations ont un service central et un service départemental. Dans chaque département, il y a un fonctionnaire qui est le chef du service, et qui s'appelle directeur pour les administrations autres que les eaux et forêts, et conservateur pour les eaux et forêts. Ce fonctionnaire a sous ses ordres des agents de diverses classes, portant des dénominations différentes, selon les services auxquels ils appartiennent : inspecteurs, sous-inspecteurs, contrôleurs, vérificateurs, etc.

Division des ressources de l'État. — Les deux sources

principales des revenus de l'Etat sont les produits du do
maine national et les impôts ou contributions payées par les
citoyens. Les impôts sont de beaucoup la partie la plus importante des ressources de l'Etat.

Dépenses publiques ; comment elles s'effectuent. — Nous
avons vu que le chiffre des dépenses afférentes aux divers
services était prévu au budget pour chaque exercice, c'est-à-
dire chaque année budgétaire. Le paiement des dépenses ne
peut avoir lieu que par le concours de deux agents : l'*ordonnateur* qui prescrit le paiement, et le *comptable* qui l'effectue.
Les fonctions d'ordonnateur et celles de comptable ne peuvent être réunies dans la même personne. Les dépenses sont
ordonnancées par les ministres ou leurs délégués ; elles doivent porter sur un crédit régulièrement ouvert. On distingue
les *ordonnances de paiement* et les *ordonnances de délégation* :
les premières sont celles qui sont délivrées par le ministre ;
les secondes sont celles par lesquelles le ministre autorise
les ordonnateurs secondaires à délivrer des mandats de paiement. La dépense régulièrement ordonnancée est acquittée
par le comptable sur la caisse duquel le mandat a été délivré. Le créancier, qui, par son fait et faute de justifications
ou de diligences suffisantes, ne s'est point fait payer dans
les cinq années, encourt une déchéance et n'a plus de droit
à exercer.

Comptes des ministres. — Les ministres fournissent, à
chaque session législative, le compte de leurs opérations pendant l'année précédente ; un compte général de l'administration des finances est dressé par le ministre des finances. Ce
compte comprend toutes les opérations relatives au recouvrement et à l'emploi des deniers de l'Etat ; il présente la
situation de tous les services de recettes et de dépenses, au
commencement et à la fin de l'année.

Règlement définitif du budget. — Le pouvoir législatif
qui a voté le budget est appelé également à le régler définitivement. La loi qui arrête le budget, ou *loi des comptes*, doit
être présentée dans les deux premiers mois de l'année qui
suit la clôture de l'exercice : la clôture de l'exercice a lieu

au 31 août de l'année qui suit celle pour laquelle le budget a été voté. Les comptes des ministres sont joints au projet de loi portant réglement définitif du budget. Cette loi fixe les recettes et les dépenses de l'exercice; elle est présentée avec les mêmes divisions que la loi du budget.

Apurement de la gestion des comptables. — On entend par comptables ceux qui sont chargés d'encaisser les revenus publics et de payer les dépenses. L'apurement de la gestion des comptables est fait par la Cour des comptes, à laquelle les comptes doivent être présentés dans un délai déterminé. Le résultat du compte est de constituer le comptable quitte, en avance ou en debet. Le comptable est quitte, lorsque la recette et la dépense se balancent exactement; il est en avance, lorsque la dépense excède la recette : il a alors un recours à exercer contre l'Etat; enfin il est en debet quand la recette excède la dépense. La Cour des comptes condamne le comptable qui se trouve en debet à payer à l'Etat la somme formant le reliquat de son compte. Pour sûreté de sa gestion, le comptable fournit un cautionnement qui reste déposé dans les caisses de l'Etat, et ses immeubles sont grevés d'une hypothèque légale.

SECTION II.

DOMAINE NATIONAL.

Comment se divise le domaine national. — Le domaine national est l'ensemble des biens qui appartiennent à la nation. Il se divise en deux branches distinctes : le domaine public et le domaine de l'Etat proprement dit.

Domaine public. — Le domaine public se compose de biens qui sont affectés à une destination d'intérêt général : ainsi les routes, les fleuves et rivières navigables ou flottables, les canaux, les fortifications, etc. Les biens dépendant du domaine public, tant qu'ils conservent cette destination, sont inaliénables et imprescriptibles.

Domaine de l'Etat. — Le domaine de l'Etat, quelquefois

appelé domaine privé, se compose de biens dont l'Etat est propriétaire, comme le serait un particulier; c'est plus spé-cialement le domaine productif. Dans le domaine de l'Etat rentrent les biens du domaine public qui ont cessé d'avoir cette destination, les biens provenant des successions en déshérence, c'est-à-dire qui ne sont recueillies par aucun hé-ritier, les bois et forêts de l'Etat. Les biens du domaine privé sont gérés par l'administration des domaines, et le produit en est versé dans les caisses publiques. Les biens dépendant du domaine de l'Etat sont prescriptibles et aliéna-bles, mais l'aliénation des immeubles n'est possible qu'en vertu d'une loi.

Domaine forestier. — Les forêts forment une portion con-sidérable du domaine de l'Etat; elles sont soumises à une législation et à un régime particulier. Les forêts domaniales ne peuvent être aliénées qu'en vertu d'une loi; elles sont imprescriptibles; la gestion du domaine forestier est confiée à une administration spéciale, qui porte le nom d'*administra-tion des forêts*. L'aménagement, c'est-à-dire le mode régulier d'exploitation est réglé, pour chaque forêt, par un décret. La vente des coupes a lieu par adjudication publique; les forma-lités relatives aux adjudications et toutes les règles relatives à l'exploitation et à la protection des forêts se trouvent dans le code forestier. Les forêts peuvent être grevées de certains droits d'usage, au profit des communes et des particuliers: nous citerons l'*affouage*, ou droit pour les habitants d'une commune de prendre dans une forêt le bois de chauffage qui leur est nécessaire. L'Etat peut s'affranchir des droits d'usage, soit par le *cantonnement*, en abandonnant aux usagers une partie de la forêt en propriété, soit en payant une indemnité en argent.

SECTION III.

IMPOTS.

Définition. — L'impôt est la part contributive de chaque citoyen dans les dépenses d'intérêt public. La justification de l'impôt se trouve dans cette idée : que le gouvernement assurant à chacun le respect de sa personne, de sa propriété, le libre exercice de son travail et de sa profession, il est juste que chaque citoyen contribue aux charges publiques, proportionnellement à ses facultés. Les mots : impôts et contributions, sont employés comme synonymes; en effet, le citoyen qui paye l'impôt contribue à l'acquittement des dépenses de l'Etat.

Principes communs aux contributions publiques. — Deux principes essentiels dominent dans notre législation la matière des impôts : le premier est qu'aucune contribution publique ne peut être perçue qu'en vertu d'une loi; le pays est appelé, par l'organe de ses représentants élus, à fixer le montant des charges qui pèseront sur les citoyens. Le second principe est la proportionnalité de l'impôt : la part de chacun doit être proportionnelle à sa fortune, et l'impôt est ainsi également réparti entre tous.

Pour mettre en pratique ce principe de la proportionnalité, on a été conduit à établir, au lieu d'un impôt unique, des impôts assez nombreux pour atteindre les divers éléments imposables. Ceci nous amène à parler de la distinction fondamentale des impôts en impôts directs et impôts indirects.

Distinction des contributions directes et indirectes. — On appelle contributions directes celles qui sont perçues au moyen de rôles nominatifs : contributions indirectes, celles qui ne frappent nominativement aucun contribuable, qui portent sur certaines denrées ou sur certains services, et ne sont payées qu'au fur et à mesure de la consommation. Prenons deux exemples pour faire bien saisir cette notion : le propriétaire d'une ferme, d'une maison, d'un immeuble quelconque, est soumis à un impôt direct appelé impôt foncier; il est inscrit sur la liste des contribuables, ou *rôle des contributions*, dressée par les agents de l'administration, et s'il ne paye pas, des poursuites seront exercées contre lui; voilà l'impôt direct. Prenons pour exemple de contribution indirecte l'impôt des douanes, qui porte sur certains objets provenant de l'étranger, et soumis à un droit en entrant en France. Si j'achète un de ces objets, je paye indirectement le droit de douane qui vient augmenter le prix de l'objet; ce droit n'est pas payé par une personne déterminée à l'avance, mais par le consommateur, quel qu'il soit, de la chose qui y est soumise.

La division des impôts directs et indirects a une grande importance ; signalons notamment cette différence : les contestations qui s'élèvent entre les particuliers et l'administration à l'occasion des contributions directes sont en général de la compétence des tribunaux administratifs, parce que la perception des contributions directes a lieu en vertu d'actes administratifs dont les tribunaux ordinaires ne peuvent connaître. Les contestations en matière de contributions indirectes sont, au contraire, le plus souvent jugées par les tribunaux civils, parce que ces contributions sont perçues en vertu de tarifs généraux, établis par la loi, et que la juridiction ordinaire peut appliquer et interpréter.

Impôts de répartition et impôts de quotité. — Les impôts de répartition se distinguent par ce caractère, que le chiffre total qu'ils doivent atteindre est fixé pour chaque année par le pouvoir législatif ; puis, au moyen de répartitions successives entre les départements, les arrondissements, les communes et les contribuables, on arrive à déterminer la part de chacun. Les impôts directs, appelés impôt foncier, impôt des portes et fenêtres, impôt personnel et mobilier, sont des impôts de répartition. Les impôts de quotité sont perçus en vertu de tarifs généraux, et leur produit varie selon que l'élément imposable est plus ou moins considérable. Aussi, tandis que les impôts de répartition figurent dans le budget de chaque année pour un chiffre certain, invariable, les impôts de quotité n'y sont l'objet que d'une évaluation approximative. Toutes les contributions indirectes sont des impôts de quotité, et, parmi les contributions directes, l'impôt des patentes a le même caractère.

§ 1er. — CONTRIBUTIONS DIRECTES.

Contributions directes proprement dites; taxes assimilées. — Les contributions directes proprement dites sont au nombre de quatre : 1o l'impôt foncier ; 2o l'impôt personnel et mobilier ; 3° l'impôt des portes et fenêtres ; 4° l'impôt des patentes. Les trois premiers sont des impôts de répartition ; le quatrième est un impôt de quotité. Il existe en outre un certain nombre de taxes spéciales, qui sont également recouvrées en vertu de rôles nominatifs, et par suite assimilées aux contributions directes. Nous citerons notamment : les taxes pour travaux relatifs au curage des canaux et rivières non navigables, les prestations et subventions pour l'entretien des chemins vicinaux, les taxes pour le pavage des rues, pour les dépenses des bourses et chambres de commerce, etc.

Principal et centimes additionnels. — Il faut distinguer, en matière de contributions directes, le principal de la contribution et les centimes additionnels. Les centimes additionnels sont ainsi nommés, comme nous avons déjà eu l'occasion de le dire, parce qu'ils sont établis par corrélation au principal, à raison de tant de centimes par franc. Ainsi, s'il y a dix centimes additionnels, le principal de la contribution étant de un franc, le contribuable aura à payer un franc et dix centimes, et ainsi de suite. Le principal des contributions directes est destiné à subvenir aux charges permanentes de l'Etat ; les centimes additionnels sont établis pour satisfaire à des nécessités accidentelles ou temporaires, ou dans l'intérêt de services purement locaux : c'est ainsi que des centimes additionnels sont ajoutés pour subvenir aux besoins particuliers des départements ou des communes. Les centimes additionnels peuvent porter sur les quatre contributions directes.

I. *Impôt foncier.*

Assiette de l'impôt foncier. — L'impôt foncier est assis sur le revenu net des propriétés, tant bâties que non bâties. Le revenu net est ce qui reste au propriétaire, déduction faite des frais de production et d'entretien : le revenu imposable s'établit par le calcul du revenu net moyen sur un nombre d'années déterminé. L'exemption de l'impôt foncier existe pour les biens du domaine public, pour les biens de l'Etat affectés à un service public. Certaines exemptions temporaires peuvent être accordées dans l'intérêt de l'agriculture, ou pour encourager les constructions.

Répartition. — La somme à laquelle l'impôt foncier doit s'élever est chaque année fixée par la loi de finances; cette loi détermine en même temps le contingent de chaque département. Le conseil général fait la répartition entre les arrondissements, et le conseil d'arrondissement, sous l'autorité du conseil général, répartit entre les communes le contingent de l'arrondissement. Dans la commune, la répartition est faite entre les contribuables par une commission de *répartiteurs*, composée de sept membres nommés par le sous-préfet : cinq répartiteurs sont pris parmi les contribuables; les deux autres sont le maire, l'adjoint ou deux conseillers municipaux. Les répartiteurs doivent, pour leurs opérations, se conformer aux évaluations cadastrales.

Cadastre. — Le cadastre est l'état descriptif des parcelles qui composent la propriété foncière en France, commune par commune, avec l'estimation du revenu de chacune d'elles. Les opérations cadastrales, commencés en 1807, n'ont été achevées qu'en 1852. Le cadastre sert seulement pour la répartition entre les contribuables de la commune; il n'a point d'application aux autres degrés de la répartition. Les opérations nécessaires pour établir le cadastre sont de deux sortes : 1º des opérations techniques, confiées à des géomètres ; ces opérations ont pour but d'arriver à un état descriptif des parcelles et de leur contenance ; 2º des opérations administratives, qui ont pour objet l'estimation des revenus imposables. Ces opérations administratives sont au nombre de trois : la *classification*, ou division en différentes classes de chaque nature de biens ; le *classement*, au moyen duquel se détermine la classe de chaque propriété; le *tarif des évaluations*, par lequel on attribue un revenu proportionnel aux diverses classes de chaque nature de biens. Ce tarif, qui est dressé pour chaque commune par le conseil municipal, avec les plus imposés en nombre égal à celui de ses membres, est soumis à l'approbation du préfet en conseil de préfecture. On voit que ces opérations permettent de fixer facilement le revenu de chaque propriété, puisqu'elles donnent la contenance de chaque parcelle, la classe à laquelle elle appartient, et le revenu afférent à cette classe. Tous ces éléments se trouvent coordonnés par la direction des contributions directes dans un travail appelé *matrice cadastrale*, sorte de tableau qui contient la désignation de toutes les propriétés, avec le nom des propriétaires, la contenance des parcelles, leur classe et leur revenu. Au moyen du cadastre, la répartition entre les contribuables du contingent afférent à la commune se fait de la manière la plus simple, et se réduit à une opération d'arithmétique.

II. *Contribution personnelle et mobilière.*

Caractère de cette contribution. — Cet impôt est un de ceux qui ont pour objet d'atteindre la fortune mobilière; il se compose de deux taxes : la taxe personnelle et la taxe mobilière. Il est dû par tout habitant de l'un ou de l'autre sexe, Français ou étranger, non réputé indigent. L'impôt personnel et mobilier est un impôt de répartition; il est perçu d'après un rôle rédigé par les commissaires répartiteurs. Le conseil municipal détermine, dans chaque commune, les habitants qui, à raison de leur indigence, ne doivent pas être soumis à l'impôt.

Taxe personnelle. — La taxe personnelle représente le prix moyen de trois journées de travail ; la valeur de la journée de travail est réglée tous les ans, pour chaque commune, par le conseil général : elle ne peut être inférieure à 50 centimes, ni excéder 1 fr. 50 centimes. La taxe personnelle se confond avec la taxe mobilière dans la répartition totale faite par la loi de finances : mais, dans chaque commune, on déduit du contingent à fournir la somme que représente la taxe personnelle, et le surplus doit être fourni par la contribution mobilière.

Taxe mobilière. — La taxe mobilière est assise sur la valeur locative des locaux consacrés à l'habitation personnelle du contribuable : le législateur a pris le loyer comme donnant la mesure du revenu du citoyen. La valeur locative est calculée pour chaque commune par les répartiteurs.

Où est due la contribution personnelle et mobilière. — La contribution personnelle est due dans la commune du domicile réel du contribuable ; la contribution mobilière est due partout où il a une habitation. La contribution est établie pour l'année entière, et due pour le tout, même en cas de déménagement ou de décès.

III. *Contribution des portes et fenêtres.*

Assiette de l'impôt. — L'impôt des portes et fenêtres est établi sur les ouvertures, portes ou fenêtres, donnant sur les rues, cours et jardins, des maisons et bâtiments. L'évaluation se fait en ayant égard à trois éléments : la population, le nombre des ouvertures et leur qualité. Ainsi, le chiffre de la contribution est plus élevé dans les villes dont la populations est plus nombreuse ; les fenêtres du premier étages sont plus imposées que celles des étages supérieurs. L'impôt ne frappe pas sur les portes et fenêtres servant à aérer les granges, bergeries, caves, et autres locaux non destinés à l'habitation, les portes et fenêtres des manufactures qui ne servent pas à l'habitation, enfin, les portes et fenêtres des édifices consacrés à un service public.

Par qui est dû l'impôt des portes et fenêtres. — L'impôt des portes et fenêtres peut être exigé du propriétaire ; mais, à moins de convention contraire, le propriétaire se fait rembourser par ses locataires la somme due à raison des locaux qu'ils occupent : il en résulte que cet impôt frappe en définitive sur le locataire.

IV. *Contribution des patentes.*

Caractère et assiette de l'impôt des patentes. — L'impôt des patentes est un impôt direct de quotité, auquel sont soumis tous les citoyens exerçant une profession qui n'en est point expressément dispensée. Il se compose d'un double droit : un droit fixe, établi d'après la nature des opérations et la population, et un droit proportionnel, assis sur la valeur locative des locaux destinés à l'exercice de la profession ; le droit proportionnel est en général du vingtième (1). Le droit fixe est dû dans la commune où se trouve situé l'établissement qui y donne lieu ; le droit proportionnel est dû dans les diverses communes où se trouvent les locaux servant à l'exercice de la profession imposable. La contribution des patentes est due pour l'année entière par toute personne exerçant au 1er janvier une profession soumise à patente.

V. *Recouvrement des contributions directes et réclamations.*

Confection et publication des rôles. — Le directeur des contributions directes dresse, chaque année, d'après le travail des répartiteurs, le rôle des contribuables de chaque commune. Un seul rôle comprend l'impôt foncier, l'impôt personnel et mobilier, les portes et fenêtres ; un rôle spécial est dressé pour les patentes. Les rôles sont rendus exécutoires par le préfet, et transmis ensuite aux maires. Le maire de chaque commune avertit, au moyen d'affiches, les contribuables, que les rôles sont entre les mains du percepteur, et vont être mis en recouvrement. C'est à partir de cette publication que court le délai pour se pourvoir, si le contribuable a des réclamations à faire.

Paiement des contributions. — Les contribuables sont avertis individuellement par un avis qui leur est envoyé par le percepteur. Cet avis, ou *avertissement*, indique la somme que le contribuable doit payer et la part de contributions

---

(1) Nous avons déjà parlé de l'impôt des patentes dans notre volume de *Législation commerciale et industrielle*, p. 64.

revenant à l'Etat, au département, à la commune, Les contributions sont payables par douzième et d'avance; le contribuable n'est valablement libéré qu'en représentant une quittance signée du percepteur.

Poursuites. — Lorsque le contribuable n'acquitte pas exactement l'impôt, le percepteur exerce des poursuites. Ces poursuites sont précédées d'une sommation; si, dans les huit jours, le contribuable n'a pas payé, le percepteur peut recouir à la *garnison collective* ou *individuelle*. Cette mesure consiste à établir chez le contribuable un individu, appelé *garnisaire*, qu'il est tenu de loger, de nourrir, et auquel il doit fournir un salaire de 1 franc par jour, pendant dix jours. La garnison est collective, lorsque les frais en sont supportés par plusieurs contribuables en retard; individuelle, lorsqu'elle est relative à une seule personne. Si la garnison est inefficace, le percepteur, après s'être fait délivrer une *contrainte* par le receveur particulier de l'arrondissement, commence des poursuites judiciaires, qui aboutissent à la saisie et à la vente des meubles du redevable.

Demandes en décharge ou réduction. — Lorsque le contribuable prétend avoir été imposé indûment, il forme une demande en décharge; s'il prétend seulement avoir été imposé à un chiffre trop élevé, il demande la réduction de sa cote de contributions. Les demandes en décharge ou réduction doivent être formées dans les trois mois de la publication des rôles; elles sont adressées au sous-préfet, et dans l'arrondissement chef-lieu, au préfet. La demande doit être sur papier timbré, si elle a pour objet une cote s'élevant à trente francs; elle ne dispense pas provisoirement du paiement de la contribution, et la quittance des termes échus doit être jointe à la réclamation, sinon elle ne serait pas recevable. Les demandes en décharge ou réduction sont jugées par le conseil de préfecture; la décision du conseil peut être déférée au conseil d'État, dans les trois mois à compter de sa notification.

Demandes en remise ou modération. — Les demandes en remise ou modération sont formées par les contribuables qui, ayant perdu tout ou partie de leur revenu dans le cours

de l'année, s'adressent à l'équité de l'administration pour
être exonérés en tout ou en partie du paiement de l'impôt.
Ces demandes sont jugées par le préfet, qui dispose d'un
fonds spécial, appelé fonds de non-valeur, sur lequel sont
prises les sommes dont il a été fait remise. C'est seulement
à la fin de l'année que le préfet statue sur toutes les demandes de remise ou modération qui lui sont adressées. Le
rejet de la demande, ayant le caractère d'un acte d'iadminis-
tration pure, ne peut donner lieu à aucun recours.

§ 2. — CONTRIBUTIONS INDIRECTES.

**Énumération des principales branches des revenus pu-
blics comprises sous cette dénomination.** — Les contributions indirectes comprennent un grand nombre de droits.
Les principaux sont : les droits sur les boissons, sur les sels
et sur les sucres, les droits d'enregistrement et de timbre, les
douanes. Il faut y joindre les monopoles que l'État s'est
réservés, monopole du transport des dépêches ou des postes,
de la télégraphie privée, des tabacs et des poudres : l'étude
de ces monopoles est comprise dans le programme de
législation commerciale et industrielle, et nous n'avons
point à nous en occuper ici. Nous traiterons spécialement de
l'impôt sur les boissons, de l'impôt du sel et des sucres ;
nous ajouterons des notions sur le timbre et l'enregistrement;
enfin, nous dirons quelques mots des octrois, impôt particulier perçu au profit des communes sur certains objets de
consommation.

I. *Impôt des boissons.*

Notions générales. — Le vin, le cidre, la bière, les eaux-
de-vie et esprits sont frappés de diverses taxes comprises
sous la dénomination générale d'impôt des boissons : les
deux droits que nous rencontrons d'abord sont le droit de
circulation et le droit d'entrée.

Droit de circulation. — Ce droit atteint les liquides, au
moment où ils quittent les caves du producteur et sont

transportés chez le consommateur : il est dû à chaque enlèvement ou déplacement; il n'y a d'exception que pour le propriétaire qui fait transporter ses denrées d'un cellier à un autre, et pour le marchand qui expédie ses boissons d'un magasin à un autre. Le droit de circulation est perçu d'après un tarif gradué suivant les départements : les départements sont divisés en quatre classes, et le droit est d'autant plus élevé qu'on s'éloigne davantage des régions viticoles. Cette division a été arrêtée par la loi, et se trouve indiquée dans un tableau spécial qui y est annexé.

Congé; passavant. — Le droit de circulation est ordinairement perçu au moment de l'enlèvement du liquide qui ne peut voyager que muni d'un *congé*, ou permis de circulation délivré par le receveur des contributions indirectes contre paiement de la taxe. Lorsque le déplacement a lieu sans acquitter les droits, par exemple, s'il s'agit d'un marchand qui transporte ses marchandises d'un magasin à un autre, il faut se munir d'un *passavant*, qui est délivré gratuitement par le receveur.

Droit d'entrée. — Le droit d'entrée n'existe que dans les villes ayant une population agglomérée et permanente de 4,000 âmes au moins ; sa quotité varie selon la population des villes, et de plus selon la classe du département : la classification est la même pour le droit d'entrée que pour le droit de circulation; le droit d'entrée est dû aussi bien pour les quantités fabriquées à l'intérieur que pour celles provenant du dehors. Ce droit qui est perçu au profit de l'État ne doit point être confondu avec le droit d'octroi, établi au profit de la commune.

Passe-debout; transit. — Les boissons qui sont introduites dans une ville, ou même qui y séjournent un certain temps, mais pour en sortir ensuite sans entrer dans la consommation locale, ne sont point assujetties au droit d'entrée : c'est à cette situation que s'appliquent le *passe-debout* et le *transit*. Lorsque le séjour dans la ville ne doit pas dépasser vingt-quatre heures, il y a lieu au passe-debout; si le séjour se prolonge plus de vingt-quatre heures, le voiturier doit faire une déclaration de transit. Dans ces deux cas, les droits sont consignés à l'entrée, mais ils sont restitués lorsque les marchandises sortent de la ville, pourvu que les agents de l'administration ne trouvent pas de déficit.

Droit de détail; exercice. — La vente au détail des vins donne lieu à un droit particulier, qui est de tant pour cent par hectolitre sur la valeur vénale. Il faut ajouter que nul ne peut se livrer à la vente en détail sans avoir fait une déclaration au bureau de la régie, et s'être muni d'une *licence*, qui donne lieu à la perception d'un droit appelé *droit de licence*. La perception exacte du droit de détail est assurée par l'*exercice* : on entend par là les vérifications que les préposés des contributions indirectes ont le droit de faire, toutes les fois qu'ils le jugent convenable, dans les caves du débitant, à l'effet de constater quelles quantités ont été réellement livrées à la consommation.

Abonnement individuel ou collectif. — Les détaillants peuvent se soustraire aux inconvénients de l'exercice et des visites domiciliaires qu'il entraîne en contractant un abonnement; l'abonnement consiste à substituer au droit de détail une somme déterminée à l'avance. L'abonnement peut avoir lieu de plusieurs manières : il **y** a d'abord l'abonnement individuel, qui intervient entre la régie et un débitant; il se fait tantôt pour une somme fixe, tantôt à tant par hectolitre, et pour deux trimestres au plus. L'abonnement collectif est celui qui s'applique à tous les débitants d'une commune : quand un abonnement est accepté par les deux tiers des débitants de la commune, et qu'il est approuvé par le ministre des finances, il devient obligatoire pour tous, même pour les opposants. Ce traité n'est établi que pour une année; la part due par chaque débitant dans le chiffre de l'abonnement s'établit au moyen d'une répartition : le recouvrement en est opéré en vertu d'un rôle, dressé par le syndic des débitants, rendu exécutoire par le maire, et remis au receveur de la régie.

II. *Impôt du sel.*

Droits auxquels les sels sont soumis. — Les sels sont soumis à une taxe de consommation, qui est de 10 francs par cent kilogrammes. Cette taxe atteint les sels français et ceux qui proviennent des colonies et de l'Algérie. Quant aux sels étrangers, ils acquittent à leur entrée en France un droit de douane qui varie suivant la zone par laquelle ils pénètrent sur le territoire, et suivant qu'ils arrivent sous pavillon français ou étranger.

III. *Impôt des sucres.*

Droits sur les sucres indigènes. — Les sucres de betterave fabriqués en France sont soumis à une taxe de fabrication, qui est de 45 francs par cent kilogrammes ; les fabriques de sucre de betterave sont soumises à l'exercice, c'est-à-dire à la surveillance permanente des agents de l'administration des contributions indirectes.

Sucres coloniaux et étrangers; loi du 7 mai 1864. — Les sucres provenant des colonies ou de l'étranger sont soumis à un droit de douane, qui varie suivant la provenance. Afin d'encourager la production du sucre dans celles de nos colonies où cette industrie a le plus d'importance, certains avantages sont accordés aux sucres provenant de l'île de la Réunion ou des Antilles françaises : ces sucres ne paient qu'un droit réduit; au contraire, les sucres importés des pays hors d'Europe par navires étrangers, et ceux importés des pays et entrepôts d'Europe subissent une surtaxe qui est destinée à protéger notre marine en même temps que la fabrication du sucre en France.

Admission en franchise temporaire des sucres destinés à être raffinés pour l'exportation. — La loi accorde à l'industrie du raffinage des sucres un privilége important : les sucres qui entrent en France, pour être raffinés et exportés ensuite à l'étranger, sont admis provisoirement en franchise, c'est-à-dire que les droits ne sont pas perçus; l'importateur est tenu seulement de souscrire l'obligation de payer les droits, et de fournir caution pour l'exécution de cet engagement. Si, dans les quatre mois, les sucres admis en franchise temporaire sont réexportés à l'état de sucres raffinés, l'engagement reste sans effet, la caution est libérée, et les droits en définitive ne sont pas perçus. Mais lorsque la réexportation n'a pas lieu dans ces conditions et dans ce délai, le paiement des droits peut être poursuivi par la régie.

IV. *Enregistrement.*

Caractère et effets de l'enregistrement. — L'enregistrement est une formalité consistant à inscrire un acte sur un registre public, tenu par des agents appelés *receveurs de l'enregistrement ;* mention est faite sur l'acte lui-même de l'accomplissement de cette formalité et du paiement des droits. L'enregistrement n'est pas seulement un impôt, il a, au point de vue du droit civil, un effet important : il donne date certaine aux actes sous seing privé. Les notaires et autres officiers publics sont tenus, sous peine d'une amende, de présenter à l'enregistrement dans un délai déterminé tous les actes de leur ministère. La plupart des actes sous seing privé doivent être présentés à l'enregistrement dans un certain délai, trois mois en général. Le non-acquittement des droits, dans le délai fixé, donne lieu à la perception d'un double droit.

Distinction des droits fixes et des droits proportionnels. — Les droits d'enregistrement se divisent en droits fixes et droits proportionnels. Les droits fixes sont plus ou moins élevés selon la nature de l'acte, mais, pour les actes de même nature, ils ne varient pas suivant l'importance plus ou moins grande de l'acte. Les droits proportionnels, au contraire, sont calculés en ayant égard à la somme qui fait l'objet de l'acte, à tant pour cent : ces droits proportionnels sont beaucoup plus onéreux que les droits fixes qui n'atteignent jamais qu'une somme modique. Le droit proportionnel est dû, toutes les fois qu'il y a mutation, c'est-à-dire transmission de propriété ou d'usufruit, obligation, libération, con-

damnation, ou collocation dans une procédure ayant pour
objet la distribution de deniers entre les créanciers. Tous les
actes qui n'ont point ce caractère sont assujettis seulement
au droit fixe.

Nous allons donner quelques notions sur les droits de mutation, les droits d'obligation et les droits de quittance.

Mutations à titre gratuit par décès ou entre-vifs. — Le
droit de mutation est dû par l'héritier que la loi appelle à la
succession d'un de ses parents, par celui qui recueille un legs
ou une donation, le légataire ou donataire. Les droits de mutation par décès, en cas de succession ou de legs, doivent être
payés dans les six mois du décès, sinon le double droit est
encouru. Le droit s'établit pour toutes les mutations à titre
gratuit de la manière suivante : s'il s'agit d'immeubles, sur
un capital représentant le revenu multiplié par vingt; ainsi,
le revenu étant de 1,000 fr., le droit est calculé sur une valeur de 20,000 fr. : s'il y a contestation sur l'importance du
revenu, la régie peut provoquer une expertise. Pour les
transmissions de meubles à titre gratuit, le droit est perçu
d'après la déclaration des parties, que l'administration peut,
bien entendu, contester et critiquer, si elle est inexacte. La
quotité des droits s'élève à mesure que le degré de parenté
s'éloigne ; en ligne directe, c'est-à-dire entre ascendants et
descendants, le droit de mutation par donation entre-vifs est
de 2 fr. 50 centimes 0/0; le droit de mutation par succession
ou testament est de 1 0/0; en ligne collatérale, le droit varie
entre 6 fr. 50 et 8 0/0; entre personnes non parentes, les
libéralités par donation entre-vifs ou par testament sont soumises à un droit de 9 0/0. Des règles spéciales, qui rendent
les droits moins onéreux, sont établies pour les donations
faites par contrat de mariage et les dispositions entre époux.

Droits de mutation à titre onéreux. — Les droits sont
dus dans le cas de vente et dans tous les cas analogues où
une personne aliène une chose moyennant un prix ou en
donnant une autre chose en échange. Le droit est exigible,
en cas de vente immobilière, sur le prix et les charges accessoires qui s'y ajoutent; si le prix est inférieur à la valeur

réelle, la régie peut provoquer une expertise. Le droit de mutation à titre onéreux pour les immeubles est de 4 0/0 ; il faut y ajouter un droit de transcription de 1 fr. 50 cent. 0/0, ce qui forme un total de 5 fr. 50 cent. 0/0. Pour les meubles, le droit est seulement de 2 0/0.

Droits d'obligation; droits de quittance. — Le droit d'obligation est en général de 1 0/0 ; il se calcule sur la somme portée à l'acte d'où résulte l'obligation. Indiquons cependant des règles spéciales aux baux, et aux marchés et traités conclus en matière commerciale. Pour les baux, le droit est de 20 cent. par 100 francs ; il se calcule sur le prix total de la location capitalisée pour toute sa durée. Pour les marchés et traités ayant le caractère d'actes de commerce, la loi de finances de 1859 (*loi du* 11 *juin* 1859) a apporté aux principes généraux en matière d'enregistrement la modification suivante : en général, les conventions sous seing privé doivent, à peine de double droit, être enregistrées dans les trois mois de leur date ; les marchés et traités commerciaux, par exception, ne sont soumis, lors de leur confection, qu'à un droit fixe de 2 fr. ; le droit proportionnel n'est dû que si, une contestation s'élevant, il intervient, à l'occasion de ces traités ou marchés, une décision judiciaire. Enfin, le droit de quittance, perçu sur tous les actes qui opèrent libération, est de 50 cent. par 100 fr.

V. *Timbre.*

Définition. — Le timbre consiste dans une empreinte apposée sur un papier qui est vendu aux particuliers par l'administration. L'emploi du papier timbré est exigé pour tous les actes ou écrits, publics et privés, destinés à constater un droit ou à être produits en justice : il n'y a que quelques exceptions énumérées par la loi. On distingue le timbre de dimension et le timbre proportionnel.

Timbre de dimension. — Le timbre de dimension est celui dont le prix varie suivant la grandeur du papier. Le prix du papier timbré est de 60 cent., 1 fr. 20 cent., 1 fr. 80 cent., 2 fr. 40 cent. et 3 fr. 60 cent. Le timbre, auquel les journaux étaient assujettis, et dont le chiffre était plus élevé dans les départements de la Seine et de Seine-et-Oise, a été supprimé par un décret du 5 septembre 1870. Les affiches paient un droit qui varie suivant leur dimension. Les quittances délivrées par les comptables de deniers publics sont assujetties à un droit de timbre de 20 centimes; la délivrance de ces quittances est obligatoire : celui qui fait le paiement ne peut, en refusant la quittance, se dispenser d'acquitter le droit de timbre qu'elle entraîne. Toutes les quittances, factures, ou actes de même nature délivrés par les particuliers, doivent porter un timbre mobile de 10 centimes.

Timbre proportionnel. — Le timbre proportionnel a ce caractère que le droit perçu augmente avec les sommes qui font l'objet de l'acte. Le droit de timbre proportionnel est dû pour les effets de commerce, billets à ordre et lettres de change. Il est de 5 centimes par 100 fr. ou fraction de 100 fr. jusqu'à 1000 fr.; puis il va en progressant de 50 centimes par 1000 fr. ou fraction de 1000 fr. Le droit de timbre proportionnel peut être acquitté au moyen de timbres mobiles (1). Le timbre proportionnel est également applicable aux titres et certificats d'actions dans les compagnies et sociétés : ces titres paient un droit qui est de 50 centimes 0/0 du capital nominal du titre, si la société n'a qu'une durée de dix années, de 1 0/0 dans les autres cas. Ce droit de timbre, au lieu d'être payé au moment de l'émission des titres, ce qui eût entraîné une avance de fonds souvent très-considérable, peut être converti en un abonnement et payé par année.

Sanction de l'obligation d'employer le papier timbré. — L'obligation d'employer le papier timbré trouve sa sanction dans des amendes qui varient selon les cas, et peuvent atteindre un chiffre considérable : ainsi, pour les effets de commerce non timbrés, l'amende est de 6 0/0 du montant du titre, indépendamment du droit de timbre qui est toujours perçu. En général, l'omission de l'emploi du papier timbré

(1) Voir sur ce point nos *Éléments de Législation commerciale et industrielle*, p. 190.

n'a aucune influence sur la validité des conventions ; il en est autrement toutefois en matière d'effets de commerce : non-seulement, en ce cas, la contravention donne lieu à l'application d'une amende, mais encore le porteur de la lettre de change ou du billet à ordre non timbré ou revêtu d'un timbre insuffisant perd une partie des droits qui résultaient pour lui de la propriété du titre.

VI. *Octrois.*

Caractère et établissement des octrois. — Lorsque les revenus d'une commune sont insuffisants, il peut y être établi un octroi. L'octroi est défini : une taxe perçue au profit de la commune sur les objets de consommation. L'établissement d'un octroi a lieu, sur la demande du conseil municipal, par un décret délibéré en conseil d'Etat. La loi du 24 juillet 1867, sur les conseils municipaux, donne au conseil municipal le droit de statuer définitivement sur la suppression ou la diminution des taxes d'octroi, et même sur certaines augmentations et prorogations de taxes. Les règlements relatifs aux octrois, l'établissement de taxes nouvelles, l'augmentation de taxes déjà existantes, lorsqu'elle dépasse certaines limites, doivent être autorisés par décret rendu en conseil d'Etat.

SECTION IV.

COUR DES COMPTES.

Organisation de la Cour des comptes ; caractère de cette juridiction. — La Cour des comptes est une juridiction spéciale instituée pour exercer sur les finances publiques un contrôle, en jugeant les comptables et en vérifiant les divers éléments de la comptabilité publique. La Cour des comptes se compose d'un premier président, de trois présidents de chambre, de conseillers-maîtres répartis en trois chambres, de conseillers référendaires et d'auditeurs. Les conseillers-maîtres ont seuls voix délibérative ; les référendaires et les auditeurs font des rapports, et ne peuvent avoir que voix consultative, même dans les affaires dont ils font le rapport. Le premier président, les présidents, conseillers-maîtres et référendaires sont inamovibles. Il existe près de la Cour des comptes un procureur général qui veille à ce que les comptables soient exacts à présenter leurs comptes, et requiert contre eux les peines portées par la loi, s'ils sont en retard.

Attributions ; jugement des comptes. — La Cour des comptes exerce sa juridiction sur tous les comptables. Ils doivent déposer leurs comptes au greffe de la Cour dans des délais déterminés : lorsque la vérification du compte est faite, la Cour rend un arrêté par lequel elle décharge le comptable, s'il est quitte ou en avance, et le condamne à solder le reliquat de son compte, s'il est en débet, c'est-à-dire s'il reste débiteur envers l'Etat.

En général, les comptes sont présentés directement à la Cour des comptes : il n'y a d'exception que pour les comptes des communes, hospices et établissements de bienfaisance dont le revenu n'excède pas 30,000 francs. Ces comptes sont apurés en premier ressort par le conseil de préfecture, dont la décision peut être déférée, par voie d'appel, à la Cour des comptes.

Déclarations de conformité. — La Cour des comptes exerce sur les comptes des ministres un certain contrôle : chaque ministre rend compte de sa gestion financière et de l'emploi qu'il a fait des crédits alloués ; le ministre des finances dresse un compte général de l'administration des finances. La Cour des comptes compare les comptes rendus par les ministres avec les comptes individuels qu'elle a apurés ; elle établit la corrélation entre eux, et s'ils concordent, elle le constate par des déclarations publiques de conformité.

Rapport annuel au Président de la République. — Chaque année, la Cour des comptes présente au Président de la République un rapport, qui contient le résultat général des travaux de la Cour et ses vues sur les améliorations ou les réformes qui peuvent être introduites dans les diverses parties de la comptabilité publique.

TITRE III.

CONTENTiEUX ADMINISTRATIF

CHAPITRE PREMIER.

NOTIONS GÉNÉRALES.

Nature du contentieux administratif. — Les réclamations formées par les particuliers, et fondées sur la violation des obligations imposées à l'administration par les lois et règlements, ou sur la violation des contrats souscrits par elle, donnent ouverture à un recours contre l'administration. C'est ce recours qui constitue le contentieux administratif. Le recours par la voie contentieuse suppose la violation d'un droit : lorsqu'une mesure prise par l'administration dans la limite de ses pouvoirs et avec les formes que la loi lui impose porte préjudice à un particulier, le citoyen dont l'intérêt est lésé peut seulement s'adresser à l'équité de l'administration pour lui. demander de revenir sur sa décision ; mais, si elle refuse de faire droit à la réclamation, aucun recours n'est possible, parce qu'il n'y a pas eu violation d'un droit. Nous avons vu déjà un exemple de cette distinction dans la matière des contributions directes : les demandes en décharge ou réduction formées par les contribuables rentrent dans le contentieux administratif, car le contribuable soutient qu'il a été indûment imposé ; tout autre est le caractère des demandes en remise ou modération, par lesquelles le contribuable, qui a éprouvé des pertes, demande à ne pas payer une contribution qu'il doit légitimement : la décision du préfet sur les demandes en remise ou modération est un acte d'administration pure, qui ne peut donner lieu à aucun recours par la voie contentieuse.

Juridictions administratives. — Le principe de la séparation des pouvoirs a conduit à l'établissement de juridictions spéciales pour le contentieux administratif. En effet, si les tribunaux ordinaires avaient été investis du droit de juger les contestations de cette nature, ils auraient pu porter atteinte aux intérêts de l'administration et à l'indépendance qui est nécessaire à son action. L'existence de juridictions administratives distinctes des juridictions ordinaires est du reste une tradition de notre pays : déjà sous l'ancien régime, avant 1789, le contentieux de l'administration échappait aux juridictions ordinaires, et était déféré à des tribunaux spéciaux. Les juridictions administratives n'ont pas toutes le même caractère; quelques-unes sont de véritables tribunaux : ainsi le conseil de préfecture, la Cour des comptes, le conseil d'État ; dans d'autres cas, c'est un fonctionnaire administratif qui juge seul : ainsi les ministres, les préfets, les sous-préfets, les maires ont des pouvoirs plus ou moins étendus de juridiction contentieuse.

Quel est le juge de droit commun en matière administrative. — Se demander quel est le juge de droit commun, cela revient à rechercher quelle sera l'autorité chargée de juger les contestations administratives pour lesquelles la loi n'a point fait une attribution spéciale de compétence. Il est généralement reconnu aujourd'hui que le conseil de préfecture n'est pas le juge de droit commun en matière administrative : en effet la loi organique du 28 pluviôse an VIII a déterminé d'une manière limitative les matières rentrant dans la compétence du conseil de préfecture, ce qui exclut l'idée d'une compétence générale, s'étendant à tous les cas non prévus. Le conseil de préfecture n'étant pas le juge de droit commun, il faut décider que toutes les affaires, dont la connaissance n'est pas expressément réservée à une juridiction particulière, doivent être soumises à la décision du ministre compétent; la décision du ministre est susceptible de recours au conseil d'Etat.

Nous examinerons successivement la juridiction des conseils de préfecture, celle des ministres, préfets, sous-préfets et maires, celle du conseil d'État; mais auparavant il est nécessaire de dire quelques mots de ce qu'on appelle le conflit d'attribution.

Conflits; ordonnance du 1ᵉʳ juin 1828. — Le *conflit d'attribution*, ou plus simplement le conflit est la revendication par l'autorité administrative d'une contestation qu'elle prétend avoir été à tort portée devant la juridiction civile. Lorsque ce fait se produit, le préfet du département dans lequel est situé le tribunal saisi de l'affaire propose un *déclinatoire*, c'est-à-dire demande au tribunal de se déclarer incompétent. Si le tribunal rejette le déclinatoire, le préfet prend un arrêté par lequel il élève le conflit. Le conflit arrête le cours de la procédure : la question de compétence est déférée à une juridiction spéciale appelée *tribunal des conflits*, qui est composé de membres du conseil d'État et de la Cour de cassation. Si l'arrêté est confirmé par le tribunal des conflits, la juridiction civile est dessaisie, et il ne reste plus aux intéressés qu'à se pourvoir devant la juridiction administrative ; si le tribunal des conflits juge que l'affaire est de la compétence des tribunaux civils, il annule l'arrêté et la contestation suit son cours devant le tribunal où elle avait été portée.

CHAPITRE II.

CONSEILS DE PRÉFECTURE.

Compétence des conseils de préfecture. — Les attributions du conseil de préfecture, comme juge au contentieux, se rattachent aux cinq points suivants : 1º les contributions directes ; 2º les travaux publics ; 3º la grande voirie ; 4º le domaine national ; 5º les élections municipales et des conseils d'arrondissement.

Contributions directes. — Le conseil de préfecture est compétent pour statuer en matière de contributions directes sur les demandes en décharge ou réduction, dans lesquelles le contribuable soutient, ou qu'il a été imposé à tort, ou qu'il a été imposé pour un chiffre trop élevé ; le préfet connaît au contraire des demandes en remise ou modération. La compétence du conseil de préfecture s'applique non-seulement aux impôts directs proprement dits, mais encore aux taxes qui y sont assimilées, notamment aux taxes de pavage. Le conseil de préfecture est compétent en matière de contributions directes, parce que ces contributions se perçoivent en vertu de rôles nominatifs, actes de l'administration, que la juridiction administrative seule peut appliquer et interpréter. Pour les contributions indirectes qui se perçoivent, non en vertu de rôles nominatifs, mais par application de tarifs généraux, le droit commun est la compétence judiciaire. Dans quelques cas exceptionnels cependant les contributions indirectes se perçoivent en vertu de rôles nominatifs, comme les contributions directes ; c'est ce que nous rencontrons notamment pour l'impôt des boissons, lorsqu'il y a un abonnement collectif : en pareille hypothèse, la juridiction administrative devient compétente pour les contestations en matière de contributions indirectes.

Travaux publics. — La compétence du conseil de préfecture pour les travaux publics se rattache à deux objets. En premier lieu, il connaît des contestations existant entre l'administration et les entrepreneurs de travaux publics, à l'occasion de leurs marchés : toutes les difficultés qui s'élèvent sur l'interprétation ou l'exécution des marchés de travaux publics doivent être portées devant le conseil de préfecture. Le conseil de préfecture connaît, en second lieu, des demandes formées par les particuliers contre l'administration ou les entrepreneurs qu'elle s'est substitués, à raison du dommage qui peut avoir été causé par l'exécution des travaux. C'est ainsi que le conseil de préfecture est appelé à statuer sur les demandes d'indemnité formées par les particuliers sur le terrain desquels les entrepreneurs ont fait des fouilles avec une autorisation régulière de l'administration.

Voirie. — Le conseil de préfecture statue sur les difficultés qui peuvent s'élever en matière de voirie. L'attribution la plus importante du conseil de préfecture, à ce point de vue, est la répression des *contraventions de grande voirie*, qui consistent dans la violation des règlements relatifs à la grande voirie. Ces infractions sont punies d'amendes, et les travaux faits en contravention sont démolis.

Domaine national. — La plupart des difficultés qui peuvent s'élever à l'occasion du domaine de l'État sont de la compétence de l'autorité judiciaire. L'État, comme propriétaire, est justiciable des tribunaux ordinaires ; toutes les contestations soulevées entre l'État et les tiers à l'occasion du domaine sont jugées par les tribunaux. Voici cependant quelques points réservés au conseil de préfecture : il connaît de certaine contestations relatives à la vente des coupes des forêts domaniales et des contestations qui s'élèvent en matière de location d'établissements d'eaux minérales.

Élections. — C'est devant le conseil de préfecture que doivent être portées les demandes en nullité des élections municipales. Les tribunaux ordinaires ne seraient compétents que si la contestation portait sur la capacité personnelle de l'élu. Toutes les fois que la demande en nullité est fondée sur l'irrégularité des opérations électorales, elle est jugée par le conseil de préfecture. Si le conseil de préfecture n'a pas prononcé dans le délai d'un mois à compter de la réception des pièces à la préfecture, la réclamation est considérée comme rejetée.

Procédure devant le conseil de préfecture en matière contentieuse ; publicité ; loi du 21 juin 1865 ; décret du 12 juillet 1865. — Des innovations importantes ont été apportées à la procédure devant le conseil de préfecture par une loi du 21 juin 1865. Jusqu'à cette loi, les séances du conseil de préfecture n'étaient pas publiques, et les parties n'étaient point admises à présenter des observations orales : elles pouvaient seulement remettre des notes ou mémoires pour faire valoir leurs moyens. La loi de 1865 a introduit dans la procédure du conseil de préfecture la publicité et la défense orale, assurant ainsi aux particuliers les garanties les plus sérieuses d'une bonne justice. Elle a également créé près des conseils de préfecture un ministère public, qui donne dans chaque affaire ses conclusions; les fonctions du ministère public sont remplies par le secrétaire général de la préfecture.

La demande devant le conseil de préfecture est introduite par une requête qui est déposée avec les pièces à l'appui au secrétariat ou greffe du conseil. Cette requête peut être signée par la partie elle-même, par un avoué, par un avocat au conseil d'État et à la Cour de cassation, ou même par un mandataire spécial. La partie, ou son représentant, est prévenue par lettre, quatre jours au moins à l'avance, du jour où l'affaire viendra à l'audience. Au jour indiqué, un des membres du conseil fait son rapport; la partie ou son conseil présente des observations orales; le ministère public donne ses conclusions, et le conseil statue. La décision est motivée, et rendue en audience publique. Le greffier ou secrétaire du conseil conserve les minutes des décisions, et en délivre expédition aux intéressés.

Voies de recours contre les décisions du conseil de préfecture. — Les arrêtés du conseil de préfecture rendus par défaut sont susceptibles d'opposition. Les arrêtés contradictoires peuvent être l'objet d'un recours au conseil d'Etat; ce recours doit être formé dans les trois mois de la notification de l'arrêté attaqué.

CHAPITRE III.

MINISTRES. — PRÉFETS. — SOUS-PRÉFETS. MAIRES.

Attributions contentieuses des ministres. — Les ministres doivent être directement saisis de toutes les contestations dont la connaissance n'est point attribuée par la loi à une autre autorité, et qui se réfèrent au service administratif dont ils sont chargés. Ils jugent en outre en appel les recours formés contre les décisions contentieuses des préfets, dans les cas où ce recours ne doit pas être directement porté au conseil d'État. L'instruction de l'affaire a lieu dans les bureaux du ministère ; la décision du ministre est notifiée administrativement aux parties intéressées, et peut être attaquée devant le conseil d'État dans les trois mois de la notification. Nous citerons, comme exemple de la juridiction contentieuse des ministres, les décisions qu'ils rendent en matière de pensions.

Attributions contentieuses du préfet. — Le préfet statue, en vertu de lois spéciales, sur certaines contestations administratives. Nous citerons, comme exemple, les décisions rendues par le préfet sur les demandes d'autorisation d'établissements dangereux, incommodes ou insalubres de première et de seconde classe. D'autres dispositions législatives décidaient que le préfet connaîtrait de certaines contestations, en conseil de préfecture ; l'art. 11 de la loi du 21 juin 1865, relative aux conseils de préfecture, dispose qu'à l'avenir toutes les affaires contentieuses don t le jugement était attribué au préfet en conseil de préfecture seront jugées par les conseils de préfecture. Le recours contre les décisions contentieuses du préfet doit être porté directement devant le conseil d'État dans tous les cas où la loi dit que le préfet statuera, *sauf recours au conseil d'État ;* le conseil d'État peut être aussi directement saisi, lorsque l'arrêté du préfet est attaqué pour incompétence ou excès de pouvoir. Dans tous les autres cas, la partie doit s'adresser d'abord au ministre, supérieur hiérarchique du préfet, sauf recours ultérieur au conseil d'État contre la décision du ministre.

Attributions contentieuses des sous-préfets et des maires. — Nous citerons comme exemple d'attribution contentieuse du sous-préfet les décisions par lesquelles il accorde ou refuse la permission nécessaire pour créer un établissement dangereux, incommode ou insalubre de troisième classe ; ces décisions peuvent être attaquées devant le conseil de préfecture. Nous trouvons également quelques cas où le maire exerce une véritable juridiction contentieuse : ainsi il peut statuer provisoirement sur les contestations entre les employés des contributions indirectes et les débitants de boissons relativement à l'exactitude de la déclaration des prix de vente.

CHAPITRE IV.

CONSEIL D ÉTAT.

Nature et division des attributions contentieuses du conseil d'État. — Le conseil d'État exerce la juridiction supérieure en matière administrative. Il importe d'insister sur le caractère de ses attributions contentieuses : en matière administrative, le conseil d'État n'a qu'un pouvoir consultatif ; il donne un avis, mais il ne peut prendre de décision : au contraire, en matière contentieuse, il a un pouvoir propre, il juge les contestations qui lui sont soumises ; les décisions qu'ils rend sont de véritables jugements, qui ont par eux-mêmes toute leur autorité.

Les attributions contentieuses du conseil d'État sont de deux natures : en premier lieu, il connaît, comme juge d'appel, des recours formés contre les décisions des juridictions inférieures, ministres, conseils de préfecture, préfets ; dans ce cas, il apprécie le fond même du procès. Il joue, en second lieu, le rôle de Cour de cassation, et, à ce titre, il connaît des recours formés pour excès de pouvoir, incompétence ou vice de forme, contre les décisions de toutes les autorités administratives.

Règles spéciales aux délibérations du conseil d'État en matière contentieuse. — Les recours au conseil d'État dans les affaires contentieuses sont d'abord soumis à la section du contentieux ; le président de la section confie le rapport de l'affaire à un conseiller d'État, à un maître des requêtes ou un auditeur. Certaines affaires de peu d'importance sont jugées par la section du contentieux, mais, dans la plupart des cas, la section est chargée seulement d'instruire l'affaire, et la délibération définitive appartient à l'assemblée générale du conseil d'État délibérant au contentieux. L'assemblée du conseil d'État délibérant au contentieux se compose des membres de la section du contentieux et de huit conseillers d'Etat pris dans les autres sections, et désignés par le vice-président délibérant avec les présidents de section ; l'assemblée générale du conseil d'État délibérant au contentieux est présidée par le vice-président du conseil. Les séances du conseil d'État délibérant au contentieux sont publiques. Le rapport de l'affaire est fait par un des membres de la section du contentieux, puis les avocats des parties sont admis à présenter des observations orales ; enfin, dans chaque affaire, le commissaire du Gouvernement donne ses conclusions. Trois maîtres des requêtes sont désignés par le Président de la République pour remplir les fonctions de commissaires du Gouvernement près le conseil d'État délibérant au contentieux. La décision rendue est lue en séance publique.

Procédure devant le conseil d'État. — Le pourvoi au conseil d'État doit être formé dans les trois mois de la notification de la décision attaquée. La partie qui se pourvoit doit, dans la plupart des affaires, se faire représenter par un avocat au conseil d'État et à la Cour de cassation, qui signe le pourvoi. Les affaires dans lesquelles les parties sont dispensées de constitution d'avocat sont les suivantes : 1° les recours en matière de contributions directes ; 2° les recours relatifs à la police du roulage ; 3° les recours contre les actes des autorités administratives pour incompétence ou excès de pouvoir ; 4° les recours en matière d'élections municipales et départementales ; 5° les recours en matière de pensions. Dans ces divers cas, la partie peut se pourvoir en déposant au secrétariat du conseil d'État une requête qui contient les moyens de son recours et les pièces à l'appui. Lorsque le pourvoi est introduit, le défendeur est averti par la signification d'une ordonnance rendue par le président de la section du contentieux, qui est notifiée dans les deux mois de sa date. Les décisions rendues par défaut sont susceptibles d'opposition ; un recours en révision est ouvert contre les décisions contradictoires du conseil d'État dans plusieurs cas, et notamment lorsque les formes substantielles de la procédure n'ont pas été observées.

TROISIÈME PARTIE.

DROIT PRIVÉ.

NOTIONS PRÉLIMINAIRES.

Qu'entend-on par droit privé; son importance. — Le droit privé est la partie de la législation qui règle les rapports des particuliers entre eux. Le droit privé s'occupe de l'état et de la capacité des personnes, des biens, de leurs modifications et de la transmission de la propriété, des différents contrats qui peuvent intervenir entre les citoyens.

Sources du droit privé. — Le droit privé a son expression dans les divers codes qui constituent la partie la plus importante de nos lois, et qui ont réalisé en France l'unité de la législation. Avant 1789, cette unité n'existait pas et était même impossible : dans certaines parties de la France, le droit romain était encore en vigueur ; d'autres contrées étaient régies par des coutumes qui variaient à l'infini : souvent des localités rapprochées étaient soumises à des coutumes différentes. Cette diversité présentait les plus graves inconvénients : elle était un embarras pour les affaires, et en outre elle apportait un obstacle absolu à la réalisation de l'unité politique.

Rédaction du Code civil. — Dès les premiers temps qui suivirent 1789, la nécessité d'une législation uniforme fut proclamée par les pouvoirs publics. La Constitution de 1791 contenait un article formel, décidant qu'il serait fait un code de lois civiles communes à tout le royaume. Mais les événements politiques détournèrent l'attention de cette entreprise si importante, et c'est seulement sous le Consulat qu'elle fut réalisée. Napoléon, devenu premier consul, nomma une commission composée de Tronchet, Bigot-Préameneu, Portalis et Malleville, et chargea ces commissaires de préparer un projet de Code civil. (24 *thermidor an VIII.*) Le travail de la commission fut soumis aux observations des tribunaux d'appel et du tribunal de cassation; puis le conseil d'État prépara, et le Corps législatif vota successivement trente-six lois, qui furent réunies en un seul corps par une loi du 31 mars 1804, sous le nom de Code civil des Français. Le Code civil a pris en 1807, puis en 1852, le nom de Code Napoléon; la désignation communément employée aujourd'hui est celle de Code civil.

Division du Code civil. — Le Code civil est divisé en trois livres, qui traitent : le premier, des personnes; le second, des biens; le troisième, des différentes manières dont les personnes acquièrent les biens ou s'obligent les unes envers les autres. Ces trois livres se subdivisent en un certain nombre de titres, les titres en chapitres, les chapitres en sections; enfin les dispositions du Code civil forment une seule série d'articles, au nombre de 2,281. Cette division par articles rend les recherches et les indications plus faciles : en effet, pour citer une disposition, il suffit d'énoncer le numéro de l'article, sans avoir besoin de faire connaître le titre, le livre, le chapitre, la section où il se trouve.

Codes autres que le Code civil. — Le Code civil ne comprend pas l'ensemble du droit privé; il a été complété sous l'Empire par d'autres codes que nous devons énumérer. Nous trouvons en 1806 le Code de procédure, qui détermine les règles au moyen desquelles chacun exerce ses droits et en assure la conservation. C'est le Code de procédure qui trace les formes à suivre devant les juridictions civiles, qui prescrit et règle les voies d'exécution. Le Code de commerce, promulgué en 1807, contient les dispositions spéciales relatives au commerce, aux actes qualifiés actes de commerce, aux rapports entre commerçants (1). Il faudrait, pour com-

(1) Voir nos *Éléments de Législation commerciale et industrielle,* p. 3.

pléter l'indication des monuments législatifs du premier Empire, rappeler le Code d'instruction criminelle et le Code pénal, qui ont été mis en vigueur l'un et l'autre en 1811 ; mais ces deux codes ne se rattachent point au droit privé, et nous n'avons point, quant à présent, à nous en occuper.

Avantages de la codification. — La rédaction des codes a réalisé un progrès considérable : elle a simplifié l'application de la loi, en plaçant dans un ordre simple les prescriptions législatives, et en donnant à leurs dispositions une précision et une netteté qui en rendent l'intelligence la plupart du temps facile. Ces codes, bien que quelques-unes de leurs dispositions aient été modifiées par des lois subséquentes, forment encore aujourd'hui la base essentielle de notre législation.

Division des matières du droit privé. — Les matières du droit privé peuvent se diviser de la manière suivante : 1º les personnes ; 2º les biens et les différentes modifications de la propriété ; 3º les différentes manières d'acquérir la propriété ; 4º les obligations et les diverses espèces de contrats ; 5º la procédure. Tel est l'ordre que nous suivrons, en divisant notre matière en cinq chapitres, se rapportant à chacun des points que nous venons d'indiquer. Les quatre premiers chapitres suivent à peu près la division du Code civil : nous ferons seulement observer que le troisième livre du Code, sous le titre *des Différentes Manières d'acquérir la Propriété*, comprend l'importante matière des obligations et des contrats, qu'il nous paraît nécessaire de faire rentrer dans un chapitre séparé.

Avant d'aborder l'examen de ces divers objets, nous devons, pour compléter ces notions préliminaires, nous occuper de certains intermédiaires qui concourent à l'application de la loi, en constatant les conventions, en assistant les juges dans les actes de leur ministère, en représentant et conseillant les parties devant les diverses juridictions, enfin en mettant à exécution les décisions judiciaires.

Des agents servant à constater les droits de chacun et à les mettre en action. — Nous trouvons, dans cette classe de

personnes, les notaires, les greffiers, les avoués, les avocats à
la Cour de cassation, les huissiers, les commissaires-priseurs,
qui sont compris sous la dénomination d'officiers ministériels;
nous aurons ensuite à dire quelques mots des avocats et des
agréés, qui n'ont point le caractère d'officiers ministériels.

Règles communes à tous les officiers ministériels. —
Les officiers ministériels sont certains agents institués pour
prêter aux tribunaux et aux particuliers un ministère défini
par la loi. Les officiers ministériels jouissent, pour les attributions qui leur sont conférées, d'un véritable monopole : mais
ils ne peuvent refuser aux parties leur ministère lorsqu'ils en
sont légalement requis. Ils sont nommés par décret du Président de la République; ils doivent réunir certaines conditions spéciales d'aptitude; ils prêtent serment, et sont soumis,
dans l'exercice de leurs fonctions, à la surveillance de l'autorité judiciaire; ils fournissent un cautionnement, consistant
en une somme d'argent déposée dans les caisses publiques,
et qui sert de garantie à ceux qui auraient à se plaindre de
fautes commises par l'officier ministériel dans l'exercice de
ses fonctions. Un caractère très-remarquable de la situation
des officiers ministériels, c'est que leurs charges sont trans-
missibles, en ce sens que l'officier ministériel, notaire ou
autre, peut présenter un successeur à l'agrément du chef de
l'État : si ce successeur réunit les conditions d'aptitude nécessaires, la présentation ne manque pas d'être agréée. Le
successeur ainsi présenté paie à son prédécesseur une somme
d'argent qui est le prix de la charge.

Après ces généralités, parcourons les différentes classes
d'officiers ministériels.

Notaires. — Les notaires sont des officiers publics établis
pour recevoir tous les actes auxquels les parties doivent
ou veulent donner le caractère d'authenticité attaché aux
actes de l'autorité publique, pour en assurer la date, en con
server le dépôt, en délivrer des copies ou expéditions. Certains actes ne sont valables qu'autant qu'ils sont faits par
acte notarié, les donations, les contrats de mariage, les cons-
titutions d'hypothèque. Pour les autres actes, les partie

peuvent ne point recourir au notaire, mais elles se privent ainsi des avantages attachés à l'authenticité de l'acte. Pour les actes les plus importants, les ventes d'immeubles par exemple, il est toujours prudent et presque nécessaire de les faire par devant notaire. Les notaires ont dans la pratique des affaires un rôle considérable : investis de la confiance des familles, initiés au détail de leurs intérêts, ils sont souvent appelés à les diriger et à les assister de leurs conseils; à ce point de vue encore, la présence du notaire pour constater les conventions est utile : il éclaire les intéressés sur la portée de l'acte, sur les clauses qu'il convient d'y introduire; en même temps, par une rédaction plus nette et plus précise, il prévient les difficultés futures.

On distingue trois classes de notaires : tous ont les mêmes attributions, mais elles peuvent s'exercer dans un rayon plus ou moins étendu, selon la classe à laquelle le notaire appartient. Les notaires de première classe sont ceux qui résident dans une ville où siége une Cour d'appel : ils peuvent faire les actes de leur ministère dans tout le ressort de la Cour; ainsi, les notaires qui résident à Paris peuvent instrumenter dans tous les départements qui forment le ressort de la Cour d'appel de Paris. Les notaires qui résident au siége d'un tribunal d'arrondissement peuvent exercer leurs fonctions dans tout l'arrondissement; quant aux autres notaires, leur compétence est limitée au canton dans lequel se trouve leur résidence.

Greffiers. — Il y a un greffier auprès de toutes les juridictions : justices de paix, tribunaux de première instance, tribunaux de commerce, Cours d'appel, Cour de cassation. Le greffier assiste les juges à l'audience et dans les divers actes de leur ministère; il écrit les jugements, en conserve les minutes ou originaux, et en délivre les expéditions. Le greffier peut présenter à l'agrément du tribunal près duquel il exerce un ou plusieurs *commis-greffiers*, qui prêtent serment et le suppléent dans ses fonctions. Les greffiers de justice de paix ont une attribution spéciale : ils peuvent, dans les villes où il n'existe pas de commissaire-priseur, faire les ventes de meubles concurremment avec les notaires et les huissiers.

Avoués. — Il existe des avoués près de chaque tribunal d'arrondissement et de chaque Cour d'appel. Les premiers prennent le nom d'*avoués de première instance;* les seconds s'appellent *avoués près la Cour d'appel.* Leur nombre varie selon l'importance de la juridiction à laquelle ils sont attachés. Toute personne plaidant devant un tribunal de première instance ou devant une Cour d'appel doit être représentée par un avoué. L'avoué dirige la procédure, rédige et signe les conclusions au nom de la partie, fait pour elle tous les actes qui peuvent être nécessaires dans le cours de l'instance. Le ministère obligatoire des avoués présente cet avantage considérable de donner à l'affaire une direction plus sûre ; il offre à la justice et aux intéressés des garanties qui ne se rencontreraient point, si les plaideurs inexpérimentés avaient recours à des intermédiaires sans titre et sans caractère officiel.

Avocats au conseil d'État et à la Cour de cassation — Les avocats au conseil d'État et à la Cour de cassation représentent les parties devant ces deux juridictions. Leur ministère est absolument obligatoire devant la Cour de cassation : celui qui plaide devant la Cour de cassation doit nécessairement se faire représenter par un avocat au conseil d'État et à la Cour de cassation. L'avocat à la Cour de cassation signe les requêtes, mémoires et conclusions, et développe à l'audience les moyens des parties. Près du conseil d'Etat, les attributions des avocats au conseil d'État et à la Cour de cassation sont les mêmes : mais leur ministère n'est point obligatoire dans certaines affaires que nous avons eu l'occasion d'énumérer (1)

Huissiers. — Il existe, dans chaque arrondissement, un certain nombre d'huissiers qui ont leur résidence au chef-lieu d'arrondissement et dans les localités les plus importantes. Les huissiers délivrent aux parties les assignations à compa-

(1) Voir p. 114.

raître devant les tribunaux, ils signifient et font exécuter les jugements; c'est l'huissier qui, en vertu des jugements ou des actes notariés exécutoires comme les jugements, procède à la saisie des meubles et immeubles du débiteur. Les huissiers font également toutes les significations que les parties peuvent juger utiles à la conservation de leurs droits. Parmi les huissiers de l'arrondissement, quelques-uns sont désignés pour faire le service des audiences des diverses juridictions, Cour d'appel, tribunal de première instance, tribunaux de commerce, justices de paix. On les appelle *huissiers audienciers;* les huissiers audienciers sont spécialement chargés des significations d'actes qui peuvent être nécessaires dans le cours des instances.

Commissaires-priseurs. — Il y a des commissaires-priseurs à Paris et dans les villes qui sont le siége d'un tribunal de première instance ou dont la population excède cinq mille âmes. Ils ont le droit exclusif de faire les ventes publiques de meubles, les prisées et estimations d'objets mobiliers, dans la ville où ils ont leur résidence. Pour les autres localités, les commissaires-priseurs partagent ces attributions avec les huissiers, les greffiers de justice de paix et les notaires.

Avocats. — Les avocats sont chargés de présenter la défense des parties devant les diverses juridictions civiles ou criminelles; ils ont seuls le droit de plaider dans les villes où ils se trouvent en nombre suffisant. Les avocats ne sont point officiers publics : ils ne sont pas nommés par le Gouvernement, et leur nombre n'est pas limité comme celui des avoués, huissiers, notaires; toute personne réunissant les conditions d'aptitude, qui sont le grade de licencié en droit et le serment, peut exercer la profession d'avocat.

Agréés. — Devant les Cours d'appel et les tribunaux de première instance, les parties doivent nécessairement être représentées par un avoué; devant les tribunaux de commerce, au contraire, le plaideur peut se présenter lui-même, ou se faire représenter par un mandataire ou fondé de pouvoir quelconque. Certains tribunaux de commerce ont adopté l'usage de désigner des personnes qu'ils recommandent à la confiance des justiciables, et qui, ayant l'agrément du tribunal, prennent le nom d'*agréés*. Trois différences essentielles existent entre les avoués et les agréés : en premier lieu, les agréés ne sont point officiers publics ; ils sont désignés par le tribunal, tandis que les avoués sont nommés par décret du Président de la République. En second lieu, le ministère de l'avoué est obligatoire, tandis que celui de l'agréé est facultatif, la partie pouvant se présenter elle-même, ou se faire représenter par un mandataire autre que l'agréé. Enfin la remise des pièces à l'avoué lui suffit pour qu'il puisse représenter la partie, tandis que l'agréé doit être muni d'un pouvoir spécial, sur papier timbré et enregistré (1).

CHAPITRE PREMIER.

DES PERSONNES.

Définition. — On définit la personne : l'homme envisagé au point de vue des droits qu'il peut exercer et des obligations qui lui sont imposées. Ces droits et ces obligations sont le signe caractéristique de la personne ; aussi, par une fiction de la loi, certains êtres abstraits, n'ayant pas d'existence réelle, mais susceptibles d'avoir des droits et des obligations, sont rangés au nombre des personnes : ainsi l'État, le département, la commnne, les établissements publics, les sociétés commerciales. Ces personnes de création purement juridique sont désignées sous le nom de personnes morales, personnes civiles ou personnes juridiques ; on les oppose aux personnes proprement dites.

Division des personnes. — Les personnes peuvent se diviser en plusieurs classes. Elles sont : 1° Françaises ou étrangères ; 2° mariées ou non mariées ; 3° enfants légitimes

____

(1) Voir nos *Éléments de Législation commerciale et industrielle*, p. 271.

ou enfants naturels; 4° ascendants ou descendants; 5° majeures ou mineures; 6° capables ou incapables. Nous aurons à considérer successivement les personnes au point de vue de la nationalité, du mariage, de la paternité et de la filiation, de la minorité et de la majorité, de la capacité et de l'incapacité.

SECTION Ire.

DE LA NATIONALITÉ.

(Code civil, livre Ier, titre Ier. De la jouissance et de la privation des droits civils. Art. 7 à 21.)

Quelles personnes naissent Françaises. — Certaines personnes ont, par le fait même de leur naissance, la qualité de Français; d'autres, étrangères au jour de leur naissance, peuvent acquérir ensuite cette qualité. Tout enfant, dont les père et mère sont Français, naît Français; il suffit même que le père soit Français, la femme étrangère qui épouse un Français devenant Française par le fait seul de son mariage. L'enfant dont les parents sont étrangers est étranger comme eux : toutefois l'enfant qui naît en France d'un étranger qui lui-même y est né, est Français du jour de sa naissance; il a seulement la faculté, dans l'année qui suit la majorité fixée par la loi française à vingt-un ans, de réclamer la nationalité étrangère, s'il la préfère à la nationalité française; celui qui réclame ainsi la nationalité étrangère doit justifier par une attestation de son gouvernement qu'il a conservé sa nationalité d'origine. (*Lois du* 3 *Février* 1851 *et du* 16 *Décembre* 1874.)

Acquisition de la qualité de Français; divers modes; caractère hospitalier de la loi française. — Le principe qui domine, quant à l'acquisition de la qualité de Français, est que la France accepte comme citoyens tous ceux qui, réclamant la qualité de Français, sont présumés avoir un attachement suffisant pour le sol de la patrie. La naissance sur le territoire, si elle ne donne point à elle seule la qualité de Français, permet au moins de l'acquérir facilement. L'enfant né en France d'un étranger peut, dans l'année qui suit sa majorité, réclamer la qualité de Français par une déclaration faite devant les agents diplomatiques ou consulaires français, s'il est à l'étranger, à la municipalité de son domicile, s'il est en France; s'il est à l'étranger, il doit venir se fixer en France dans l'année. La réclamation de la qualité de Français peut être faite en tout temps, même après l'année qui suit la majorité, par celui qui est né en France ou à l'étranger d'un père qui a été Français et qui a perdu cette qualité, et par celui qui, né en France d'un père étranger, a satisfait à la loi du recrutement ou a servi dans les armées françaises, sans invoquer sa qualité d'étranger. Il faut indiquer ici deux autres cas d'acquisition de la qualité de Français : 1° la femme étrangère qui épouse un Français devient Française par le seul fait du mariage; 2° les habitants d'un territoire annexé à la France acquièrent, par l'effet de l'annexion, la qualité de Français.

Naturalisation. — La naturalisation est le mode le plus général d'acquisition de la qualité de Français. Tout étranger peut, en remplissant les conditions nécessaires, obtenir la naturalisation. Pour se faire naturaliser, l'étranger doit, après l'âge de vingt-un ans accomplis, s'être fait autoriser par le Gouvernement à fixer son domicile en France, et y avoir résidé effectivement pendant trois années à compter de cette époque. Le délai de trois ans peut être réduit à une année en faveur des étrangers qui ont rendu à la France des services importants, qui ont introduit en France une industrie ou des inventions utiles, qui y ont apporté des talents distingués, qui y ont formé de grands établissements ou créé de grandes exploitations agricoles. Il est statué sur la demande de naturalisation, après enquête sur la moralité de l'étranger, par un décret rendu sur le rapport du ministre de la justice et l'avis du conseil d'État. (*Loi du 29 juin* 1867.) La naturalisation confère à celui qui l'obtient la qualité de Français, avec tous les avantages qui en résultent. Les enfants de l'étranger naturalisé, nés après la naturalisation, sont Français comme leur père; quant à ceux qui sont nés avant, ils peuvent réclamer la qualité de Français dans l'année qui suit la naturalisation, s'ils sont majeurs, et dans l'année qui suit leur majorité, s'ils sont mineurs lors de la naturalisation.

Perte de la qualité de Français. — La qualité de Français peut se perdre de différentes manières. Le Français qui se fait naturaliser en pays étranger, qui fonde en pays étranger, avec l'intention de ne plus revenir en France, un établissement autre qu'une maison de commerce, qui accepte, sans autorisation du Gouvernement, des fonctions publiques à l'étranger, perd la qualité de Français. Ces personnes peuvent recouvrer la nationalité française, en rentrant en France avec l'autorisation du Gouvernement, et en s'y établissant de nouveau. La femme française qui épouse un étranger devient étrangère; elle peut rentrer en possession de sa nationalité si, devenue veuve, elle revient se fixer en France. Enfin, le Français qui, sans autorisation du Gouvernement, accepte du service militaire à l'étranger, cesse d'être Français; pour recouvrer cette qualité, il faut qu'il rentre en France avec l'autorisation du Gouvernement, et qu'il remplisse toutes les conditions imposées aux étrangers, c'est-à-dire qu'il obtienne la naturalisation.

Condition des étrangers en France. — La condition légale des étrangers en France est bien différente de celle des Français. Ils n'ont point la jouissance des droits politiques; ils ne peuvent prendre part aux élections générales, départementales ou municipales, exercer certaines fonctions publiques; ils ne peuvent faire partie de l'armée française, si ce n'est dans un corps spécial qu'on appelle la *légion étrangère*. Au point de vue du droit civil, il faut noter qu'ils ne peuvent être témoins dans les actes notariés, et que, lorsqu'ils forment une demande devant les tribunaux français, ils doivent fournir caution pour la garantie des frais auxquels ils peuvent être condamnés, s'ils perdent leur procès. Cette caution porte le nom de caution *judicatum solvi*. La caution *judicatum solvi* n'est point fournie en matière commerciale, non plus que par les étrangers qui ont en France des immeubles d'une valeur suffisante.

Certains étrangers ont une situation plus favorisée : ce

sont ceux qui obtiennent du Gouvernement l'autorisation de résider en France. Cette autorisation, qu'il ne faut pas confondre avec la naturalisation, ne confère ni la qualité de Français, ni la jouissance des droits politiques, mais elle permet à l'étranger d'exercer tous les droits civils : l'étranger autorisé à résider en France peut plaider devant les tribunaux français sans avoir à fournir caution. La capacité de l'étranger résidant en France peut aussi se trouver modifiée par les traités faits entre la France et les nations étrangères.

SECTION II.

DES ACTES DE L'ÉTAT CIVIL.

(Code civil, livre I⁰ʳ, titre II, art. 34 à 101.)

Importance des actes de l'état civil. — Les faits principaux qui influent sur la condition légale de la personne, la naissance, le mariage, le décès, sont constatés par des actes inscrits sur des registres spéciaux : ces actes sont les actes de l'état civil. Leur importance est très-grande et ne saurait échapper à personne : l'acte de naissance établit l'âge du citoyen, fait connaître ses père et mère et prouve ainsi sa filiation; l'acte de mariage sert à constater le mariage et la légitimité des enfants; l'acte de décès détermine le jour où la personne cesse d'avoir des droits, l'ouverture de sa succession et la dissolution du mariage. La plus grande régularité, l'exactitude la plus complète sont indispensables pour la rédaction de ces actes : aussi la loi a-t-elle pris des précautions nombreuses pour assurer la bonne tenue et la sincérité des registres de l'état civil.

Personnes qui concourent à la rédaction des actes de l'état civil; officier de l'état civil. — Les différentes personnes qui concourent aux actes de l'état civil sont : l'officier de l'état civil, les parties ou déclarants et les témoins. L'officier de l'état civil rédige l'acte sur le registre a ce destiné; il le signe et constate les faits qui se sont passés devant lui. Les fonctions d'officier de l'état civil sont remplies, dans chaque commune, par les maires et adjoints.

Parties et déclarants. — Les parties sont les personnes que l'acte concerne ; les déclarants sont ceux qui viennent faire connaître à l'officier de l'état civil le fait qu'il doit constater. Pour le mariage, les parties doivent comparaître en personne devant l'officier de l'état civil ; pour l'acte de naissance, certaines personnes sont tenues, en vertu de la loi elle-même et sous des peines sévères, de faire la déclaration ; enfin, le décès peut être déclaré à l'officier de l'état civil par toute personne. Dans les cas où les parties ne sont point obligées de comparaître en personne, elles peuvent se faire représenter par un fondé de procuration : la procuration doit être notariée, et donnée spécialement pour l'acte auquel la personne doit concourir.

Témoins. — Les témoins, qui ne doivent pas être confondus avec les déclarants, viennent attester par leur présence la sincérité des déclarations faites à l'officier de l'état civil et l'identité des déclarants. Pour le mariage, les témoins sont au nombre de quatre ; la déclaration de naissance doit être faite en présence de deux témoins ; quant aux actes de décès, ils sont dressés sur la déclaration de deux personnes, qui sont en même temps témoins : la qualité de témoin et celle de déclarant sont ici confondues. Les témoins qui figurent aux actes de l'état civil doivent être du sexe masculin et majeurs, âgés de vingt-un ans au moins ; aucune autre condition n'est exigée : ainsi, il n'est pas nécessaire qu'ils soient Français et qu'ils sachent signer.

Tenue des registres de l'état civil. — Les actes de l'état civil sont inscrits de suite sur les registres destinés à les recevoir. Selon l'importance de la commune, il y a un seul registre sur lequel tous les actes sont inscrits, ou trois registres, un pour les naissances, un pour les mariages, un pour les décès. Les registres sont tenus doubles : l'acte est porté sur les deux registres. A la fin de l'année, un des registres reste aux archives de la commune, l'autre est déposé au greffe du tribunal de première instance de l'arrondissement. On évite ainsi les chances de perte, car si un accident, un incendie par exemple, vient à détruire les registres restés à la mairie, ceux déposés au greffe pourront y suppléer. Les registres sont cotés par première et dernière par le président du tribunal ou le juge qui le remplace, c'est-à-dire que le président indique la première feuille, et que, sur la dernière, il inscrit le numéro avec cette mention : *dernière feuille;* chaque page est revêtue du parafe du même magistrat. Ces formalités ont pour but de rendre impossibles les fraudes consistant à supprimer, à ajouter ou à intercaler des feuillets.

Rédaction des actes. — Voici les règles principales que la loi impose à l'officier de l'état civil pour la rédaction des actes. Les actes de l'état civil doivent énoncer l'année, le jour et l'heure où ils sont reçus, les noms, prénoms, âge, profession et domicile de tous ceux qui y figurent. L'officier de l'état civil ne peut y insérer que ce qui doit lui être déclaré par les comparants. L'acte est inscrit de suite sur les registres, sans aucun blanc; les ratures et renvois doivent être approuvés et signés; il ne doit point y avoir d'abréviation, et aucune date ne peut être mise en chiffres. L'acte dressé, l'officier de l'état civil en donne lecture aux parties et aux témoins; il fait mention de l'accomplissement de cette formalité; puis il signe l'acte et le fait signer par les comparants et les témoins : dans le cas où les comparants et les témoins ne peuvent signer, on indique la cause qui les empêche de le faire.

Extraits des registres de l'état civil; foi qui leur est due. — On appelle *extrait des registres de l'état civil* la copie des actes qui y sont portés. Les extraits sont délivrés, soit par l'officier de l'état civil, soit par le greffier du tribunal dépositaire de l'un des doubles des registres. Toute personne peut se faire délivrer ces extraits des registres de l'état civil, sans avoir à justifier d'un motif quelconque. Les extraits doivent être légalisés par le président du tribunal ou par le juge de paix, s'il ne siége pas au chef-lieu du ressort du tribunal de première instance. (*Loi du 2 mai* 1861.) La *légalisation* a pour but de certifier que la signature apposée au bas de l'extrait est bien celle de l'officier de l'état civil ou du greffier du tribunal. Les extraits, ainsi délivrés et légalisés, font foi jusqu'à inscription de faux de tout ce que l'officier de l'état civil a personnellement constaté, c'est-à-dire que, pour détruire la preuve qui résulte de l'acte, au moins dans la limite des constatations faites directement par l'officier de l'état civil, il est nécessaire de recourir à une procédure spéciale, longue et dispendieuse, qu'on appelle l'*inscription de faux*.

Règles particulières aux actes de naissance. — La déclaration de naissance est faite dans les trois jours; l'enfant doit être présenté à l'officier de l'état civil. L'obligation de déclarer la naissance est imposée, en première ligne, au père et à la personne chez laquelle la naissance a eu lieu, et ensuite aux médecins, chirurgiens, sages-femmes, ou à ceux qui ont assité à la naissance. Les personnes soumises à l'obligation de déclarer la naissance peuvent, si elles ne font pas la déclaration, être punies d'un emprisonnement et d'une amende. L'acte de naissance est rédigé en présence de deux témoins : il énonce le jour, l'heure, le lieu de la naissance, le sexe de l'enfant, les prénoms qui lui sont donnés, les noms, profession et domicile des père et mère et ceux des témoins.

Règles spéciales aux actes de décès. — L'acte de décès est dressé par l'officier de l'état civil sur la déclaration de deux témoins, qui sont, autant que possible, les deux plus proches parents ou voisins. Il contient les prénoms, nom, âge, profession et domicile de la personne décédée, et les renseignements que les déclarants peuvent fournir sur son conjoint, si elle était mariée, sur ses père et mère et le lieu de sa naissance. Aucune inhumation ne peut avoir lieu sans une autorisation délivrée sans frais, et vingt-quatre heures au moins après que le décès a été constaté par l'officier de l'état civil ou par un médecin désigné par lui.

Actes de mariage; renvoi. — Nous ne dirons rien ici des actes de mariage : une section spéciale devant être consacrée à la matière du mariage, nous aurons alors à parler des actes de mariage.

Rectification des actes de l'état civil. — Lorsque l'acte de l'état civil est incomplet, inexact, lorsqu'il contient des énonciations qui ne doivent point y figurer, il y a lieu à rectification. L'officier de l'état civil ne peut opérer de sa propre autorité la rectification, alors même qu'il ne s'agirait que d'une erreur matérielle, un nom mal orthographié, par exemple; il faut que la rectification soit ordonnée par les tribunaux. C'est le tribunal dans l'arrondissement duquel l'acte a été dressé qui est compétent pour statuer sur la demande. La rectification, si elle est ordonnée, ne s'opère pas matériellement : le jugement est inscrit à sa date sur les registres de l'état civil, il en est fait mention en marge de l'acte rectifié et dans les extraits qui sont ensuite délivrés.

SECTION III.

DU DOMICILE ET DE L'ABSENCE.

(Code civil, liv. Ier, titres III et IV, art. 102 à 143.)

Caractères du domicile. — Le domicile d'une personne est au lieu où elle a son principal établissement, le siége principal de sa demeure et de ses affaires. Le domicile ne doit pas être confondu avec la *résidence,* qui est le lieu où la personne se trouve actuellement : la résidence s'acquiert par l'habitation et se perd avec elle. Ainsi, un négociant qui a le siége de ses affaires et ses intérêts à Marseille, vient habiter pendant quelques mois à Paris, il réside à Paris, mais il n'en continue pas moins à avoir son domicile à Marseille. Le changement de domicile résulte de deux éléments, le fait d'une habitation réelle dans un autre lieu, et l'intention de fixer dans ce lieu son principal établissement. L'acceptation de fonctions à vie et non révocables, comme celles de juge, entraîne de plein droit le changement de domicile. Certaines personnes n'ont point de domicile distinct, et sont domiciliées chez une autre personne : la femme mariée n'a d'autre domicile que celui du mari ; le mineur non émancipé a son domicile chez ses père et mère ou chez son tuteur; ceux qui servent ou travaillent habituellement chez autrui ont leur domicile chez la personne qu'ils servent ou pour laquelle ils travaillent, lorsqu'ils demeurent dans la même maison.

Effets du domicile. — Les effets attachés au domicile sont nombreux et importants. C'est au domicile que sont faites les notifications ou significations d'actes ; le tribunal du domicile du défendeur est compétent pour connaître de certaines demandes ; c'est au domicile de la personne décédée que s'ouvre la succession, et c'est là que se font les opérations qui suivent le décès et qui tendent à la liquidation de la succession. Nous ne citons là que quelques exemples : la détermination du domicile présente également de l'intérêt pour la célébration du mariage, pour la tutelle, etc.

Election de domicile. — On appelle *domicile élu*, ou élection de domicile, une indication spéciale de domicile faite pour l'exécution d'un acte. Pierre qui demeure à Paris traite avec Paul qui est domicilié à Marseille : si Pierre veut éviter d'être obligé, en cas de contestation, d'assigner Paul à Marseille, il fera insérer dans l'acte une clause par laquelle Paul fera élection de domicile à Paris. L'élection de domicile a un double effet : en premier lieu, elle entraîne la compétence du tribunal du domicile élu pour toutes les contestations relatives à l'exécution de l'acte ; en second lieu, toutes les significations relatives à l'acte sont valablement faites au domicile élu. L'élection de domicile est spéciale, et ne s'applique qu'à l'acte même dans lequel elle se trouve.

Domicile politique. — Le domicile pour l'exercice des droits politiques, droit de vote, droit d'être appelé aux fonctions publiques, est soumis à certaines règles particulières. Ainsi, pour figurer sur les listes électorales et avoir le droit de voter, il faut habiter dans la commune depuis un certain temps.

Définition de l'absence. — Il ne suffit pas, pour constituer l'état d'absence dans le sens légal, qu'un individu ait quitté son domicile : l'absence suppose qu'il y a incertitude sur la vie de la personne, parce qu'elle a disparu et a cessé depuis un certain temps de donner de ses nouvelles.

Mesures à prendre dans l'intérêt des absents. — Le tribunal de première instance doit prendre, dans l'intérêt de l'absent, toutes les mesures qui peuvent être nécessaires ; il peut charger quelqu'un de l'administration des biens de l'absent; si l'absent est intéressé dans une succession, un notaire sera commis pour le représenter. Le ministère public est spécialement chargé de veiller aux intérêts des absents.

Déclaration d'absence; envoi en possession. — Lorsque l'absence a duré un certain temps : dix ans, si l'absent a laissé une procuration; quatre ans, s'il n'en a point laissé, les parties intéressées peuvent provoquer la déclaration d'absence. Le tribunal saisi de la demande ordonne, par un premier jugement, une enquête, à l'effet de vérifier le fait de l'absence; c'est seulement un an après ce premier jugement qu'il peut être statué définitivement sur la demande. La déclaration d'absence entraîne au profit des héritiers présomptifs l'envoi en possession provisoire : ils se mettent en possession des biens, comme si l'absent était mort, mais à la charge de les restituer, si l'absent revient. Certaines garanties sont exigées des envoyés en possession provisoire pour assurer la restitution des biens à l'absent, s'il reparaît. Trente ans après l'envoi en possession provisoire, ou lorsqu'il s'est écoulé cent ans depuis la naissance de l'absent, l'envoi en possession devient définitif; les garanties de restitution cessent : si toutefois l'absent revient, les envoyés en possession sont tenus de lui restituer ce qui reste de ses biens.

SECTION IV.

DU MARIAGE.

(Code civil, livre Ier, titre V, art. 144 à 228.)

Importance du mariage; son caractère dans notre législation. — L'institution du mariage touche de la manière la plus étroite à l'intérêt général de la société : en effet, le mariage est la source de la famille, et la famille est la base et le soutien de la société. L'importance de la législation sur le mariage n'a pas besoin d'être démontrée.

Le mariage a le caractère d'un contrat civil, régi seulement par la loi civile, sans qu'il y ait à faire aucune distinction d'après la croyance religieuse des parties. La religion intervient sans doute pour le consacrer, mais la célébration religieuse du mariage ne peut suppléer aux formes prescrites par la loi civile, qui seules peuvent donner au mariage sa validité. Le mariage civil doit toujours précéder le mariage religieux.

Qualités et conditions requises pour contracter mariage. — Certaines qualités sont exigées de la personne qui veut contracter mariage; certaines conditions lui sont imposées. L'absence d'une de ces qualités ou conditions est un *empêchement au mariage.* Dans certains cas, l'absence d'une des qualités ou conditions requises non-seulement arrête la célébration du mariage, mais même en entraîne la nullité, s'il a été contracté; dans d'autres cas, elle a pour unique conséquence de mettre obstacle à la célébration du mariage, d'entraîner une peine contre l'officier de l'état civil qui passerait outre, mais sans que la nullité puisse être prononcée, si le mariage a été contracté.

Nous allons parcourir successivement les diverses qualités que doivent réunir ceux qui veulent contracter mariage, et les conditions qui leur sont imposées.

Age. — L'âge requis pour le mariage est de dix-huit ans accomplis pour les hommes, et de quinze ans pour les femmes. Le mariage contracté avant cet âge serait entaché de nullité. Il est permis au chef de l'État d'accorder des dispenses, et de permettre exceptionnellement le mariage avant l'âge légal; ces dispenses ne peuvent être concédées que pour des motifs graves.

Consentement des époux. — Le mariage est un contrat : il suppose avant tout le consentement des deux époux. Il n'y a point de mariage s'il n'y a point de consentement; il faut que ce consentement soit libre, éclairé, exempt d'erreur. Le mariage peut être annulé, s'il a été contracté sous l'empire d'une violence caractérisée, ou s'il y a eu erreur sur la personne qu'on se proposait d'épouser.

Consentement des parents. — Le consentement des ascendants est nécessaire pour les fils jusqu'à l'âge de vingt-cinq ans, pour les filles, jusqu'à vingt-un ans seulement. Ce consentement doit être donné par le père et par la mère, s'ils existent encore; toutefois, lorsqu'il y a dissentiment entre le père et la mère, le consentement du père suffit. Quand les père et mère sont morts ou sont dans l'impossibilité de manifester leur volonté, le droit de consentir au mariage passe aux autres ascendants. S'il y a des ascendants dans les deux lignes, la ligne paternelle et la ligne maternelle, le partage emporte consentement, c'est-à-dire que le consentement des ascendants de l'une des deux lignes rend le mariage possible. Lorsqu'il n'y a pas d'ascendants, le futur époux, qu'il s'agisse d'un fils ou d'une fille, s'il est âgé de moins de vingt-un ans, doit avoir le consentement du conseil de famille. L'absence du consentement des ascendants ou de la famille, dans le cas où il est exigé, entraîne la nullité du mariage. Le consentement au mariage est donné par l'ascendant, lors de la célébration, s'il y assiste; si l'ascendant n'est pas présent, le consentement est constaté par un acte passé par-devant notaire.

Actes respectueux. — L'enfant, à tout âge, doit honneur et respect à ses ascendants : en conséquence, il ne peut jamais se marier sans leur avoir au moins demandé conseil. Lorsque l'ascendant refuse de consentir au mariage, et que son consentement n'est plus nécessaire pour la célébration, l'enfant qui veut se marier doit lui faire des actes respectueux. Les actes respectueux sont rédigés par un notaire, qui se présente au domicile de l'ascendant appelé à donner son consentement, et lui demande les motifs de son refus. De vingt-un ans à vingt-cinq ans pour les filles, et de vingt-cinq ans à trente ans pour les fils, il doit y avoir trois actes respectueux, signifiés de mois en mois, et c'est seulement un mois après le troisième qu'il peut être passé outre à la célébration; au-delà de cet âge, un seul acte respectueux suffit, et, un mois après, le mariage peut avoir lieu. L'officier de l'état civil doit avoir bien soin de s'assurer que les actes respectueux ont été faits, lorsqu'ils sont nécessaires, autrement il encourrait une condamnation; mais le mariage célébré sans avoir été précédé d'actes respectueux ne peut être annulé.

Inexistence d'un premier mariage. — Le mariage ne peut être contracté avant la dissolution d'une première union ; il y a là une cause de nullité radicale et absolue. Le fait de contracter un second mariage avant la dissolution du premier constitue le crime de bigamie, qui est puni par le Code pénal de la peine des travaux forcés à temps. (*C. P.*, art. 340.)

Prohibition du mariage entre certains parents et alliés. — Des prohibitions de mariage importantes résultent de la parenté et de l'alliance. La parenté est le lien qui unit deux personnes descendant l'une de l'autre ou d'un auteur commun ; on distingue les parents en ligne directe, les ascendants et les descendants, et les parents en ligne collatérale, qui comprennent les autres parents, frères et sœurs, oncles, tantes, neveux et nièces, cousins et cousines. L'alliance est le lien qui résulte du mariage, et qui unit chacun des époux aux parents de son conjoint : le mari est l'allié du père et de la mère de sa femme, de ses frères et sœurs, etc. En ligne directe, le mariage est interdit absolument et à l'infini entre parents et alliés; en ligne collatérale, le mariage est prohibé entre le frère et la sœur, l'oncle et la nièce, la tante et le neveu, et, pour les alliés, entre beau-frère et belle-sœur. La prohibition entre parents au degré d'oncle et de nièce, de tante et de neveu, et celle entre beau-frère et belle-sœur peut être levée par des dispenses accordées pour causes graves par le chef de l'État. Le mariage entre parents ou alliés au degré prohibé est entaché d'une nullité absolue.

Après avoir ainsi parcouru les qualités et conditions requises pour contracter mariage, nous devons étudier les formes de la célébration du mariage.

Publications. — Le mariage doit être précédé de deux publications, faites à huit jours d'intervalle, le dimanche, à la porte de la mairie du domicile de chacun des époux et des ascendants qui doivent consentir à leur mariage : la publication résulte d'affiches apposées à la mairie; l'officier de l'état civil dresse acte des publications. Le mariage peut être célébré le troisième jour après celui de la seconde publication, c'est-à-dire le mercredi, la publication étant faite le dimanche. Si le mariage n'a point été célébré dans l'année, les publications doivent être recommencées. La dispense de la seconde publication peut être accordée, pour des motifs graves par le procureur de la République de l'arrondissement. L'officier de l'état civil ne peut procéder à la célébration du mariage, s'il ne lui est justifié que les publications ont été faites dans toutes les communes où elles doivent avoir lieu.

Pièces que les futurs époux doivent produire pour contracter mariage. — Les futurs époux doivent remettre à l'officier de l'état civil, avant la célébration du mariage, différentes pièces dont voici l'énumération : 1° leurs actes de naissance; 2° un acte notarié constatant le consentement des ascendants ou du conseil de famille, dans le cas où, ce consentement étant nécessaire, les ascendants n'assistent pas au mariage; dans le même cas, lorsque les futurs époux ont atteint l'âge où ils peuvent se marier sans le consentement de leurs ascendants, ils produiront les actes respectueux qui ont dû être faits; si les ascendants sont morts, le futur époux devra justifier de leur décès; 3° l'acte de décès du premier conjoint, si l'un des futurs époux a déjà été marié; 4° les certificats constatant que les publications ont été faites dans toutes les communes où elles sont nécessaires, et qu'il n'y a point eu d'opposition; si des oppositions ont été formées, il faut en rapporter la main-levée; 5° s'il a été fait un contrat de mariage pour régler les intérêts pécuniaires des époux, ils doivent présenter un certificat, qui relate le nom et le lieu de résidence du notaire qui a reçu l'acte, ainsi que la date du contrat.

Formes de la célébration du mariage. — Lorsque les publications ont été faites, que toutes les pièces exigées ont été produites, les parties peuvent se présenter devant l'officier de l'état civil qui procède à la célébration du mariage. L'officier de l'état civil compétent est celui du domicile de l'un des deux époux, et le domicile, quant au mariage, s'établit par six mois d'habitation continue dans la commune. Le mariage est célébré publiquement, à la mairie, en présence de quatre témoins, parents ou non parents, du sexe masculin et majeurs de vingt-un ans. L'officier de l'état civil, après avoir donné lecture aux parties des pièces produites, des dispositions de la loi relatives aux droits et devoirs respectifs des époux, interroge les futurs époux, et leur demande successivement s'ils veulent se prendre pour mari et femme; sur leur réponse affirmative, il les déclare unis au nom de la loi. L'acte de mariage est dressé immédiatement; cet acte, inscrit sur les registres de l'état civil, sert à prouver le mariage.

Oppositions au mariage. — On appelle opposition un acte par lequel certaines personnes déterminées par la loi font défense à l'officier de l'état civil de célébrer le mariage. Le droit de former opposition appartient d'abord aux père et mère, aux ascendants, puis, à défaut d'ascendants, aux frères et sœurs, oncles et tantes, cousins et cousines germains, enfin au tuteur ou curateur du futur époux. L'opposition est faite par un exploit d'huissier, signifié aux futurs époux et à l'officier de l'état civil qui doit procéder à la célébration du mariage. L'officier de l'état civil, en présence de l'opposition, doit s'arrêter et refuser de célébrer le mariage. Le futur époux est obligé de demander aux tribunaux de lever l'opposition, s'il n'existe pas d'empêchement légal au mariage. C'est seulement sur la justification du jugement faisant mainlevée de l'opposition, ou d'un acte régulier par lequel l'opposant renonce à son opposition, que l'officier de l'état civil peut passer outre à la célébration du mariage.

Effets du mariage; droits et devoirs respectifs des époux. — Le mariage crée entre les époux des devoirs réciproques que la loi résume par ces expressions : fidélité, secours, assistance. La femme est tenue de résider avec son mari, et, de son côté, le mari doit procurer à la femme une habitation convenable et tout ce qui est nécessaire à son existence. La femme mariée devient dans une certaine mesure incapable : elle ne peut figurer dans la plupart des actes, ni plaider, qu'avec l'autorisation de son mari ou, à défaut de l'autorisation du mari, avec l'autorisation de la justice.

Obligations qui résultent du mariage. — Les époux sont tenus de nourrir, entretenir et élever leurs enfants. Les enfants doivent à leurs père et mère et autres ascendants qui sont dans le besoin des aliments, c'est-à-dire tout ce qui est nécessaire à l'existence; les ascendants doivent également fournir des aliments à leurs enfants qui sont dans l'impossibilité de subvenir à leurs besoins. La même obligation existe entre alliés au degré d'ascendants et de descendants : le gendre et la bru doivent des aliments à leurs beau-père et belle-mère, et réciproquement. L'obligation de fournir des aliments existe dans la proportion des besoins de celui qui les réclame et des ressources de celui qui les doit. Cette obligation s'exécute le plus souvent au moyen d'une pension en argent, qui est fixée par les parties d'accord entre elles, ou, en cas de contestation, par les tribunaux. Si celui qui doit des aliments n'est pas en état de payer une pension, il peut être autorisé à recevoir chez lui la personne qui a droit à des aliments.

Dissolution du mariage. — Le mariage est aujourd'hui indissoluble pendant la durée de la vie des époux; il ne peut se dissoudre que par la mort. La femme devenue veuve ne peut se remarier que dix mois après la mort de son mari.

Séparation de corps. — Les dispositions du Code civil autorisaient le divorce, qui avait pour effet de rompre le lien conjugal, et permettait aux époux divorcés de contracter une nouvelle union. Le divorce a été supprimé en 1816; il ne reste plus aujourd'hui que la séparation de corps qui diffère du divorce en ce qu'elle laisse subsister le mariage. Les époux séparés de corps peuvent avoir une habitation séparée; ils ne sont plus obligés à la vie commune, mais toutes les autres obligations qui résultent du mariage continuent à exister après la séparation de corps. La séparation de corps entraîne nécessairement la séparation de biens : elle doit être prononcée par les tribunaux; différentes causes peuvent y donner lieu, ainsi les mauvais traitements, les injures graves dont l'un des époux s'est rendu coupable envers l'autre.

SECTION V.

DE LA PATERNITÉ ET DE LA FILIATION. — DE L'ADOPTION. DE LA PUISSANCE PATERNELLE.

(Code civil, livre Ier, titre VII, art. 312 à 342; titre VIII, art. 343 à 370; titre IX, art. 371 à 387.)

Enfants légitimes ; preuves de la filiation. — L'enfant né pendant le mariage est présumé légitime : le mari ne peut le désavouer que dans des cas déterminés et dans un très-bref délai. La filiation des enfants légitimes se prouve par l'acte de naissance inscrit sur les registres de l'état civil; à défaut d'acte de naissance, par la possession d'état, ou ensemble de faits établissant que l'enfant a toujours été traité comme enfant légitime; enfin, moyennant certaines conditions, la loi admet l'enfant à prouver par témoins sa filiation à l'égard de la mère.

Enfants naturels; reconnaissance. — L'enfant naturel, ou né de deux personnes non mariées, peut être reconnu par ses père et mère. La reconnaissance est la déclaration volontaire faite par le père ou la mère de l'enfant naturel dans un acte authentique, c'est-à-dire dressé par un officier public; la reconnaissance peut être reçue notamment par un notaire, ou par l'officier de l'état civil. L'enfant naturel qui n'est pas reconnu peut, sous certaines conditions, rechercher la maternité : la preuve judiciaire de la filiation naturelle est admise à l'égard de la mère.

Légitimation. — Les enfants naturels peuvent acquérir le titre et les droits d'enfants légitimes par l'effet de la légitimation. Deux conditions sont nécessaires pour que l'enfant naturel soit légitimé : il faut qu'il ait été reconnu par ses père et mère, et que cette reconnaissance soit suivie du mariage des père et mère. Le mariage subséquent efface la tache de la naissance de l'enfant, et le fait monter au rang des enfants légitimes.

Adoption; ses conditions. — L'adoption a été établie pour permettre à ceux qui n'ont pas d'enfants de se créer une famille. Les conditions nécessaires à l'adoption sont assez nombreuses. Il faut que l'adoptant soit âgé de plus de cinquante ans, et ait au moins quinze ans de plus que l'adopté, qu'il n'ait au jour de l'adoption ni enfants, ni descendants, qu'il ait donné pendant six ans au moins des soins à l'adopté durant sa minorité. Du côté de l'adopté, il faut qu'il soit majeur, qu'il obtienne, s'il n'a pas vingt-cinq ans, le consentement de ses père et mère, et, s'il a plus de vingt-cinq ans, qu'il leur demande leur conseil ; enfin nul ne peut être adopté par deux personnes, si ce n'est par deux époux.

Formes de l'adoption. — L'adoption est un contrat : elle suppose le consentement de l'adoptant et de l'adopté reçu et constaté par le juge de paix du domicile de l'adoptant. Le contrat d'adoption passé devant le juge de paix doit être soumis au tribunal de première instance, qui, après avoir examiné si les conditions requises sont remplies et si l'adoptant jouit d'une bonne réputation, accorde ou refuse l'homologation par un jugement non motivé. Le jugement accordant l'homologation est porté à la Cour d'appel qui se livre à un examen nouveau, et confirme ou réforme le jugement. Après que toutes ces formalités ont été accomplies, l'adoption est inscrite sur les registres de l'état civil du domicile de l'adoptant.

Effets de l'adoption. — L'adoption crée entre l'adoptant et l'adopté un rapport de paternité et de filiation : l'adopté prend le nom de l'adoptant, en l'ajoutant au sien ; l'obligation alimentaire existe entre l'adoptant et l'adopté comme entre le père et l'enfant légitime ; l'adopté a dans la succession de l'adoptant les mêmes droits que ceux qui appartiendraient à un enfant légitime.

Puissance paternelle. — La puissance paternelle est l'ensemble des droits qu'ont les père et mère sur la personne et sur les biens de leurs enfants. La loi a voulu consacrer elle-même le respect qui est dû à la puissance paternelle en disant : que l'enfant, à tout âge, doit honneur et respect à ses père et mère. Cette obligation de respect existe, non-seulement à l'égard du père et de la mère, mais aussi à l'égard de tous les ascendants. Les droits qui résultent de la puissance paternelle sont exercés par le père, et, à défaut du père, par la mère ; ils cessent par la majorité ou l'émancipation de l'enfant.

Droits du père sur la personne de son enfant. — C'est au père, et, si le père n'existe plus, à la mère, qu'il appartient de veiller sur la personne de l'enfant, et de diriger son éducation. L'enfant ne peut quitter la maison paternelle, ou le lieu où le père l'a placé, contre la volonté de ses parents ; il peut seulement, à l'âge de vingt ans, s'enrôler dans l'armée sans le consentement de ses père et mère. Le père a la faculté, si l'enfant se conduit mal, de provoquer sa détention dans une maison de correction pendant un temps qui ne peut jamais excéder six mois. Cette mesure est prise en vertu d'un simple ordre d'arrestation délivré par le président du tribunal.

Droits sur les biens. — Le père a, comme compensation des charges qui résultent de la puissance paternelle, le droit de jouir des biens qui appartiennent en propre à l'enfant. Il faut excepter seulement les biens que l'enfant acquiert par un travail ou une industrie séparée et les biens qui lui sont donnés ou légués à condition que le père n'en jouira pas. Sur les revenus des biens de l'enfant, le père doit prélever tout d'abord la somme nécessaire pour élever l'enfant et lui donner l'éducation qui convient à sa fortune. La droit de jouissance ou d'usufruit légal cesse, lorsque l'enfant a atteint l'âge de dix-huit ans, ou à son émancipation, si elle a lieu avant cet âge. Lorsque la mère exerce, après la mort de son mari, le droit de jouissance légale, elle le perd en se remariant.

Le père a pendant le mariage, c'est-à-dire tant que la mère existe, le droit d'administration légale des biens qui appartiennent à l'enfant ; lorsque l'enfant devient majeur ou est émancipé, le père lui rend compte de son administration. Si la mère meurt pendant la minorité de l'enfant, le père devient tuteur : sa gestion comme tuteur est soumise à des règles différentes de celles qu'il doit suivre lorsque, durant le mariage, il est administrateur légal.

SECTION VI.

DE LA MINORITÉ. — DE LA TUTELLE ET DE L'ÉMANCIPATION.

(Code civil, livre Ier, titre X, art. 388 à 487.)

De la minorité. — Le mineur est l'individu de l'un ou de l'autre sexe qui n'a point atteint l'âge de vingt-un ans. Le mineur est incapable d'agir par lui-même; le majeur, au contraire, celui qui a atteint l'âge de vingt-un ans, a une capacité complète, sauf quant au mariage et à l'adoption : nous avons vu en effet que les fils ne pouvaient, jusqu'à vingt-cinq ans, se marier sans le consentement de leurs ascendants, et que l'adoption, jusqu'à vingt-cinq ans, n'était possible pour les fils et pour les filles qu'avec le consentement des père et mère.

Quels mineurs sont en tutelle. — La tutelle a été instituée pour protéger les intérêts du mineur, en le faisant représenter par une personne, qui s'appelle *tuteur*. Tous les mineurs ne sont point en tutelle : ceux dont les père et mère existent encore n'ont pas de tuteur; la tutelle ne s'ouvre qu'au jour du décès du père ou de la mère ; les mineurs émancipés ne sont plus soumis à la tutelle : l'émancipation donne au mineur une certaine capacité, et fait cesser les fonctions du tuteur. On peut, en résumé, formuler cette règle : sont en tutelle les mineurs, non émancipés, qui ont perdu leur père ou leur mère.

Différentes sortes de tutelles ; tutelle légale des père et mère. — Il y a plusieurs sortes de tutelles : la première que nous rencontrons est la tutelle des père et mère; on l'appelle *tutelle légale*, parce qu'elle est déférée directement par la loi. Lorsque l'un des deux parents vient à mourir, la tutelle appartient de plein droit au survivant. Il y a certaines règles spéciales à la tutelle de la mère survivante. Le père peut, en prévision de sa mort, nommer à la mère un conseil, sans le concours duquel elle ne pourra agir; cette nomination se fait par testament, par acte notarié, ou par acte reçu par le juge de paix. La mère a toujours le droit de refuser la tutelle, si elle ne se croit pas capable d'en remplir les fonctions. Enfin, la mère tutrice qui veut se remarier doit, à peine d'être déchue de la tutelle, réunir, avant son nouveau mariage, le conseil de famille du mineur, et le conseil décide s'il y a lieu de remplacer la mère par un autre tuteur, ou de la maintenir dans la tutelle; si la mère est maintenue dans la tutelle, le conseil de famille doit lui donner pour cotuteur le second mari, qui se trouve associé à l'administration et à la responsabilité qui peut en résulter.

Tutelle déférée par le dernier mourant des père et mère; tutelle des ascendants; tutelle déférée par le conseil de famille. — Le dernier mourant des père et mère du mineur peut lui nommer un tuteur pour gérer la tutelle après sa mort. Cette désignation se fait par testament, par acte notarié, par acte reçu par le juge de paix. A défaut des père et mère et de tuteur nommé par le dernier mourant, la tutelle appartient de droit aux ascendants, au grand-père paternel d'abord, et, à son défaut, à l'aïeul maternel, et ainsi de suite, en préférant toujours l'ascendant le plus proche, et, entre deux ascendants du même degré, l'ascendant paternel à l'ascendant maternel. En dernier lieu, lorsqu'aucune autre tutelle n'est possible, le tuteur est nommé par le conseil de famille du mineur.

Composition du conseil de famille; ses fonctions. — Le conseil de famille est composé de trois parents ou alliés du côté paternel et de trois parents ou alliés du coté maternel; il est présidé par le juge de paix. Le conseil de famille se réunit dans le lieu où la tutelle s'est ouverte, c'est-à-dire au dernier domicile du père du mineur. Pour composer le conseil de famille, on doit prendre dans chaque ligne les parents ou alliés les plus proches, habitant la commune ou à la distance de deux myriamètres. Le parent est préféré à l'allié du même degré; à égalité de degré, le plus âgé est préféré au plus jeune. Ces règles n'ont au surplus rien d'absolu : le juge de paix peut admettre dans le conseil de famille des parents ou alliés domiciliés hors de la commune, s'ils sont plus proches en degré ou de même degré que les parents ou alliés qui habitent dans la commune. Si l'on ne trouve pas dans la commune des parents ou alliés en nombre suffisant, on devra compléter le conseil de famille au moyen de parents ou alliés demeurant à une plus grande distance, ou en appelant des personnes ayant eu des relations avec les père et mère du mineur. Le conseil se réunit chez le juge de paix, au jour indiqué par lui. Les membres du conseil de famille peuvent, lorsqu'ils sont personnellement empêchés, se faire représenter par un fondé de pouvoir spécial.

Les attributions du conseil de famille sont nombreuses : il nomme dans certains cas le tuteur; il nomme le subrogé-tuteur; il peut prononcer la destitution du tuteur; il est appelé à autoriser certains actes qui intéressent la fortune du mineur.

Du subrogé-tuteur; sa nomination; ses attributions. — Le subrogé-tuteur est une personne placée près du tuteur pour surveiller son administration. Dans toute tutelle, il y a un subrogé-tuteur, qui est nommé par le conseil de famille, et ne peut être choisi que dans la ligne à laquelle le tuteur n'appartient pas : si le tuteur appartient à la ligne paternelle, le subrogé-tuteur doit être un parent maternel ou un étranger, et réciproquement. Le subrogé-tuteur est spécialement chargé d'exercer un contrôle sur la gestion du tuteur; il peut provoquer devant le conseil de famille sa destitution, s'il le juge nécessaire; il demande la nomination d'un nouveau tuteur, lorsque la tutelle est vacante; enfin il représente le mineur et remplit les fonctions de tuteur, lorsque le mineur a des intérêts opposés à ceux du tuteur.

Des excuses, incapacités, exclusions et destitutions. — La tutelle est une charge publique qu'il n'est point permis de refuser. Des causes déterminées, appelées excuses, dispensent d'accepter la tutelle : ainsi, certains fonctionnaires publics, les militaires en activité de service, peuvent se faire excuser; une personne qui n'est point parente ou alliée ne peut être forcée d'accepter la tutelle que dans le cas où il n'existe pas de parents ou alliés en état de gérer la tutelle.

Sont incapables d'être tuteurs ou membres d'un conseil de famille, les mineurs, les femmes autres que la mère ou les ascendantes. Sont exclus de la tutelle ceux qui ont subi certaines condamnations et les gens d'une inconduite notoire. Le tuteur qui gère mal les intérêts du mineur peut être destitué par une délibération du conseil de famille, contre laquelle le tuteur peut se pourvoir devant le tribunal.

Pouvoirs du tuteur quant à la personne et aux biens du mineur. — Si le mineur n'a plus ses père et mère, c'est le tuteur qui prend soin de sa personne et dirige son éducation; il peut, s'il a des sujets de mécontentement graves contre le mineur, le faire détenir en vertu d'une autorisation du conseil de famille. Le tuteur doit administrer les biens du mineur en bon père de famille, c'est-à-dire comme un propriétaire soigneux et diligent, et il est responsable du dommage qu'il lui cause par sa mauvaise gestion. Le tuteur représente le mineur dans tous les actes qui peuvent être nécessaires pour l'administration de sa fortune.

Actes que le tuteur doit faire avant d'entrer en fonctions. — Le tuteur doit, avant d'entrer en fonctions, faire faire un *inventaire* ou état des biens du mineur, en présence du subrogé-tuteur; il doit faire vendre aux enchères publiques les meubles autres que ceux que le conseil de famille l'a autorisé à conserver en nature : ces meubles en effet sont la plupart du temps inutiles au mineur, et susceptibles de détérioration. Les père et mère, lorsqu'ils exercent la tutelle et qu'ils ont la jouissance légale, sont dispensés de vendre le mobilier. Le tuteur, autre que le père ou la mère, doit faire fixer par le conseil de famille la somme à laquelle pourra s'élever la dépense annuelle du mineur, et la somme à compter de laquelle il sera tenu de faire emploi de l'excédant des revenus.

Administration du tuteur; diverses classes d'actes. — Le tuteur peut faire seul tous les actes d'administration : ainsi il peut consentir des baux de neuf années, recevoir les revenus et même les capitaux du mineur, les placer. Pour d'autres actes, il doit se faire autoriser par le conseil de fa mille. Il a besoin de cette autorisation, notamment pour accepter une succession échue au mineur ou y renoncer. L'acceptation, si elle est autorisée, ne peut avoir lieu que *sous bénéfice d'inventaire*, de telle sorte que le mineur ne soit tenu des dettes de la succession que jusqu'à concurrence des biens qu'il recueille. L'autorisation du conseil de famille est nécessaire aussi pour accepter une donation, pour demander le partage d'une succession échue au mineur, pour former une demande en justice relative à un immeuble du mineur. Pour quelques actes plus graves, il faut que la délibération du conseil de famille soit soumise à l'*homologation*, ou approbation du tribunal de première instance. La loi impose cette formalité pour emprunter, pour hypothéquer les immeubles du mineur, pour les vendre : la vente ne peut avoir lieu qu'en justice et avec des formalités particulières. Certains actes sont absolument interdits au tuteur : il ne peut acheter un bien appartenant au mineur, ni se faire céder une créance contre le mineur.

Comptes de tutelle. — Lorsque la gestion du tuteur finit, il doit rendre compte de son administration. Le compte est rendu au mineur devenu majeur, ou au mineur émancipé assisté de son curateur, ou bien aux héritiers du mineur, si la tutelle a cessé par sa mort. Le tuteur comprend dans son compte les recettes qu'il a faites pour le mineur, et les dépenses dont l'objet a été utile. Le résultat de la balance du compte forme le reliquat : si le compte se solde en faveur du mineur, le reliquat dû par le tuteur porte intérêts du jour de la clôture du compte; si le mineur est constitué débiteur, il ne doit les intérêts que du jour de la sommation de payer qui lui est faite. Lorsque le compte donne lieu à des contestations, elles doivent être portées devant les tribunaux; au surplus, le compte de tutelle n'est soumis à aucune forme particulière. L'action en reddition de compte est éteinte par le délai de dix ans à compter de la majorité du mineur. Pour protéger le mineur devenu majeur contre les arrangements onéreux que pourrait lui imposer le tuteur, la loi veut qu'aucun traité relatif à la tutelle n'intervienne entre le mineur devenu majeur et le tuteur que dix jours au moins après la reddition du compte et la remise des pièces justificatives constatée par un récépissé du mineur devenu majeur auquel le compte est rendu.

De l'émancipation ; ses formes. — L'émancipation a pour effet de donner au mineur, avant sa majorité, une capacité restreinte, et de lui permettre d'administrer lui-même ses biens. L'émancipation résulte de plein droit du mariage ; le mineur qui se marie est par cela même émancipé. Lorsque le mineur est arrivé à l'âge de quinze ans, ses père et mère peuvent l'émanciper : l'émancipation se fait par une déclaration devant le juge de paix. Le mineur, qui n'a plus ses père et mère, ne peut être émancipé qu'à dix-huit ans : l'émancipation résulte alors d'une délibération du conseil de famille et de la déclaration que fait le juge de paix, comme président du conseil de famille, que le mineur est émancipé.

Effets de l'émancipation. — L'émancipation fait cesser la tutelle et la puissance paternelle ; le mineur émancipé peut se choisir un domicile séparé de celui de ses père et mère ; il peut agir lui-même, mais le conseil de famille lui nomme un curateur sans l'assistance duquel il ne peut faire certains actes. Le mineur émancipé peut faire seul tous les actes de pure administration, consentir des baux de neuf ans au plus, recevoir ses revenus ; mais il ne peut toucher un capital qu'avec l'assistance du curateur qui doit surveiller l'emploi des fonds. L'assistance du curateur est également nécessaire au mineur émancipé pour recevoir le compte de tutelle. Lorsqu'il s'agit d'emprunter, d'hypothéquer ou de vendre un immeuble, le mineur émancipé doit être autorisé par le conseil de famille, dont l'avis est soumis à l'homologation du tribunal. Notons, en terminant, que le mineur ne peut faire le commerce, s'il n'est âgé de dix-huit ans, émancipé, et s'il n'est autorisé par ses père et mère, ou par une délibération du conseil de famille homologuée par le tribunal de première instance (1).

(1) V. nos *Éléments de Législation commerciale et industrielle,* p. 57.

SECTION VII.

DE L'INTERDICTION ET DU CONSEIL JUDICIAIRE. — DES ALIÉNÉS.

(Code civil, livre Ier, titre XI, art. 488 à 515. Loi du 30 juin 1838.)

Caractère de l'interdiction ; mesure de protection. — La protection que la loi accorde aux mineurs n'est pas moins nécessaire à ceux qui, devenus majeurs, ne jouissent pas de la plénitude de leurs facultés. Si ces personnes étaient abandonnées à elles-mêmes, il serait à craindre qu'elles ne compromissent leur fortune et n'en fissent un usage abusif. L'interdiction les met à l'abri de ces entraînements : la personne interdite devient incapable d'agir par elle-même; elle a un tuteur qui prend soin d'elle, qui administre ses biens, et la représente dans les actes où elle est intéressée.

Quelles personnes peuvent être interdites et par qui l'interdiction peut être provoquée. — Toute personne qui est dans un état habituel d'aliénation mentale peut être interdite. Il n'est pas nécessaire que la folie soit absolument continue : des intervalles lucides ne feraient point obstacle à l'interdiction, mais il ne suffirait pas d'un accès passager et accidentel de démence pour la motiver; il faut que l'état de folie soit un état, sinon continu, du moins habituel. Tout parent peut provoquer l'interdiction; elle peut l'être aussi par l'un des époux contre l'autre.

Formes de l'interdiction. — L'interdiction doit être prononcée par un jugement. Le tribunal ne peut statuer sur la demande en interdiction qu'après un avis du conseil de famille, qui est consulté sur l'opportunité de la mesure, et un interrogatoire que le défendeur subit devant le tribunal, en chambre du conseil, ou, s'il n'est pas en état de s'y transporter, devant un juge délégué à cet effet. Le jugement qui prononce l'interdiction doit être inscrit sur des tableaux affichés dans la salle d'audience du tribunal et dans les études des notaires de l'arrondissement : il est ainsi porté à la connaissance des tiers. Lorsque l'état de démence vient à cesser, l'interdiction est levée par un jugement rendu dans les mêmes formes que celui par lequel il a été statué sur la demande afin d'interdiction.

Effets de l'interdiction; nullité des actes faits par l'interdit. — Tous les actes faits par l'interdit postérieurement au jugement d'interdiction sont nuls, sans qu'on ait à rechercher si l'interdit était ou non dans un intervalle lucide au moment de l'acte : l'incapacité qui résulte de l'interdiction est générale. La nullité atteint même les actes antérieurs au jugement, si la cause de l'interdiction existait déjà, et était de notoriété publique à l'époque où l'acte a été fait.

Tutelle de l'interdit. — L'interdit est en tutelle comme le mineur; les pouvoirs du tuteur, les règles de l'administration sont les mêmes. Le tuteur est toujours nommé par le conseil de famille, sauf une exception : le mari est de droit tuteur de sa femme interdite. La durée de la tutelle de l'interdit peut se prolonger pendant toute sa vie, et cette tutelle serait ainsi devenue une charge très-lourde : aussi nul, à l'exception du conjoint, des ascendants et des descendants, ne peut-il être tenu de conserver la tutelle d'un interdit pendant plus de dix ans. Les revenus de l'interdit doivent être essentiellement employés à adoucir son sort et à accélérer sa guérison : le tuteur doit se préoccuper avant tout de ce résultat; le conseil de famille peut, selon les circonstances, arrêter que l'interdit sera traité chez lui, ou placé dans une maison de santé.

Aliénés; loi du 30 juin 1838. — Il arrive souvent que des aliénés ne sont point interdits, soit parce que la famille ne veut point faire les frais de la procédure d'interdiction, soit parce qu'elle craint de divulguer l'existence de cette terrible maladie. Il fallait pourvoir au sort des aliénés non interdits : l'aliénation mentale exige un traitement dans des établissements spéciaux; elle peut entraîner les dangers les plus graves pour les membres de la famille de l'aliéné, ou même pour la sécurité publique. L'intérêt de l'aliéné et l'intérêt public exigeaient des mesures qui devaient se concilier avec les garanties dues à la liberté individuelle. Tel est le double but en vue duquel ont été combinées les dispositions de la loi de 1838 sur les aliénés.

Etablissements d'aliénés. — Chaque département doit avoir un établissement public d'aliénés, ou traiter, soit avec un établissement privé, soit avec un établissement public d'un autre département, pour y placer ses aliénés. Les établissements publics sont sous la direction de l'autorité publique ; les établissements privés sont sous la surveillance de l'administration. Les établissements publics et privés doivent être visités, à des intervalles déterminés, par le préfet ou son délégué, le président du tribunal, le procureur de la République, le juge de paix et le maire. Il est pourvu sur les fonds départementaux aux dépenses qu'entraîne le service des aliénés indigents.

Placement dans les établissements d'aliénés. — Le placement dans un établissement d'aliénés peut être ordonné par l'autorité publique, lorsque la démence est de nature à compromettre l'ordre public ou la sécurité des citoyens. Dans les autres cas, le placement a lieu sur la demande d'un parent, d'un allié ou d'une personne ayant des relations avec l'aliéné. La demande doit toujours être accompagnée d'un certificat de médecin constatant la démence.

Garanties données à la liberté individuelle. — Certains fonctionnaires sont chargés de visiter les établissements d'aliénés ; ils doivent s'assurer que ceux qui y sont renfermés ne sont point l'objet d'une détention arbitraire, et recevoir au besoin leurs plaintes. Toute personne placée dans un établissement d'aliénés ne peut plus y être retenue, lorsque les médecins ont déclaré qu'elle était guérie. La sortie peut être requise, même avant la guérison, par certaines personnes que la loi détermine. Le préfet peut également ordonner la sortie immédiate de toute personne retenue à tort dans un établissement d'aliénés. La personne elle-même, ses parents et amis et le procureur de la République peuvent se pourvoir devant le tribunal du lieu où se trouve l'établissement, qui ordonnera, s'il y a lieu, la sortie immédiate. La décision du tribunal est rendue en chambre du conseil, sans délai et sans frais.

Conseil judiciaire; dans quels cas il y a lieu à nomination d'un conseil judiciaire. — On peut pourvoir d'un conseil judiciaire : 1° ceux qui, sans être en état de démence, se trouvent dans l'impossibilité de gérer leurs affaires à raison de la faiblesse de leur intelligence; 2° les prodigues, c'est-à-dire ceux qui dissipent leur fortune, et abusent ainsi de leur capacité. Le conseil judiciaire est une personne désignée par un jugement du tribunal de première instance. La procédure de nomination de conseil judiciaire est semblable à la procédure d'interdiction.

Effets de la nomination du conseil judiciaire. — La personne pourvue d'un conseil judiciaire n'est point, comme l'interdit, incapable d'agir par elle-même; elle a besoin seulement de l'assistance du conseil judiciaire et de son concours pour certains actes : elle ne peut, sans l'assistance de ce conseil, plaider, transiger, recevoir un capital et en donner décharge, aliéner ou grever ses biens d'hypothèque. Pour tous les autres actes, celui qui a un conseil judiciaire est parfaitement capable, et rentre dans le droit commun.

CHAPITRE II.

DES BIENS, DE LA PROPRIÉTÉ ET DE SES DIFFÉRENTES MODIFICATIONS.

SECTION Iʳᵉ.

DE LA DISTINCTION DES BIENS.

(Code civil, livre II, titre Iᵉʳ, art. 516 à 543.)

Qu'entend-on par biens. — On appelle biens tout ce qui est susceptible d'appropriation privée, tout ce qui peut entrer dans le patrimoine de l'homme. Certaines choses, telles que l'air, la lumière, ne sont point des biens, parce qu'elles ne peuvent procurer à quelqu'un un avantage propre et exclusif, et qu'elles servent à l'utilité commune.

Distinction des biens meubles et immeubles; utilité qu'elle présente. — Les biens se divisent en meubles et en immeubles. Cette distinction, fondamentale dans notre droit, se rencontre dans un grand nombre de dispositions légales. On en trouve l'application : 1° au point de vue de l'hypothèque. L'hypothèque est un droit conféré par le débiteur pour assurer au créancier le remboursement de ce qui lui est dû; l'hypothèque ne peut exister que sur les immeubles : les meubles n'en sont point susceptibles; 2° au point de vue de la compétence. Les demandes judiciaires relatives à un immeuble doivent être portées devant le tribunal dans le ressort duquel l'immeuble est situé; les demandes relatives à un droit mobilier sont portées au tribunal du domicile du défendeur; 3° au point de vue de l'aliénation. Dans certains cas, l'aliénation des meubles est permise plus facilement que celle des immeubles : elle est considérée comme un acte d'une moindre gravité. Ainsi le tuteur qui peut aliéner les meubles appartenant au mineur sans formalités particulières, doit, pour l'aliénation des immeubles, se faire autoriser par le conseil de famille, dont la délibération est soumise à l'homologation du tribunal; 4° au point de vue de la prescription. La prescription est un mode d'acquérir par la possession continuée pendant un certain temps. La durée de la possession nécessaire pour acquérir la propriété des immeubles est de dix ans au moins, et la plupart du temps, il faut une possession de trente ans. Pour les meubles, la simple possession, même sans durée, est suffisante pour faire acquérir la propriété, si elle est accompagnée de la bonne foi. C'est ce qu'on exprime par cette formule : « En fait de meubles, la possession vaut titre. » (Art. 2279.) L'intérêt de la distinction des meubles et des immeubles se présente également dans la matière du contrat de mariage, et quant aux formes qui sont nécessaires, pour la saisie et la vente de biens : la saisie et la vente forcée des immeubles sont entourées de formalités plus nombreuses, plus solennelles que la saisie et la vente des meubles.

Immeubles; diverses classes; immeubles par leur na-

ture. — Les immeubles se divisent en trois classes : 1° les immeubles par leur nature; 2° les immeubles par destination; 3° les immeubles par l'objet auquel ils s'appliquent. Les immeubles par leur nature sont les choses qui ont plus spécialement ce caractère, parce qu'elles ont réellement une assiette fixe, et ne peuvent être transportées d'un lieu à un autre. Les immeubles par leur nature sont les fonds de terre et les bâtiments. Les récoltes et les bois sont immeubles, tant qu'ils adhèrent au sol : mais les récoltes prennent un caractère mobilier, lorsqu'elles sont séparées du sol; il en est de même des coupes de bois.

Immeubles par destination. — Les immeubles par destination sont des objets, mobiliers de leur nature, qui deviennent immeubles, parce qu'ils ont été affectés par le propriétaire d'un fonds au service et à l'exploitation de ce fonds, ou parce qu'ils ont été attachés au fonds par le propriétaire d'une manière permanente. Ainsi les animaux, chevaux, bœufs, etc., que le propriétaire d'un domaine y a placés pour l'exploitation, pour la culture, sont immeubles par destination : ils sont un accessoire du fonds lui-même, et, si un créancier saisit la terre, il saisira en même temps tout ce qui, servant à son exploitation, a le caractère d'immeubles par destination. Les ustensiles aratoires, les pressoirs, chaudières, alambics, cuves et tonnes, les tableaux et ornements encadrés dans les boiseries d'un appartement sont aussi immeubles par destination. Si ces divers objets cessent d'être affectés à l'exploitation du fonds ou en sont détachés, ils reprennent leur nature propre, et redeviennent des meubles.

Immeubles par l'objet auquel ils s'appliquent. — Les droits eux-mêmes, bien que choses incorporelles, sont, par une fiction légale, compris dans la division des meubles et des immeubles. Les droits qui ont pour objet des immeubles sont traités comme immeubles : ce sont les immeubles par l'objet auquel ils s'appliquent. Ainsi les droits d'usufruit sur les immeubles, les servitudes qui existent au profit d'un fonds sur un autre fonds sont compris dans la classe des immeubles par l'objet auquel ils s'appliquent.

Meubles; division. — Les meubles sont de deux classes :
les *meubles par leur nature*, et les *meubles par la détermination de la loi*. Les premiers sont les meubles proprement
dits, ou meubles corporels ; les seconds sont les droits qui
ont pour objet une chose mobilière. Cette seconde classe est
de beaucoup la plus importante, et nous devons y consacrer
quelques détails.

Développement de la richesse mobilière. — A mesure
que la civilisation se développe, la richesse mobilière des nations s'accroît, et son progrès est sans limites, car l'industrie
et le commerce lui font prendre une extension toujours plus
grande. Dans les temps anciens, les-valeurs immobilières
formaient la plus grande partie de la fortune privée : aujour-
d'hui, les valeurs mobilières composent, dans des proportious
considérables, le patrimoine des citoyens ; on a pu dire avec
raison : « que la propriété mobilière était la richesse des
temps modernes (1). » Nous allons montrer, par un rapide
aperçu, quels sont ses principaux éléments.

Aperçu des diverses valeurs mobilières. — Les principales valeurs mobilières sont : 1° les *créances*, qui ont pour
objet une somme d'argent ou une chose mobilière. Paul
doit à Pierre mille francs : Pierre a contre Paul un droit de
créance, droit mobilier. Il faut ranger dans cette classe les
obligations émises par les compagnies industrielles, compagnies de chemins de fer ou autres : ces obligations ne sont
autre chose pour celui à qui elles appartiennent qu'un droit
de créance contre l'entreprise qui les a émises ; 2° les *intérêts* ou *actions* dans les sociétés de commerce ou d'industrie.
Les dénominations d'intérêt et d'action désignent le droit
qui appartient aux associés dans les sociétés : ce droit est
une action, s'il est cessible par certains modes particuliers,
le *transfert*, ou déclaration sur les registres de la société,
lorsque l'action est *nominative;* la simple remise du titre,
lorsqu'elle est *au porteur*. L'intérêt est la part sociale qui,

---

· (1) Horace Say, *Dictionnaire d'Économie politique*, au mot : *Meubles
et immeubles.*

à raison de la nature de la société ou des conventions des parties, n'est pas cessible de cette manière (1); 3° les *rentes sur l'Etat ou sur les particuliers*. La rente est le droit d'exiger des prestations périodiques appelées *arrérages*. La rente diffère de la créance, en ce que le créancier de la rente ne peut jamais, si les arrérages lui sont payés, exiger le remboursement du capital, tandis que la créance entraîne pour le débiteur, dans un délai plus ou moins long, l'obligation de rembourser le capital. Quel que soit le caractère de la rente, qu'elle soit perpétuelle, c'est-à-dire d'une durée illimitée, ou viagère, c'est-à-dire devant s'éteindre à la mort d'une personne déterminée, qu'elle soit constituée moyennant le capital fourni par le crédirentier, ou comme prix d'un immeuble, la rente est toujours un droit mobilier.

SECTION II.

DE LA PROPRIÉTÉ.

(Code civil, livre II, titre II, art. 544 à 577.)

Fondement du droit de propriété. — La propriété est de tous les droits le plus ancien et le plus universellement reconnu. Elle n'est pas, en effet, comme l'ont prétendu certains sophistes, le résultat d'une convention humaine ou d'une loi positive : son principe se trouve dans la nature même de l'homme et dans les nécessités de son existence. Qu'est-ce en effet que la propriété? C'est le droit pour l'homme de jouir de la terre qu'il cultive, du produit de son travail, et de transmettre ces biens à ceux qui viennent après lui. Quoi de plus légitime et de plus sacré? Si la propriété n'est pas protégée, on peut dire qu'il n'y a plus de société possible, et que la barbarie recommence. Ces idées sont tellement simples, elles se présentent avec un tel caractère

(1) V. nos *Éléments de Législation commerciale et industrielle,* p. 156.

d'évidence, qu'on peut s'étonner qu'elles aient été quelquefois contestées et méconnues.

Définition de la propriété; restrictions apportées à l'exercice du droit. — La propriété est définie : le droit de jouir et de disposer des choses de la manière la plus absolue, sous les modifications établies par la loi ; le droit de jouir, c'est le droit de recueillir tous les fruits, tous les produits de la chose, d'en tirer tous les avantages qu'elle peut procurer ; le droit de disposer, c'est la faculté d'aliéner la chose, de la transmettre à une autre personne, de la détruire même, si le propriétaire le juge convenable. Le droit de propriété est absolu de sa nature ; toutefois, certaines restrictions y sont apportées, soit dans l'intérêt du propriétaire lui-même, soit dans un intérêt général. Nous citerons comme exemples : les formes exigées pour l'aliénation des immeubles appartenant aux mineurs et aux interdits, l'expropriation pour cause d'utilité publique, enfin les diverses servitudes établies sur les biens des particuliers dans un but d'intérêt général, servitudes militaires, alignement, chemin de halage.

Distinction de la propriété et de la possession. — La propriété ne doit pas être confondue avec la possession. La propriété est un droit ; la possession est le fait d'avoir la chose à sa disposition, en la traitant comme si l'on en était propriétaire. Paul est propriétaire d'une pièce de terre qu'il ne cultive pas, qu'il a abandonnée ; Jacques vient, et s'empare de cette pièce de terre : Paul est propriétaire, mais n'a pas la possession ; Jacques a la possession, mais n'a pas la propriété. La possession doit cesser devant la preuve du droit de propriété, car le fait ne peut l'emporter sur le droit. Mais la possession en elle-même présente un avantage important : le possesseur est présumé propriétaire ; c'est à celui qui prétend être propriétaire à faire contre lui la preuve de son droit ; et, s'il ne l'établit pas d'une manière complète, le possesseur conservera la chose. Des actions particulières, appelées *actions possessoires*, sont établies pour protéger la possession : mais elles ne sont données qu'à celui qui est en possession depuis plus d'une année.

Distinction de la possession de bonne et de mauvaise foi. — On distingue en droit le possesseur de bonne foi et le possesseur de mauvaise foi. Le possesseur de bonne foi est celui qui possède en vertu d'une cause d'acquisition régulière en apparence, et qui se croit propriétaire. Paul achète de Jacques une maison, il croit que Jacques en est propriétaire et Jacques ne l'est point; Paul n'est pas devenu propriétaire, car Jacques n'a pu lui transmettre un droit qu'il n'avait pas : Paul est seulement un possesseur de bonne foi. Le possesseur de mauvaise foi est celui qui détient une chose, sachant qu'il n'en est pas propriétaire. La possession de bonne foi a un double avantage : en premier lieu, le possesseur d'un immeuble, qui a été de bonne foi à l'origine, peut devenir propriétaire par la prescription, s'il continue à posséder sans interruption pendant un laps de temps qui varie entre dix et vingt ans; le possesseur de mauvaise foi ne peut jamais arriver à la propriété que par une possession de trente ans. En second lieu, le possesseur, tant qu'il est de bonne foi, gagne les fruits, les produits ordinaires de la chose : le propriétaire qui revendique contre le possesseur de bonne foi a droit à la restitution du fonds lui-même, mais il ne peut réclamer les fruits; il eût été trop dur de forcer le possesseur de bonne foi à rendre ces fruits sur lesquels il a dû compter. Le possesseur de mauvaise foi au contraire doit restituer la chose et tous les fruits qu'elle a produits; il a seulement le droit de se faire rembourser les dépenses de culture qu'il a faites.

Fruits naturels; fruits civils. — Il faut indiquer plus complétement ce qu'on entend par fruits. Les fruits sont les produits ordinaires et périodiques de la chose : ainsi les moissons, les coupes de bois, lorsque l'exploitation des bois se fait par coupes régulières. On distingue les fruits naturels et les fruits civils; les fruits naturels sont ceux qui sont réellement produits par la chose; les fruits civils sont certaines prestations perçues à l'occasion de la chose, telles que les loyers des maisons, les fermages, les intérêts des capitaux, les arrérages des rentes. Les fruits, de quelque nature qu'ils soient, appartiennent en principe au propriétaire de la chose : ils peuvent, par exception, être acquis au possesseur de bonne foi ou à l'usufruitier.

SECTION III.

DE L'USUFRUIT ET DE L'USAGE.

(Code civil, livre II, titre III, art. 578 à 636.)

Définition de l'usufruit. — L'usufruit est le droit de jouir des choses dont un autre a la propriété, comme le propriétaire lui-même, mais à la charge de conserver la substance de la chose. Celui à qui appartient le droit d'usufruit, est *l'usufruitier;* on appelle *nue propriété*, la propriété dont l'usufruit est détaché, et *nu propriétaire* celui à qui appartient la chose grevée d'usufruit. La séparation de l'usufruit et de la nue propriété n'est du reste que temporaire, car le droit d'usufruit s'éteint nécessairement à la mort de l'usufruitier, et fait retour à la propriété. L'usufruit peut être établi par convention, par donation ou testament; la loi elle-même crée au profit de certaines personnes un droit d'usufruit : c'est ainsi que les père et mère ont l'usufruit légal des biens de leurs enfants.

Droits de l'usufruitier. — L'usufruitier a droit à tous les fruits de la chose, fruits naturels ou fruits civils; il peut en outre se servir des choses comprises dans son usufruit pour l'usage auquel elles sont destinées. L'usufruitier a droit aux récoltes produites par la terre, au produit des bois, s'ils sont exploités en coupes réglées, au produit des carrières qui sont déjà en exploitation au moment où son usufruit commence, aux intérêts des capitaux, aux arrérages des rentes. Il acquiert les fruits naturels au moment où il les récolte; quant aux fruits civils, il les acquiert jour par jour, c'est-à-dire en proportion de la durée de sa jouissance. L'usufruitier peut jouir par lui-même ou louer la chose dont il a l'usufruit, mais il ne peut consentir de baux obligatoires pour le nu propriétaire, pour une durée de plus de neuf ans après l'extinction de l'usufruit.

Obligations de l'usufruitier. — L'usufruitier doit faire, avant son entrée en jouissance, un inventaire des meubles et un état des immeubles soumis à l'usufruit. Il doit fournir caution de jouir en bon père de famille : cette obligation n'existe pas lorsque l'usufruitier en est dispensé par le titre qui constitue son droit, non plus que pour les père et mère ayant l'usufruit légal des biens de leurs enfants. L'usufruitier doit faire aux immeubles les réparations d'entretien; les grosses réparations, comme celles des gros murs, le rétablissement des poutres et des couvertures en entier, des murs de clôture ou de soutènement en entier, restent à la charge du nu propriétaire. Les impôts qui grèvent la chose sont payés par l'usufruitier. Toutes ces charges, en effet, réparations d'entretien, impôts, sont de celles qui s'acquittent d'ordinaire sur les revenus; et, comme l'usufruitier acquiert tous les fruits, il est naturel qu'il paye ce qui est une charge des fruits. L'usufruitier dont le droit porte sur tous les biens ou sur une quote-part des biens composant une succession, le tiers, le quart, est obligé de payer les intérêts des dettes de la succession, dans la proportion de sa jouissance : s'il a l'usufruit du tout, il paye tous les intérêts; s'il a l'usufruit de la moitié seulement, il paye les intérêts pour la moitié.

Extinction de l'usufruit. — L'usufruit s'éteint par la mort de l'usufruitier, par l'expiration du temps pour lequel il a été accordé, par la réunion sur la même tête des qualités d'usufruitier et de nu propriétaire, par le non-usage du droit pendant trente ans, par la perte de la chose sur laquelle l'usufruit est établi, par la renonciation de l'usufruitier à son droit. L'abus que l'usufruitier fait de sa jouissance, en commettant des dégradations ou en laissant dépérir la chose faute d'entretien, peut entraîner la déchéance du droit; cette déchéance est prononcée par les tribunaux.

Droit d'usage; droit d'habitation. — Le droit d'usage, s'il n'est point réglé par le titre qui le constitue, donne à celui à qui il appartient droit aux fruits du fonds, dans la proportion des besoins de l'usager et des personnes de sa famille : l'usage est un usufruit restreint aux besoins de l'usager. Il se constitue et s'éteint de même que l'usufruit, et ne peut être ni cédé ni loué. Le droit d'usage appliqué à une maison s'appelle droit d'habitation. Celui qui a un droit d'habitation peut demeurer dans la maison avec sa famille, mais son droit se restreint à ce qui est nécessaire pour son habitation et celle de sa famille.

Droits d'usage dans les bois. — Il ne faut pas confondre avec le droit d'usage établi par le Code civil les droits d'usage qui s'exercent dans les forêts, et qui consistent à prendre une certaine quantité de bois, ou à conduire les troupeaux dans les bois pour le pâturage. Aucune concession nouvelle de droits d'usage ne peut être faite dans les bois de l'Etat ou des communes; les droits d'usage anciennement établis sont maintenus, mais l'Etat a la faculté de s'en affranchir. Les droits d'usage en bois peuvent être éteints au moyen du *cantonnement*, qui consiste à transformer le droit des usagers en une portion de propriété. Pour les autres droits d'usage, le cantonnement n'est pas possible, mais l'Etat peut les racheter moyennant une indemnité en argent. Les particuliers dont les bois sont grevés de droits d'usage peuvent s'en affranchir par le cantonnement ou le rachat. Dans tous les cas, l'exercice des droits d'usage est soumis à des conditions particulières et à la surveillance de l'administration forestière, qui désigne, pour les droits de pâturage, les portions de bois *défensables*, c'est-à-dire celles où les bestiaux peuvent être conduits sans inconvénients. Toutes les règles relatives aux droits d'usage dans les bois se trouvent dans le Code forestier. (*V. Code forestier, art.* 61 à 85; — 110 à 112; — 118 à 121.

SECTION IV.

DES SERVITUDES OU SERVICES FONCIERS.

(Code civil, livre II, titre IV, art. 637 à 710.)

Division des servitudes. — La servitude est une charge imposée sur un héritage pour l'usage et l'utilité d'un héritage appartenant à un autre propriétaire. On appelle *fonds dominant* celui au profit duquel la servitude est établie, *fonds servant* celui qui en est grevé. Les servitudes dérivent de la situation naturelle des lieux, elles sont établies par la loi ou par le fait de l'homme. Nous allons parcourir ces trois classes de servitudes.

Servitudes qui dérivent de la situation des lieux; obligation pour le propriétaire du fonds inférieur de recevoir les eaux provenant du fonds supérieur. — Les fonds inférieurs sont assujettis à recevoir les eaux qui découlent naturellement des fonds supérieurs. Le propriétaire inférieur ne peut établir de digue ou d'obstacle quelconque à l'écoulement des eaux. De son côté, le propriétaire supérieur ne peut faire de travaux qui aggravent l'obligation du fonds inférieur, tenu seulement de recevoir les eaux qui découlent naturellement, et sans que la main de l'homme y ait contribué.

Des eaux de sources. — Le propriétaire qui a une source dans son fonds peut disposer comme il l'entend de l'eau qu'elle fournit; il peut s'en servir dans sa propriété, l'absorber entièrement, ou bien la laisser couler naturellement sur les fonds inférieurs. Il est certains cas où le propriétaire de la source est obligé de laisser l'usage de l'eau aux voisins : le premier se présente lorsque le voisin a acquis par un titre quelconque, donation, vente, testament, le droit à l'eau de la source. Le droit de se servir de l'eau d'une source peut aussi s'acquérir par prescription : pour qu'il y ait prescription, il faut que le propriétaire voisin ait joui de l'eau de la source pendant trente ans sans interruption, à compter du jour où

11

il a fait et terminé des travaux apparents, destinés à faciliter le cours de l'eau dans sa propriété. Enfin, le propriétaire d'une source ne peut en changer le cours, lorsque l'eau est nécessaire aux habitants d'une commune, village ou hameau ; mais il a droit alors à une indemnité qui est fixée à dire d'experts.

Droits du propriétaire dont le fonds est bordé ou traversé par une eau courante ; différentes espèces de cours d'eau. — Les cours d'eau se divisent en rivières navigables et flottables, et rivières qui ne sont ni navigables ni flottables. Les cours d'eau navigables ou flottables font partie du domaine public, et les propriétaires riverains ne peuvent y faire de prise d'eau sans une autorisation administrative. Quant aux cours d'eau qui ne sont ni navigables ni flottables, les riverains peuvent en emprunter les eaux : celui dont la propriété est bordée par une eau courante, c'est-à-dire qui n'est riverain que d'un seul côté, peut se servir de l'eau, mais seulement pour l'irrigation de sa propriété ; celui dont le fonds est traversé par le cours d'eau, c'est-à-dire qui est riverain des deux côtés, peut user de l'eau comme il lui convient, à condition de la rendre à la sortie de son fonds à son cours ordinaire, de ne point l'absorber au détriment des propriétaires qui se trouvent après lui. Il est permis au propriétaire, qui veut se servir des eaux pour l'irrigation de sa propriété, de les faire traverser sur les fonds intermédiaires, moyennant une indemnité. (*Loi du* 29 *avril* 1845.) Il est permis également à celui qui n'est riverain que d'un côté d'appuyer sur la propriété du riverain opposé les ouvrages nécessaires à l'établissement d'un barrage. (*Loi du* 11 *juillet* 1847.)

Du drainage. (*Loi du* 10 *juin* 1854.) — Le drainage a pour but principal d'assainir le sol, en procurant un écoulement aux eaux dont la surabondance serait nuisible. Ce résultat est atteint au moyen d'un système de rigoles, au fond desquelles sont placés des tuyaux en terre cuite de forme cylindrique. Le propriétaire qui veut drainer son fonds peut, moyennant indemnité, conduire, souterrainement ou à ciel ouvert, les eaux provenant du drainage à travers les propriétés qui séparent son fonds d'un cours d'eau ou de toute autre voie d'écoulement. Les contestations relatives à cette servitude sont jugées par le juge de paix, qui doit concilier les intérêts de l'opération avec le respect dû à la propriété. Afin d'encourager le drainage, la société du Crédit foncier a été autorisée à consentir aux agriculteurs des prêts destinés à l'exécution de travaux de drainage. (*Lois des* 17 *juillet* 1856 *et* 28 *mai* 1858.)

Du bornage. — Le bornage consiste à déterminer, au moyen de bornes, les limites de deux fonds. Tout propriétaire peut contraindre son voisin au bornage ; le bornage se fait à frais communs. Les contestations relatives au bornage sont jugées par le juge de paix, à moins qu'une question de propriété ne soit soulevée ; dès qu'il y a contestation sur la propriété, le juge de paix cesse d'être compétent, et le litige doit être porté devant le tribunal de première instance.

Servitudes établies par la loi ; mitoyenneté. — Les murs qui servent de séparation entre bâtiments jusqu'au toit le moins élevé, ceux qui se trouvent entre cours et jardins, ou même dans les champs entre terrains enclos, sont présumés mitoyens. Le mur mitoyen appartient en commun aux deux propriétaires auxquels il sert. La présomption de mitoyenneté cesse, si un titre formel attribue la propriété exclusive du mur à l'un des propriétaires, ou si certains signes extérieurs indiquent cette propriété exclusive. Le propriétaire qui joint un mur appartenant exclusivement au voisin peut en acquérir la mitoyenneté, en remboursant la moitié de la valeur du mur et la moitié de la valeur du sol sur lequel il est construit.

Droits et obligations résultant de la mitoyenneté. — Le copropriétaire d'un mur mitoyen peut se servir de ce mur pour y adosser des constructions, mais il ne peut, sans le consentement de l'autre propriétaire, y pratiquer ni jours ni enfoncements. Le propriétaire pour lequel le mur est insuffisant peut l'exhausser à ses frais, et en fournissant de son côté le supplément d'épaisseur nécessaire. La réparation et la reconstruction du mur sont à la charge de tous les copropriétaires proportionnellement à leurs droits. Dans les **villes et** faubourgs, chaque propriétaire peut contraindre son **voisin à** contribuer à la construction d'un mur de clôture. Le propriétaire soumis à l'obligation de reconstruire ou de réparer un mur mitoyen peut s'y soustraire, si le mur ne soutient pas de bâtiment lui appartenant, en abandonnant son droit de mitoyenneté.

Distances à observer pour les plantations. — Il n'est permis de planter des arbres ou des haies vives qu'à une certaine distance de la limite de la propriété du voisin. Cette distance est déterminée par les règlements ou usages locaux; et, à défaut de règlements ou d'usages, elle est de 2 mètres pour les arbres à haute tige, de 1/2 mètre pour les autres arbres et baies vives. Le voisin peut exiger que les arbres plantés à une moindre distance soient arrachés. Lorsque les branches arrivent sur la propriété du voisin, il peut demander qu'elles soient élaguées; quant aux racines, il peut les couper lui-même.

Droits de vue sur la propriété du voisin. — Celui qui est propriétaire d'un mur non mitoyen, joignant immédiatement le fonds voisin, peut y pratiquer des ouvertures appelées *jours de souffrance*. Ces jours ne peuvent être établis qu'à 26 décimètres au-dessus du plancher, si c'est au rez-de-chaussée, et 19 décimètres au-dessus du plancher, pour les étages supérieurs. Les jours doivent en outre être *à verre dormant*, c'est-à-dire fermés de manière à ne pouvoir s'ouvrir, et garnis d'un treillis de fer dont les dimensions sont rigoureusement déterminées. Aucun jour, de quelque nature qu'il soit, ne peut être pratiqué par un des propriétaires dans un mur mitoyen, sans le consentement du voisin. Les jours ouvrants, ou fenêtres, ne peuvent être établis qu'à une certaine distance du fonds voisin : cette distance est de six pieds (19 décimètres) pour les vues droites, et deux pieds (6 décimètres) pour les vues obliques.

Égout des toits. — Les propriétaires doivent établir leurs toits de telle manière que les eaux pluviales s'écoulent sur leur terrain ou sur la voie publique. Ils ne peuvent les faire verser sur le fonds du voisin, sans son consentement.

Droit de passage. — Le propriétaire dont le fonds est enclavé, c'est-à-dire n'a aucun accès à la voie publique, peut réclamer un passage sur les fonds intermédiaires. Ce passage, en cas de contestation, est fixé par les tribunaux. Le propriétaire enclavé doit à celui sur le fonds duquel il passe une indemnité proportionnelle au dommage qu'il lui cause.

Servitudes établies par le fait de l'homme; distinction des servitudes continues et discontinues, apparentes et non apparentes. — Outre les servitudes naturelles et les servitudes légales, un grand nombre d'autres servitudes peuvent être établies par la volonté des particuliers. Ces servitudes sont continues ou discontinues, apparentes ou non apparentes. On appelle servitudes continues, celles dont l'usage est ou peut être continué sans avoir besoin du fait actuel de l'homme : ainsi une *servitude de vue* est une servitude continue, car la servitude consiste dans le jour qui est pratiqué sur le fonds du voisin, et il n'est pas nécessaire pour que la servitude s'exerce qu'on se serve de ce jour; telles seraient aussi les *servitudes d'égout*, de *conduite d'eau*, etc. Les servitudes discontinues sont celles qui ont besoin du fait actuel de l'homme pour s'exercer, comme les droits de passage. Les servitudes apparentes s'annoncent par quelque ouvrage extérieur, une porte, une fenêtre, un aqueduc. Les servitudes non apparentes sont celles dont l'existence n'est manifestée par aucun signe extérieur, par exemple, la *servitude de ne pas bâtir*. Ces divers termes peuvent se combiner : il y a des servitudes continues et apparentes, comme la servitude de vue; des servitudes continues et non apparentes, comme la servitude de ne pas bâtir; des servitudes discontinues et apparentes, comme la servitude de passage, annoncée par une porte, un sentier; des servitudes discontinues et non apparentes, comme la servitude de passage, si elle n'est indiquée par aucun signe, aucun ouvrage. Ces distinctions ont le plus grand intérêt pour l'acquisition et l'extinction des servitudes.

Établissement des servitudes. — Toutes les servitudes

peuvent s'acquérir par titre, c'est-à-dire par contrat de vente, d'échange ou autre, par succession, donation ou testament. Les servitudes continues et apparentes peuvent s'acquérir par la prescription, c'est-à-dire par une possession continuée pendant trente ans. Les servitudes qui ne sont pas continues et apparentes ne peuvent s'acquérir par la possession, quelque longue qu'elle soit. Il est un autre mode d'établissement qui n'est applicable qu'aux servitudes continues et apparentes, c'est la *destination du père de famille*. La destination du père de famille suppose que les deux fonds ont appartenu au même propriétaire, qui a mis les choses dans l'état duquel résulte la servitude. Ainsi, je suis propriétaire de deux maisons contiguës, et j'ai établi entre ces deux maisons des jours ; si je viens à les vendre, les acheteurs devront respecter l'état de choses créé pour l'utilité réciproque des deux propriétés.

Extinction des servitudes. — La servitude s'éteint lorsque le fonds servant et le fonds dominant sont réunis dans la même main : on ne peut en effet avoir de servitude sur sa propre chose. Il y a également extinction de la servitude par le non-usage pendant trente ans, et, à ce point de vue encore, il faut distinguer les servitudes continues et discontinues. Pour les servitudes discontinues, le délai commence du jour où celui à qui la servitude appartient a cessé de l'exercer ; pour les servitudes continues, du jour où il a été fait un acte contraire à la servitude : par exemple, s'il s'agit d'une servitude de vue, du jour où le voisin a bouché le jour qui donnait sur sa propriété.

CHAPITRE III.

DES DIFFÉRENTES MANIÈRES D'ACQUÉRIR LA PROPRIÉTÉ.

Enumération des divers modes d'acquérir. — Acquérir une chose, c'est en devenir propriétaire ; aliéner, c'est transférer à une personne un droit qu'on a sur une chose. La plupart du temps, ces deux termes sont corrélatifs : l'acquisition par une personne suppose l'aliénation de la même chose par une autre personne; ainsi, celui qui achète une chose l'acquiert; celui qui la vend, l'aliène.

On distingue différents modes d'acquérir. Le premier mode que nous rencontrons est l'*occupation* : on appelle ainsi le fait de se mettre en possession d'une chose qui n'appartient encore à personne, un animal sauvage par exemple. Les autres modes d'acquisition s'appliquent à des choses qui sont déjà la propriété d'une personne; ce sont les successions *ab intestat*, les donations entre-vifs et les testaments, les contrats, tels que la vente ou l'échange, la prescription. Nous ne traiterons dans ce chapitre que des successions, des donations entre-vifs et des testaments; les contrats et la prescription trouveront leur place dans le chapitre suivant.

SECTION Iʳᵉ.

DES SUCCESSIONS.

(Code civil, livre III, titre Iᵉʳ, art. 718 à 892.)

Qu'entend-on par succéder ; ouverture de la succession. — Le mot *succession* désigne tantôt la dévolution des biens d'une personne décédée à une autre personne, qu'on appelle *héritier*, tantôt l'ensemble des biens qui passent ainsi du défunt à l'héritier. La succession s'ouvre au jour du décès : c'est à ce moment que le droit de l'héritier commence; s'il veut répudier la qualité d'héritier que la loi lui attribue, il doit renoncer à la succession.

Principes sur lesquels repose le droit de succession. — Deux principes essentiels dominent la matière importante que nous allons étudier. Le droit de succession et l'ordre dans lequel la loi appelle les héritiers reposent d'abord sur l'affection présumée du défunt : la loi fait en quelque sorte le testament de celui qui n'a pas lui-même expressément disposé de ses biens. Le second principe est le principe d'égalité entre les héritiers : tous les enfants succèdent au même titre, avec les mêmes droits ; on ne retrouve plus aujourd'hui les distinctions que faisait l'ancien droit, donnant à l'aîné de la famille la plus grande part dans la succession, aux enfants mâles des droits plus étendus qu'aux enfants du sexe féminin. Ce principe d'égalité est conforme au vœu de la nature, car l'affection devant être la même, le droit de chacun ne saurait être différent. Voici l'appréciation que fait des dispositions du Code civil sur les successions l'un de ses commentateurs les plus récents et les plus éminents : « Le titre du Code civil sur les successious légitimes, dit M. Demolombe (1), est, suivant nous, à l'envisager d'une manière absolue, l'une des lois les meilleures qui aient été faites sur ce sujet, parce qu'elle est tout à la fois conforme aux vœux des citoyens et des familles, et aux principes politiques sur lesquels repose la société qu'elle est appelée à gouverner. »

Différentes classes de successibles. — On reconnaît deux classes de personnes qui peuvent être appelóes à une succession. La première classe est celle des héritiers ou parents légitimes du défunt : les héritiers représentent le défunt; ils sont, au jour même du décès, saisis, c'est-à-dire appelés à prendre possession des valeurs qui composent la succession, et soumis au paiement des dettes et charges qu'elle comporte. La seconde classe de personnes appelées à la succession comprend les successeurs irréguliers ou successeurs aux biens : ceux-là doivent, pour exercer leurs droits, remplir certaines formalités, notamment se faire envoyer en possession par un jugement du tribunal de première instance.

Divers ordres d'héritiers. — On appelle ordres d'héritiers les différentes classes de parents appelés à la succession. La succession est recueillie d'abord par les descendants, qui forment le premier ordre d'héritiers ; à défaut de descendants, par les père et mère en concours avec les frères et sœurs : c'est le second ordre; puis viennent les ascendants et enfin les collatéraux, qui composent le troisième et le quatrième ordre.

(1) *Des Successions,* t. Ier, p. 107.

Descendants. — Les descendants, fils, filles, et petits-enfants, succèdent les premiers, et à l'exclusion de tous autres parents. Lorsque la personne décédée laisse un fils, ce fils aura toute la succession ; si elle en laisse deux, ils se partageront le patrimoine du défunt, et en auront chacun la moitié. Les petits-enfants nés d'un fils prédécédé ne sont point exclus par la présence d'un fils, enfant au premier degré : ils prennent la place qu'aurait occupée leur père ; ils le représentent et viennent à la succession. Par exemple, Pierre meurt laissant un fils que nous appellerons Paul, et deux petits-fils nés d'un fils qui n'existe plus, et que nous appellerons Jacques : la succession de Pierre se partagera entre Paul, le fils, qui aura la moitié, et les deux petits-enfants fils de Jacques, qui auront droit chacun à un quart, soit à l'autre moitié pour les deux.

Frères et sœurs ; concours avec les père et mère. — Après les descendants viennent les frères et sœurs et leurs descendants, neveux et nièces du défunt, qui excluent tous les parents autres que les père et mère. Lorsque le défunt laisse un frère et des parents autres que ses père et mère, le frère a droit à la totalité de la succession. S'il laisse son père et sa mère, ils ont la moitié de la succession ; les frères et sœurs se partagent l'autre moitié. Si le père seul ou si la mère seule survit, il ou elle recueille le quart de la succession ; les frères et sœurs ont les trois autres quarts.

Ascendants. — Les ascendants forment le troisième ordre d'héritiers. Lorsqu'une succession est dévolue à des ascendants ou à des collatéraux, elle se divise par moitié entre les deux lignes, la ligne paternelle et la ligne maternelle. L'ascendant le plus proche de la ligne paternelle, ou les ascendants les plus proches au même degré, s'il y en a plusieurs, prennent la moitié afférente à la ligne paternelle ; la moitié afférente à la ligne maternelle revient à l'ascendant le plus proche de la ligne maternelle. Les ascendants excluent le collatéral de leur ligne, mais viennent en concours avec le parent collatéral de l'autre ligne. Supposons qu'il y ait dans la ligne paternelle un aïeul, ascendant le plus proche, cet aïeul aura la moitié de la succession, et l'autre moitié ira au collatéral de la ligne maternelle, oncle, tante, cousin ou cousine, étant admis qu'il n'y ait pas d'ascendant dans cette ligne. La dévolution d'une ligne à l'autre n'est possible qu'autant que, dans l'une des deux lignes, il n'y a pas de parents au degré successible.

Collatéraux. — On appelle collatéraux les parents autres que les ascendants et les descendants. Les frères et sœurs, neveux et nièces sont des collatéraux, mais nous les laissons de côté, puisqu'ils forment un ordre à part. Les collatéraux dont il est question ici sont les oncles et tantes, cousins et cousines. Les collatéraux succèdent jusqu'au douzième degré. On compte un degré par génération, en partant du *de cujus*, de celui de la succession duquel il s'agit, en remontant à l'auteur commun, et en redescendant à celui qui est appelé à la succession : l'oncle est au troisième degré; les cousins germains sont au quatrième degré. La succession dévolue aux collatéraux se divise par moitié entre les lignes paternelle et maternelle, et dans chaque ligne, à défaut d'ascendant, le collatéral ou les collatéraux les plus proches sont appelés à la recueillir.

Représentation; dans quels cas elle a lieu. — La représentation est une disposition de la loi en vertu de laquelle certains parents viennent à la succession au lieu et place d'un héritier prédécédé, et en concours avec d'autres parents plus proches en degré. La représentation existe à l'infini dans l'ordre des descendants et des frères et sœurs; elle n'est pas admise pour les ascendants ou les collatéraux simples. Voici l'effet de la représentation : un homme meurt laissant un fils et des petits-enfants nés d'un fils prédécédé, ou bien un frère et des neveux nés d'un autre frère déjà mort; les petits-enfants ou les neveux succèderont en concours avec le fils ou le frère, comme aurait succédé leur père, s'il vivait encore. Lorsque des héritiers viennent ainsi par représentation, la succession se partage entre eux par souches; lorsqu'il n'y a pas représentation, le partage se fait par tête, c'est-à-dire eu égard au nombre des héritiers. Supposons que la succession soit recueillie par trois fils : comme ils sont héritiers au premier degré et qu'il n'y a pas de représentation, ils succèdent par tête ; chacun a le tiers de la succession. Si au contraire il y a trois petits-fils nés de deux fils prédécédés ayant eu, le premier un seul enfant, l'autre deux, ces trois petits-enfants venant par représentation de leurs pères, le partage aura lieu par souche. Dans l'espèce que nous venons d'exposer, il y a deux souches, puisque la famille avait deux branches, les deux fils formant une branche : la moitié de la succession appartiendra à l'une des deux branches représentée par un seul petit-fils ; l'autre moitié appartiendra à la seconde branche, représentée par les deux autres petits-fils.

Successeurs irréguliers. — Les successeurs irréguliers sont : les enfants naturels, les père et mère et les frères et sœurs de l'enfant naturel, le conjoint survivant et l'Etat. Les enfants naturels reconnus ont droit à une part de la succession qui varie selon la qualité des héritiers légitimes : s'il y a des enfants légitimes, la part de l'enfant naturel est du tiers de ce qu'il aurait eu, s'il avait été légitime ; elle est de moitié, en présence d'ascendants ou de frères et sœurs ; des trois quarts, lorsque le défunt ne laisse ni ascendants, ni descendants, ni frères ni sœurs. Si les père et mère n'ont point de parents au degré successible, l'enfant naturel a droit à la totalité des biens. La succession de l'enfant naturel, qui n'a pas lui-même d'enfants, est recueillie par les père et mère qui l'ont reconnu et par ses frères et sœurs.

A défaut des héritiers légitimes et des successeurs irréguliers que nous venons d'énumérer, la succession appartient au conjoint survivant, c'est-à-dire au mari ou à la femme de la personne décédée ; et, après le conjoint survivant, à l'Etat. L'Etat vient recueillir la succession à défaut d'autre personne : la succession dévolue à l'Etat s'appelle *succession en déshérence.*

Formalités imposées aux successeurs irréguliers. — Tandis que les héritiers légitimes sont saisis de plein droit de la succession, et peuvent immédiatement se mettre en possession des biens, les successeurs irréguliers doivent remplir certaines conditions. Ils sont tenus de faire apposer les scellés, de faire faire inventaire; ils doivent se faire envoyer en possession par un jugement du tribunal de première instance dans le ressort duquel la succession s'est ouverte. Ce jugement est précédé de publications et d'affiches, afin d'avertir les héritiers légitimes, s'il en existe. Le successeur irrégulier, à la différence de l'héritier, n'est jamais tenu des dettes de la succession que jusqu'à concurrence des biens qu'il recueille.

Divers partis que l'héritier peut prendre relativement à la succession. — L'héritier appelé à une succession a trois partis à prendre : il peut accepter purement et simplement, renoncer, accepter sous bénéfice d'inventaire. L'acceptation pure et simple a pour conséquence de soumettre l'héritier au paiement des dettes, même au-delà des forces de la succession : si les dettes dépassent les biens de la succession, l'héritier qui a accepté purement et simplement peut être poursuivi sur ses biens personnels. Par la renonciation, l'héritier devient absolument étranger à la succession : il n'a plus droit aux biens qui la composent, mais il n'est tenu des dettes en aucune façon. Enfin, lorsqu'il accepte la succession sous bénéfice d'inventaire, l'héritier n'est tenu des dettes que jusqu'à concurrence des biens de la succession. L'héritier a, pour se décider sur le parti qu'il lui importe de prendre, un délai qui est de trois mois et quarante jours, à compter de l'ouverture de la succession.

Acceptation pure et simple; acceptation expresse et tacite. — L'acceptation pure et simple peut être expresse ou tacite : il y a acceptation expresse de la part de celui qui prend dans un acte la qualité d'héritier. L'acceptation tacite peut résulter de divers faits qu'il est nécessaire de préciser, à raison des conséquences graves qu'entraîne l'acceptation pure et simple. Tout acte fait par l'héritier et qu'il n'a droit de faire qu'en qualité d'héritier entraîne acceptation pure et simple. L'héritier qui vend des immeubles ou des valeurs mobilières dépendant de la succession, qui hypothèque un immeuble de la succession, fait acte d'héritier; il en est de même de celui qui vend ses droits dans la succession :

cette vente implique en effet la qualité d'héritier; celui qui détrourne des valeurs appartenant à la succession est par ce seul fait constitué héritier pur et simple. L'héritier peut, sans prendre qualité, faire les actes d'administration urgents et nécessaires.

Renonciation. — La renonciation à une succession se fait au greffe du tribunal de première instance du lieu où la succession s'est ouverte. Dans la pratique, la personne qni veut faire la renonciation se présente au greffe, assistée d'un avoué qui certifie son identité et sa signature. La renonciation rend celui qui l'a faite étranger à la succession, et cette succession est dévolue à ceux qui doivent la recueillir à défaut du renonçant.

Acceptation sous bénéfice d'inventaire. — L'acceptation sous bénéfice d'inventaire résulte, comme la renonciation, d'une déclaration faite au greffe du tribunal. L'héritier qui veut accepter bénéficiairement doit faire faire une inventaire fidèle et exact de tous les biens de la succession. L'héritier bénéficiaire n'est tenu des dettes que jusqu'à concurrence des biens composant la succession; mais son administration est soumise à certaines conditions : il ne peut vendre les immeubles qu'avec l'autorisation de la justice et les meubles qu'aux enchères publiques et avec les formalités prescrites pour ces sortes de ventes. Si l'héritier bénéficiaire fait un acte excédant ses pouvoirs, il est déchu du bénéfice d'inventaire, et devient héritier pur et simple. L'héritier bénéficiaire paye les dettes de la succession avec l'actif qu'il réalise, et il profite de ce qui reste, une fois les dettes payées.

Successions vacantes. — On appelle succession vacante celle qui n'est recueillie par aucun héritier ou successeur irrégulier, et que l'Etat lui-même n'appréhende pas. Dans ces circonstances, les créanciers ou autres personnes intéressées s'adressent au tribunal du lieu où la succession s'est ouverte, et lui demandent la nomination d'un *curateur à la succession vacante*. Le curateur représente la succession; il réalise l'actif, et doit déposer le prix provenant de la vente des meubles et des immeubles à la caisse des consignations; la répartition de l'actif entre les créanciers se fait par les voies judiciaires.

Du partage. — On appelle *indivision* ou *copropriété* l'état de plusieurs personnes qui sont propriétaires en commun d'une chose. L'état d'indivision est nuisible à l'administration des biens : il peut être une source de difficultés entre les copropriétaires ; aussi la loi a-t-elle posé le principe que les parties ont toujours le droit de sortir de cette situation, en provoquant un partage qui déterminera la part de chacun. On peut toutefois stipuler que l'indivision durera pendant un délai de cinq ans au plus.

Formes du partage. — Le partage, lorsque toutes les parties sont capables et présentes, peut se faire sans formalités particulières, par acte notarié ou sous seing privé. Lorsqu'il y a des incapables, mineurs ou interdits, ou des absents, le partage ne peut se faire que judiciairement. Le tribunal du lieu de l'ouverture de la succession renvoie pour le partage les parties devant un notaire qu'il désigne ; s'il y a des immeubles qui ne peuvent être partagés en nature, le tribunal en ordonne en même temps la vente ou *licitation*. Lorsque le notaire a procédé aux opérations du partage, on revient devant le tribunal pour faire homologuer son travail, ou faire juger les difficultés qui ont pu s'élever. Le principe qui domine la matière du partage est le principe d'égalité : on doit non-seulement composer, pour chacun des héritiers, des lots d'une valeur égale, mais encore y faire entrer, s'il se peut, des biens de même nature. Il faut en même temps éviter, autant que possible, de morceler les fonds et de diviser les exploitations. Les lots formés conformément à ces indications sont tirés au sort. Lorsque l'un des héritiers a, par le partage, moins des trois quarts de sa part, il peut demander la nullité du partage ; c'est ce qu'on appelle la *rescision pour lésion de plus du quart.* Les créanciers des héritiers peuvent former opposition au partage et y intervenir, pour éviter que ce partage ne soit fait au préjudice de leurs droits.

Des rapports. — L'héritier qui accepte une succession purement et simplement ou sous bénéfice d'inventaire doit faire le rapport à la succession de tout ce qu'il a reçu du défunt par donation ou par legs, à moins qu'il n'ait été expressément dispensé du rapport. La clause contenant dispense du rapport s'appelle *clause de préciput*. L'héritier ne peut donc, à moins d'être donataire ou légataire par préciput, cumuler le don ou le legs et sa part dans la succession : s'il veut conserver la libéralité, il faut qu'il renonce à la succession. Le rapport ne s'applique pas toutefois aux frais d'entretien, d'éducation, d'apprentissage, aux présents de noces ou autres cadeaux d'usage.

Paiement des dettes. — Les héritiers contribuent entre eux au paiement des dettes et charges de la succession dans la proportion de leur part héréditaire : l'héritier qui a droit à la moitié est tenu de contribuer aux dettes pour la moitié; celui dont la part est du quart doit payer le quart des dettes.

SECTION II.

DES DONATIONS ENTRE-VIFS ET DES TESTAMENTS.
(Code civil, livre III, titre II, art. 893 à 1100.)

Définition de la donation entre vifs et du testament. — Le Code civil ne reconnaît que deux espèces de dispositions à titre gratuit : la donation entre-vifs et le testament. La donation entre-vifs est un acte par lequel le donateur se dépouille actuellement et irrévocablement de la chose donnée en faveur du donataire qui l'accepte. Le *donateur* est celui qui fait la libéralité ; le *donataire*, celui qui la reçoit. La donation entre-vifs a un double caractère : elle confère un droit actuel, immédiat, au donataire, et le donateur ne peut la révoquer, c'est-à-dire priver le donataire de la chose donnée.

Le testament est défini : un acte par lequel le testateur dispose, pour le temps où il n'existera plus, de tout ou partie de ses biens, et qu'il peut révoquer. Le testament ne produit son effet qu'au jour de la mort du testateur, qui peut toujours changer ses dispositions, les révoquer purement et simplement, les remplacer par d'autres. On voit, par ces deux définitions, les différences essentielles qui existent entre la donation et le testament.

Notions sur la capacité nécessaire pour faire une donation ou un testament et pour recevoir par donation ou par testament. — La première condition pour faire un testament ou une donation est d'être sain d'esprit. Si la personne qui a fait la donation ou le testament n'avait pas, au temps de l'acte, la plénitude de son intelligence, la nullité du testament ou de la donation pourra être prononcée. Le mineur, jusqu'à seize ans, ne peut faire ni testament ni donation; après seize ans, il peut tester, mais seulement jusqu'à concurrence de la moitié des biens dont un majeur pourrait disposer. Le mineur ne peut disposer par testament au profit de son tuteur, et, devenu majeur, il ne peut faire de donation ou de testament au profit de celui qui a été son tuteur, avant que le compte de tutelle ait été rendu : on a craint que le tuteur, ou celui qui a été tuteur, n'abusât de son influence pour se faire faire des libéralités. Les ascendants du mineur, qui sont ou ont été tuteurs, échappent à cette incapacité. La femme mariée ne peut faire de donation sans l'autorisation de son mari ou de la justice, mais elle peut tester sans cette autorisation.

Pour être capable de recevoir par donation, il faut exister au jour de la donation; pour recevoir par testament, il faut exister au jour de la mort du testateur, car le testament ne produit son effet qu'à ce moment. Certaines personnes sont spécialement incapables de recevoir par donation ou par testament. Les enfants naturels ne peuvent recevoir de leurs père et mère au-delà de la part que la loi leur attribue dans la succession. Les libéralités par donation entre-vifs ou par testament, faites pendant la dernière maladie, au profit du médecin ou du ministre du culte qui traite ou assiste la personne dans le cours de cette maladie, sont nulles, sauf quelques exceptions. Les hospices, les pauvres d'une commune, les établissements d'utilité publique, ne peuvent recevoir par donation entre-vifs ou par testament qu'avec l'autorisation de l'autorité administrative.

De la portion de biens disponible et de la réserve. — La faculté de disposer par donation ou par testament n'est pas illimitée pour ceux qui laissent des enfants ou des ascendants. Une partie de la succession est assurée aux descendants ou aux ascendants : cette partie forme la réserve; les donations entre-vifs et les dispositions testamentaires ne peuvent excéder le surplus de la succession qui constitue la portion disponible. La réserve des enfants est ainsi établie : lorsqu'il y a un enfant, elle est de moitié, la quotité disponible est de moitié; quand il y a deux enfants, la réserve est des deux tiers, la quotité disponible est du tiers; lorsqu'il y a trois enfants ou davantage, la réserve est des trois quarts, et la quotité disponible est du quart. Pour les ascendants, la réserve est du quart pour chaque ligne, et de la moitié, s'il y a des ascendants dans la ligne paternelle et dans la ligne maternelle.

De la réduction. — Les dispositions qui excèdent la quotité disponible sont sujettes à réduction. La réduction peut être demandée par les héritiers au profit desquels la réserve est établie. La réduction porte d'abord sur les legs ou dispositions testamentaires : ils sont tous réduits proportionnellement, à moins que le testateur n'ait établi un ordre entre eux; elle s'étend ensuite, si cela est nécessaire, aux donations entre-vifs, en commençant par la plus récente, celle qui se rapproche le plus du décès, et ainsi de suite, jusqu'à ce que l'héritier ait en entier la portion de la succession qui lui est réservée.

Après ces règles générales, abordons l'étude des dispositions spéciales aux donations entre-vifs.

Formes des donations. — La donation est assujettie à des formes rigoureuses. Elle doit être reçue par un notaire assisté de deux témoins, ou par deux notaires; le donataire accepte la libéralité dans l'acte même de donation, ou dans un acte postérieur, passé également par-devant notaire; l'acceptation faite par acte postérieur à la donation doit être notifiée au donateur. Toutes ces formes sont rigoureusement exigées, et la donation serait nulle, si les parties ne les avaient point observées. Il faut ajouter une forme particulière aux donations d'immeubles : pour qu'elles produisent tout leur effet à l'égard des tiers, il est nécessaire qu'elles soient transcrites au bureau des hypothèques de l'arrondissement où sont situés les biens; la transcription consiste dans la copie de l'acte de donation sur un registre à ce destiné. Les donations d'objets mobiliers sont nulles, si elles ne sont accompagnées d'un état estimatif, signé du donateur et du donataire, et joint à l'acte de donation.

Irrévocabilité des donations. — La donation est irrévocable, c'est-à-dire que le donateur ne peut se réserver le moyen de reprendre à sa volonté ce qu'il a donné. La donation est nulle, toutes les fois qu'elle est faite sous des conditions dont l'accomplissement dépend de la volonté du donateur. Mais le principe de l'irrévocabilité de la donation ne fait pas obstacle à ce que le donateur stipule que les biens donnés lui reviendront, si le donataire, ou si le donataire et ses descendants meurent avant lui. Ce *droit de retour*, stipulé en cas de prédécès, ne dépend pas évidemment de la volonté du donateur, et dès lors n'est pas contraire au principe de l'irrévocabilité.

Exceptions à la règle de l'irrévocabilité des donations. — Trois exceptions sont admises au principe de l'irrévocabilité des donations : 1° la donation peut être révoquée, sur la demande du donateur, si le donataire n'exécute pas les conditions ou les charges sous lesquelles elle a été faite ; 2° les donations sont révocables pour ingratitude du donataire envers le donateur : il y a ingratitude, lorsque le donataire a attenté à la vie du donateur, lorsqu'il s'est rendu coupable envers lui de mauvais traitements, d'injures graves, enfin lorsque le donataire refuse de venir au secours du donateur qui est dans le besoin. La révocation pour ingratitude doit être demandée dans l'année à compter du jour où le donateur a connu le fait qui y donne lieu. La révocation pour ingratitude, de même que la révocation pour inexécution des conditions, doit être prononcée en justice ; 3° la donation, faite par une personne qui n'avait pas d'enfant vivant au jour de la donation, est révoquée, lorsqu'il survient un enfant au donateur : c'est la *révocation pour survenance d'enfant*. Cette révocation a lieu de plein droit, sans qu'il y ait besoin de la demander en justice; elle est fondée sur ce motif : que le donateur, s'il avait connu l'affection paternelle, n'aurait pas fait la donation.

Des testaments; diverses formes de testaments. — La personne qui veut faire son testament a le choix entre les trois formes que voici : le testament par acte public, le testament olographe et le testament mystique. Quelques détails sont nécessaires sur chacune de ces formes.

Testament par acte public. — Le testament par acte public est reçu par un notaire assisté de quatre témoins, ou par deux notaires assistés de deux témoins. Il doit être dicté par le testateur, et il en est donné lecture au testateur en présence des témoins. Les témoins doivent être du sexe masculin, majeurs, citoyens français, jouissant de leurs droits. On ne peut prendre pour témoins du testament les légataires, leurs parents ou alliés jusqu'au quatrième degré, non plus que les clercs des notaires par lesquels l'acte est reçu. Le testament serait nul si toutes les conditions prescrites par la loi n'étaient pas remplies.

Testament olographe. — Le testament olographe est la forme la plus simple de testament; il a cet avantage d'être absolument secret. Le testament olographe doit être écrit en entier, daté et signé de la main du testateur : il est valable si ces conditions sont observées; mais un seul mot écrit d'une main étrangère suffit pour en entraîner la nullité. L'absence de date et l'inexactitude de la date sont aussi des causes de nullité. La date consiste ordinairement dans l'indication du jour, du mois et de l'année où le testament est fait; mais le testateur pourrait dater autrement : ainsi un testament serait valablement daté du jour de Pâques 1868; tout ce que la loi exige en effet, c'est qu'il n'y ait pas d'incertitude possible sur le jour où le testament a été fait. Le testateur doit, pour éviter toute difficulté, signer et dater également les renvois, les additions qui ne font pas partie intégrante du testament. Le testament est valable bien qu'écrit sur papier non timbré : mais, lors de l'ouverture du testament, le droit de timbre est perçu avec une amende. Le testament olographe présente un inconvénient : il peut s'égarer, être détruit; il est donc prudent, pour en assurer la conservation, de le remettre entre les mains d'un notaire ou de toute autre personne ayant la confiance du testateur.

Testament mystique. — Le testament mystique présente une certaine complication : il convient particulièrement à ceux qui savent tout au plus signer, et qui craignent, en faisant un testament public, de faire connaître leurs dispositions à plusieurs personnes. Le testament mystique est écrit par le testateur ou par un tiers, mais signé par le testateur; puis le testament ou le papier qui lui sert d'enveloppe est clos ou scellé, et présenté par le testateur à un notaire assisté de six témoins. Le notaire dresse un acte appelé *acte de suscription.* Si le testateur n'a pu signer son testament, on appelle un témoin de plus à l'acte de suscription.

Testament des personnes qui ne peuvent signer, qui ne peuvent lire, qui ne peuvent parler. — Celui qui ne sait pas écrire ne peut tester en la forme olographe; il peut tester par acte public, et le notaire fera mention de la cause pour laquelle le testateur ne signe pas ; il peut aussi tester en la forme mystique, mais avec l'addition d'un septième témoin pour la rédaction de l'acte de suscription. Ceux qui ne savent pas lire ne peuvent tester que par acte public; le testament mystique ne peut être fait que par ceux qui savent ou peuvent lire. Enfin les personnes qui ne peuvent parler ont la faculté de tester en la forme olographe et en la forme mystique, si elles savent écrire : dans ce cas, le testament mystique doit être écrit en entier, daté et signé de la main du testateur. Celui qui ne peut parler est incapable de faire un testament par acte public, car il ne peut dicter ses dispositions

Dépôt des testaments olographes et mystiques. — Les testaments par acte public peuvent être mis à exécution après la mort du testateur, sans aucune formalité. A l'égard des testaments olographes et mystiques, certaines précautions sont prises pour en assurer la conservation et en constater l'état. A la mort du testateur, le testament olographe ou mystique doit être présenté au président du tribunal de première instance ; il est ouvert, s'il est cacheté ; le président dresse procès-verbal de son état, et ordonne qu'il sera déposé dans l'étude d'un notaire.

Dispositions que peuvent contenir les testaments. — Les testaments peuvent contenir trois sortes de dispositions : des legs universels, des legs à titre universel et des legs particuliers. Toutes les dispositions testamentaires se ramènent à ces trois types : et, quelles que soient les expressions employées par le testateur, il faudra rechercher, par la nature de la disposition, si c'est un legs universel, à titre universel, ou à titre particulier.

Legs universels. — Le legs universel est celui qui donne au légataire un droit éventuel à la totalité des biens compris dans la succession. Il peut arriver que le légataire universel n'ait pas tous les biens, parce qu'il y a des legs particuliers qu'il est obligé d'acquitter, ou parce qu'il subit un réduction à raison de la présence d'un héritier à réserve, mais le legs n'en est pas moins universel, car le légataire est appelé à recueillir tous les biens, à défaut de l'héritier à réserve et des autres légataires.

Droits et obligations du légataire universel. — Les droits du légataire universel sont réglés d'une manière différente, selon que le testateur a laissé ou n'a pas laissé d'héritiers à réserve. S'il y a un héritier ou des héritiers à réserve, enfants, ascendants, le légataire universel doit leur demander la délivrance de son legs ; les fruits que les biens ont pu produire lui sont acquis dès le jour du décès, si sa demande en délivrance a été formée dans l'année, sinon, il n'a droit aux fruits que du jour de la demande. Quand il n'y a pas d'héritier à réserve, le légataire universel a toujours droit aux fruits à compter du jour du décès ; il peut se mettre en possession des biens sans aucune formalité, si le testament est un testament par acte public ; et si le testament est olographe ou mystique, il doit se faire envoyer en possession des biens par une ordonnance du président du tribunal du lieu où la succession s'est ouverte.

Le légataire universel est tenu de payer les dettes de la succession ainsi que les legs. Il peut, pour éviter d'être tenu des dettes et des legs au-delà des forces de la succession, accepter le legs à lui fait sous bénéfice d'inventaire.

Legs à titre universel. — Le legs à titre universel est celui qui porte, ou sur une fraction de tous les biens, la moitié, le quart, ou sur tous les meubles, ou sur tous les immeubles, ou encore sur une fraction de tous les meubles ou de tous les immeubles. Le légataire à titre universel doit demander la délivrance de son legs aux héritiers ou au légataire universel; il est tenu au paiement des dettes et des legs en proportion de la part qu'il prend dans la succession.

Legs particulier. — Le legs particulier est tout legs qui ne rentre ni dans la définition du legs universel, ni dans celle du legs à titre universel : le legs d'une maison, d'un champ, d'une somme d'argent, est un legs particulier. Le légataire particulier doit demander la délivrance aux héritiers, au légataire universel ou à titre universel; il a droit aux fruits et aux intérêts de son legs seulement du jour de sa demande en délivrance, ou du jour où la délivrance lui a été consentie volontairement; par exception, il a droit aux fruits et aux intérêts à compter du jour du décès, lorsque le testateur l'a expressément ordonné, ou lorsqu'il s'agit du legs d'une rente viagère ou pension alimentaire. Le légataire particulier n'est pas tenu au paiement des dettes.

Frais de délivrance et enregistrement des testaments. — La succession doit, à moins de volonté contraire exprimée par le testateur, payer les frais de la demande en délivrance. L'enregistrement du legs, les droits de mutation qu'il entraîne sont au contraire à la charge du légataire; mais chaque légataire peut faire enregistrer séparément son legs, et demander l'exécution du testament en ce qui le concerne, sans avoir à se préoccuper des autres légataires.

Exécuteurs testamentaires. — Les exécuteurs testamenmentaires sont des personnes désignées par le testateur pour surveiller l'exécution de ses dispositions. Le testateur peut nommer un ou plusieurs exécuteurs testamentaires. Les exécuteurs testamentaires peuvent être investis, par une disposition formelle du testament, de la possession des valeurs mobilières de la succession, mais seulement pendant une année à compter du décès; l'année expirée, l'exécuteur testamentaire doit rendre compte de sa gestion. Dans tous les cas, les exécuteurs testamentaires doivent faire apposer les scellés, s'il y a lieu, faire procéder à l'inventaire, provoquer la vente du mobilier, s'il n'y a pas somme suffisante pour payer les legs, enfin veiller à ce que le testament soit exécuté; ils peuvent intervenir dans les contestations qui s'élèvent sur sa validité.

Révocation des testaments. — Le testament peut être révoqué par un acte notarié dans lequel le testateur déclare révoquer ses dispositions. La révocation peut résulter également d'un testament postérieur, qui contient une révocation formelle et expresse ou des dispositions inconciliables avec celles du premier testament. L'aliénation de la chose léguée, manifestant chez le testateur un changement de volonté, entraîne aussi la révocation. Le legs ne peut produire son effet, il est caduc, lorsque le légataire meurt avant le testateur, lorsque le légataire répudie le legs ou devient incapable de le recueillir, lorsqu'enfin la chose périt du vivant du testateur.

Après avoir ainsi parcouru la matière des legs, il nous reste à ajouter quelques détails sur des dispositions spéciales : substitutions, partages d'ascendants, donations par contrat de mariage, donations entre époux.

Substitutions. — On appelle substitution une disposition par laquelle le donateur ou testateur donne ou lègue à une personne, à la charge par celle-ci de conserver jusqu'à sa mort les biens donnés ou légués, et de les restituer à ce moment à un tiers que la disposition désigne. Les substitutions, fort usitées sous l'ancien régime, étaient un moyen de conserver les biens dans les familles. Elles sont interdites par le

Code civil. comme faisant obstacle à la libre circulation
les biens, et entraînant dans la pratique des affaires les plus
graves difficultés. Toute disposition, ayant le caractère d'une
substitution, est absolument nulle. Ce genre de dispositions
n'est permis que dans deux cas : 1° les pères et mères peuvent
disposer au profit de leur fils ou de leur fille, par testament ou
par donation, de la quotité disponible, à la charge par le donataire ou légataire de conserver et de rendre les biens à tous ses
enfants nés et à naître : 2° les frères et sœurs qui n'ont pas
d'enfants peuvent également, dans un testament ou une donation faite au profit d'un frère ou d'une sœur, lui imposer
l'obligation de conserver et de rendre les biens à ses enfants.
Le but de ces dispositions, permises ainsi par exception aux
pères et mères et aux frères et sœurs, est de conserver les
biens aux petits-enfants ou aux neveux, lorsqu'il est à craindre
qu'ils ne soient dissipés par leurs parents.

Partages d'ascendants. — Les ascendants peuvent faire,
de leur vivant, le partage de leurs biens entre leurs enfants,
par acte en forme de donation entre-vifs ou par testament.
Le partage est nul, s'il n'est pas fait entre tous les enfants
existant au jour du décès, ou s'il contient au profit de l'un
des enfants un avantage plus considérable que la loi ne le
permet. Le partage peut encore être attaqué si l'un des enfants a moins des trois quarts de la part à laquelle il avait
droit.

Donations par contrat de mariage. — Les donations par
contrat de mariage faites soit par des tiers aux époux, soit
par l'un des époux à l'autre, sont soumises à des règles
particulières. Elles sont subordonnées à la condition que le
mariage aura lieu; elles ne sont point assujetties à la nécessité d'une acceptation expresse et par acte authentique;
elles ne sont pas révocables pour ingratitude. On peut faire
par contrat de mariage des libéralités interdites partout ailleurs, ainsi des donations de biens à venir, des donations subordonnées à des conditions dépendant de la seule volonté
du donateur.

Donations entre époux pendant le mariage. — Les donations que les époux se font pendant le mariage sont essentiellement révocables : le donateur peut toujours changer de volonté, et retirer la libéralité qu'il a faite. La révocation n'est soumise à aucune forme.

Quotité disponible entre époux. — Certaines règles spéciales existent pour l'étendue des dispositions faites par l'un des époux à l'autre. Lorsqu'il y a des ascendants, les libéralités entre époux peuvent comprendre la quotité disponible ordinaire, c'est-à-dire la moitié ou les trois quarts, et en outre l'usufruit de la moitié ou du quart réservé aux ascendants. Lorsqu'il y a des enfants, l'époux ne peut disposer au profit de son conjoint que d'un quart en pleine propriété et d'un quart en usufruit ou de la moitié en usufruit; enfin, s'il y a des enfants d'un premier mariage, les libéralités au profit de la seconde femme ou du second mari ne peuvent excéder une part d'enfant, et, dans tous les cas, le quart, s'il y a moins de trois enfants.

CHAPITRE IV.

DES OBLIGATIONS ET DES DIFFÉRENTES ESPÈCES DE CONTRATS.

SECTION Ire.

NOTIONS GÉNÉRALES SUR LES OBLIGATIONS ET LES CONTRATS.

(Code civil, livre III, titres III et IV, art. 1101 à 1386.)

Définition et sources des obligations. — L'obligation est un lien de droit qui nous astreint envers une personne à donner, à faire ou à ne pas faire quelque chose. On appelle *créancier* celui au profit duquel existe l'obligation, *débiteur*, celui qui en est tenu. Les obligations naissent de cinq sources différentes : le contrat, le quasi-contrat, le délit, le quasi-délit et la loi. Le contrat est, parmi les causes d'obligations, la plus importante ; nous allons l'étudier tout d'abord.

Contrat ; définition. — La *convention* est l'accord de deux ou plusieurs personnes, dont la volonté se réunit pour produire un effet de droit. La convention prend le nom de contrat, lorsqu'elle a pour but de créer des obligations ou de transférer la propriété. L'élément essentiel du contrat est donc l'accord des volontés, le consentement.

Division des contrats. — Il y a plusieurs espèces de contrats. Les contrats sont *synallagmatiques*, lorsqu'ils engendrent des obligations réciproques, *unilatéraux*, lorsqu'ils n'engendrent d'obligation que d'un seul côté. La vente est un contrat synallagmatique, car elle fait naître des obligations pour le vendeur et pour l'acheteur ; le prêt est un contrat unilatéral, car, dans le prêt, l'emprunteur seul est obligé. On appelle *contrat de bienfaisance* celui dans lequel l'une des parties procure à l'autre un avantage gratuit : par exemple, le prêt sans intérêts. Le *contrat à titre onéreux* est celui qui est fait pour l'utilité commune de chacune des parties, dans lequel chacun fournit quelque chose, mais reçoit un équivalent : la vente est un contrat à titre onéreux. Enfin, les contrats sont *commutatifs* ou *aléatoires ;* dans le contrat commutatif, la situation de chacune des parties est déterminée au jour du contrat ; dans le contrat aléatoire, au contraire, le bénéfice ou la perte qui résultera du contrat pour l'une ou l'autre des parties dépend d'un événement ultérieur. Ainsi une personne place un capital à rente viagère : si le créancier vit très-longtemps, l'emprunteur fait une mauvaise affaire, éprouve une perte ; si, au contraire, le créancier meurt quelques jours après le contrat, le débiteur de la rente aura fait un bénéfice, puisqu'il conserve le capital, et qu'il n'a payé les arrérages que pendant un temps très-court.

Effets généraux des contrats. — Les conventions tiennent lieu de loi à ceux qui les ont faites, si elles réunissent les conditions de validité que nous examinerons dans un instant, et si elles ne sont pas contraires à la loi et aux bonnes mœurs. La partie qui a accepté une convention doit l'exécuter de bonne foi. Pour l'exécution et l'interprétation des conventions, on doit se préoccuper non-seulement des termes employés, mais surtout de l'intention des parties. L'exécution loyale et complète des conventions, le respect scrupuleux de la parole donnée sont, dans la pratique des affaires, de la nécessité la plus absolue. Sans ces qualités, la confiance et le crédit ne sont pas possibles : le commerçant ne peut trouver facilement du crédit, qu'autant que ceux qui traitent avec lui savent qu'ils peuvent compter sur sa parole, et qu'ils ont pour garantie son respect des engagements contractés.

Conditions essentielles de validité des contrats. — Quatre conditions sont essentielles pour la validité du contrat : le consentement des parties, leur capacité, un objet certain qui forme la matière de l'engagement, enfin une cause licite. Reprenons rapidement ces quatre conditions.

Consentement; vices du consentement. — Le consentement n'est point valable s'il a été donné par erreur, surpris par dol, extorqué par violence. L'erreur entraîne la nullité du contrat, si elle porte sur la substance de la chose qui en fait l'objet, c'est-à-dire sur la qualité essentielle que les parties ont eue en vue en contractant : ainsi un marchand me vend comme objet en or un objet en métal doré; c'est une erreur sur la substance de la chose qui annulera le contrat. L'erreur sur la personne avec laquelle on traite n'est une cause de nullité qu'autant que la considération de cette personne est la cause déterminante de la convention : par exemple, je commande un tableau à un peintre que je crois être un peintre en renom; celui avec qui j'ai traité n'est pas le peintre auquel j'avais l'intention de m'adresser : ici l'erreur sur la personne entraînera la nullité du contrat. La violence consiste dans des faits qui inspirent à celui qui contracte la crainte d'exposer sa personne ou ses biens, la personne ou les biens de son conjoint, de ses ascendants ou descendants, à un mal considérable. Le *dol* résulte de manœuvres employées par l'une des parties pour déterminer l'autre à contracter. Il y a une différence notable entre la nullité pour cause de violence et la nullité pour cause de dol : la nullité pour cause de violence peut être invoquée, quel que soit l'auteur de la violence, tandis que la nullité pour cause de dol ne peut être obtenue, que si les manœuvres frauduleuses sont imputables au cocontractant lui-même.

Capacité. — Il faut, en second lieu, pour que le contrat soit valable, que les parties aient la capacité de contracter. Les incapacités générales (nous laissons de côté les incapacités spéciales qui existent pour certains contrats) sont celles des femmes mariées, qui ne peuvent s'obliger en général sans l'autorisation du mari ou de la justice, des mineurs et des interdits. Ces incapacités étant établies dans le but de protéger l'incapable, lui seul peut invoquer la nullité qui en résulte ; celui qui a traité avec l'incapable ne peut se prévaloir de la nullité : il est lié par le contat, qui sera maintenu ou annulé selon l'intérêt de l'incapable.

De l'objet et de la cause. — Le contrat a pour objet une chose que l'une des parties s'oblige à donner, à faire ou à ne pas faire. Il faut que l'objet du contrat soit licite : un fait contraire à la loi ou aux bonnes mœurs ne peut être la matière d'un contrat. L'objet d'un contrat peut être une chose future : toutefois, pour éviter des conventions inconsidérées et conclues sans que la partie puisse se rendre compte de la valeur réelle de ce qui en fait l'objet, la loi défend tout pacte sur une succession non encore ouverte.

La cause est le motif immédiat pour lequel la partie s'oblige, le but qu'elle veut atteindre en contractant. L'obligation qui n'a pas de cause ou dont la cause est illicite est absolument sans effet.

Des dommages-intérêts. — L'inexécution par le débiteur de l'obligation qu'il a contractée, ou son retard à l'exécuter donne lieu à des dommages-intérêts. On appelle ainsi l'indemnité due au créancier pour le dédommager du préjudice que lui cause la non-exécution ou le retard dans l'exécution. Les dommages-intérêts ne sont dus qu'autant que l'inexécution est imputable au débiteur, et n'est pas la conséquence d'un fait de force majeure. Il faut en outre que le débiteur soit *en demeure*, c'est-à-dire en retard d'exécuter son obligation : le débiteur est constitué en démeure par une sommation d'avoir à accomplir son obligation ou par un acte équivalent. Le chiffre des dommages-intérêts peut être fixé à l'avance par la convention : c'est ce qu'on appelle la *clause pénale*. Lorsqu'il y a une clause pénale, les juges ne peuvent ajouter au chiffre fixé, et ils ne peuvent le diminuer que s'il y a eu exécution partielle. Lorsqu'il n'y a pas de clause pénale, le chiffre des dommages-intérêts est fixé par les tribunaux qui doivent s'attacher à un double élément : la perte que le créancier a éprouvé et le bénéfice qu'il a manqué de faire. Dans les obligations de sommes d'argent, le retard par le débiteur à payer ne peut jamais donner lieu qu'à la condamnation aux intérêts légaux, dont le taux est fixé à 5 0/0 en matière civile, et 6 0/0 en matière commerciale. Ces intérêts ne sont dus que du jour de la demande en justice.

Responsabilité à raison de la détention de la chose d'autrui. — Celui qui a entre les mains une chose appartenant à autrui doit apporter à la conservation de cette chose les soins d'un bon père de famille, c'est-à-dire d'un propriétaire soigneux et diligent; si la chose périt par sa faute, il doit des dommages-intérêts : la responsabilité au surplus s'apprécie plus ou moins rigoureusement selon la nature __ contrat.

Diverses espèces d'obligations; obligations conditionnelles. — On appelle conditionnelles les obligations dont le sort dépend d'un événement futur et incertain. La condition est *suspensive*, lorsqu'elle suspend l'existence de l'obligation. Je m'oblige à vous payer 1,000 francs, si tel navire arrive d'Amérique; je suis débiteur sous condition suspensive : si le navire arrive, je devrai les 1,000 francs; s'il n'arrive pas, l'obligation n'aura jamais existé. L'obligation sous condition résolutoire est celle qui cesse d'exister, qui est résolue, si un événement prévu se réalise. Je vends une chose à réméré, c'est-à-dire en me réservant pour un certain temps la faculté de reprendre la chose en remboursant le prix qui m'a été payé : c'est une vente sous condition résolutoire; si la condition se réalise par l'exercice du réméré, la vente sera **réputée** n'avoir

pas existé; dans le cas contraire, elle deviendra définitive.
Dans tous les contrats synallagmatiques, c'est-à-dire engendrant des obligations réciproques, la résolution peut être demandée par la partie qui a exécuté le contrat, si l'autre partie manque à ses engagements : ainsi le vendeur peut demander la résolution, si l'acheteur ne paye pas le prix de la vente. Cette résolution n'a pas lieu de plein droit : elle doit être prononcée par les tribunaux qui peuvent accorder au débiteur un délai pour l'exécution de ses engagements.

Obligations à terme. — Le terme est un certain temps pendant lequel l'exécution de l'obligation est retardée. J'emprunte 10,000 francs remboursables dans cinq ans : c'est une obligation à terme. Tant que le terme n'est pas échu, le créancier ne peut pas exercer de poursuites contre le débiteur. Le débiteur perd le bénéfice du terme lorsqu'il a fait faillite, ou lorsqu'il diminue les garanties qu'il avait promises au créancier. Lorsque, par suite de circonstances malheureuses, le débiteur ne peut s'acquitter envers le créancier, les tribunaux peuvent lui accorder un délai pour payer.

Obligations solidaires. — L'obligation solidaire est celle dans laquelle il y a plusieurs débiteurs, qui peuvent être poursuivis chacun pour le tout, de telle sorte toutefois que le paiement fait par l'un libère les autres. Pierre et Paul doivent 1,000 francs à Jacques sans solidarité : Jacques ne peut demander que 500 francs à Pierre et 500 francs à Paul; si au contraire Pierre et Paul sont débiteurs solidaires, Jacques pourra demander 1,000 francs à Pierre, ou 1,000 francs à Paul, de telle façon que, si l'un des deux est solvable, Jacques sera intégralement payé. La solidarité doit être expressément stipulée; mais la loi l'établit elle-même dans certains cas : c'est ainsi que tous ceux qui sont tenus au paiement d'une lettre de change ou d'un billet à ordre sont solidairement obligés envers le porteur du titre. Lorsque l'un des débiteurs solidaires a payé l'intégralité de la dette, il peut exercer son recours contre ses codébiteurs pour leur faire supporter leur part de la dette.

Extinction des obligations; divers modes. — Les obligations s'éteignent de différentes manières. Les modes d'extinction sont : 1° le *paiement*, ou exécution effective de l'obligation. Le paiement est le mode d'extinction le plus important, et nous aurons à y revenir bientôt; 2° la *novation*, qui consiste à substituer une nouvelle dette à la dette primitive, par changement de débiteur, de créancier, ou par changement d'objet; 3° la *remise de la dette*, ou abandon volontaire que le créancier fait de sa créance. La preuve de la libération du débiteur peut résulter de ce fait : que le créancier lui a remis le titre de sa créance, par exemple, le billet par lequel le débiteur s'était obligé; 4° la *compensation*, qui a lieu lorsque deux personnes sont respectivement créancières et débitrices l'une de l'autre. Pierre est créancier de Paul d'une somme de 1,000 francs; si Paul devient à son tour créancier de Pierre, les deux dettes se trouvent éteintes par compensation; 5° la *confusion*. Il y a confusion lorsque la même personne réunit la qualité de créancier et de débiteur : par exemple, le débiteur succède au créancier, ou réciproquement; 6° l'*effet de la condition résolutoire* qui anéantit l'obligation; 7° la *prescription;* lorsque, pendant un certain délai qui est le plus souvent de trente ans, le créancier n'a pas réclamé son paiement, n'a pas exercé de poursuites, le débiteur peut invoquer la prescription, dont le résultat est de le libérer; 8° la *nullité de l'obligation*, lorsque cette nullité est prononcée par un jugement; 9° l'*arrivée du terme*, lorsque l'obligation est limitée à un certain temps; 10° la *perte de la chose due*, pourvu que la perte soit arrivée par cas fortuit, et avant que le débiteur fût en demeure; en effet, la perte qui survient par le fait du débiteur, ou alors qu'il est en demeure, entraîne contre lui la condamnation à des dommages-intérêts.

Du paiement. — Le paiement peut être fait au créancier ou à quelqu'un ayant pouvoir de recevoir pour lui. Toute personne peut payer pour le débiteur et en son acquit; le tiers qui se présente ainsi pour payer en l'acquit du débiteur peut stipuler qu'il sera mis au lieu et place du créancier, subrogé à ses droits; c'est ce qu'on appelle *payer par subrogation*. Le débiteur ne peut forcer le créancier à recevoir autre chose que ce qui lui est dû, non plus qu'à accepter un paiement partiel. Régulièrement le paiement doit être fait en numéraire; néanmoins, des lois récentes ayant donné cours forcé aux billets de la Banque de France, le créancier ne pourrait refuser de les recevoir en paiement. La monnaie de billon ne peut être donnée en paiement que pour l'appoint de la pièce de cinq francs, c'est-à-dire jusqu'à concurrence de 4 francs 95 centimes. Si la dette était stipulée payable en monnaie étrangère, le débiteur devrait faire le paiement dans la monnaie convenue, ou tout au moins tenir compte au créancier du *change*, c'est-à-dire de la somme qu'il faudra débourser pour se procurer de la monnaie étrangère au lieu de la monnaie française.

Lorsque le créancier ne peut ou ne veut pas recevoir le paiement, le débiteur doit lui faire des *offres réelles*; les offres réelles se font par le ministère d'un huissier, qui présente au créancier la somme due; si les offres sont refusées, cette somme est consignée, déposée à une caisse spéciale, qu'on appelle *caisse des dépôts et consignations*. Les trésoriers payeurs généraux et les receveurs particuliers des finances sont, dans les départements, préposés de la caisse des consignations.

Engagements qui se forment sans convention. — Nous nous sommes occupé jusqu'à présent des contrats et des obligations qui en résultent : nous avons à parcourir maintenant des engagements d'une autre nature, dont le caractère commun est qu'ils se forment sans qu'il y ait eu de convention entre le créancier et le débiteur. Ces engagements naissent des quasi-contrats, des délits, des quasi-délits et de la loi. On entend par quasi-contrats certains faits volontaires et licites, qui font naître des obligations à la charge d'une seule des parties, ou même des obligations réciproques. Les deux applications les plus importantes du quasi-contrat sont la gestion d'affaires et le paiement de l'indu. Les délits et quasi-délits sont des faits illicites et causant un préjudice à une personne. Enfin certaines obligations naissent directement de la loi : par exemple, l'obligation du tuteur qui ne peut refuser la fonction qui lui est déférée, les obligations entre propriétaires voisins, relatives au mur mitoyen, au bornage, etc.

Quasi-contrats; gestion d'affaires; payement de l'indu. —Donnons quelques détails sur les deux cas de quasi-contrat que nous avons cités : la gestion d'affaires et le paiement de l'indu. Il y a gestion d'affaires, lorsqu'une personne gère spontanément l'affaire d'autrui. La gestion d'affaires ne doit pas être confondue avec le mandat : le mandat est un contrat, et suppose le consentement des deux parties; il y a mandat, lorsque je charge une personne de s'occuper de mes affaires. Si, au contraire, une personne, sans mon consentement, sans avoir été chargée par moi, gère utilement mes affaires, il y a quasi-contrat de gestion d'affaires. La gestion d'affaires entraîne des obligations pour l'une et pour l'autre des parties. Le gérant d'affaires doit apporter à la gestion les soins d'un bon père de famille; sa gestion terminée, il doit rendre compte. De son côté, celui dont l'affaire a été utilement gérée doit remplir les engagements contractés en son nom par le gérant d'affaires, et l'indemniser des dépenses qu'il a faites et qui ont été utiles.

Celui qui a payé par erreur ce qu'il ne devait pas peut en demander la restitution, exercer une action en répétition de l'indu. C'est encore un cas de quasi-contrat.

Délits et quasi-délits. — On appelle délit, en droit civil, un fait dommageable, illicite et commis avec intention de nuire; quasi-délit, un fait illicite, dommageable, mais commis sans intention mauvaise, par exemple, un acte d'imprudence ou de maladresse. Le fait de blesser volontairement une personne est, en droit civil, un délit; s'il y a blessures involontaires, blessures par imprudence, c'est un quasi-délit. L'auteur d'un délit ou d'un quasi-délit est responsable du dommage qu'il a causé. Lorsque plusieurs personnes ont participé au fait dommageable, elles sont solidairement tenues entre elles à la réparation du préjudice.

Responsabilité du fait d'autrui. — On est responsable

non-seulement du dommage que l'on cause personnellement, mais encore de celui qui résulte du fait de certaines
personnes. Les père et mère sont responsables du dommage causé par leurs enfants mineurs habitant avec eux ; les
maîtres et commettants, du dommage causé par leurs domestiques ou préposés, dans les fonctions auxquelles ils sont
employés ; les instituteurs et artisans, du dommage causé
par leurs élèves et apprentis, pendant le temps qu'ils sont
sous leur surveillance. La responsabilité des père et mère,
instituteurs et artisans cesse, s'ils prouvent qu'ils ont exercé
toute la surveillance qu'on pouvait attendre d'eux, et qu'ils
n'ont pu empêcher le fait dommageable. Le propriétaire d'un
animal, ou celui qui s'en sert, est responsable du dommage
causé par l'animal; le propriétaire d'un bâtiment est responsable du dommage causé par sa ruine, arrivée par suite du
défaut d'entretien ou d'un vice de construction.

Des preuves; à qui incombe la charge de la preuve. —
Le Code civil consacre, dans le titre des obligations, un
chapitre à la matière des preuves. Les dispositions de ce
chapitre ne sont point du reste spéciales aux obligations ;
elles s'appliquent à la preuve de tous les droits : propriété,
démembrements de la propriété, existence ou extinction des
obligations.

Et d'abord à qui incombe la charge de la preuve ? C'est à
celui qui réclame à son profit l'exécution d'un droit, qui
est demandeur, à prouver l'existence de ce droit; si le défendeur prétend que le droit est éteint, il doit établir le
moyen de défense qu'il invoque. Je prétends être créancier, je dois faire la preuve de ma créance : si je ne la fais
pas, je perdrai mon procès; mais la preuve de ma créance
faite, si le défendeur prétend avoir payé ou s'être libéré de
toute autre manière, c'est à lui à justifier de sa libération.

**Divers modes de preuve; preuve écrite ou littérale;
acte authentique.** — Le mode de preuve le plus sûr, le seul
qui soit admis en toute matière, c'est la preuve résultant
d'un acte écrit, la preuve littérale. L'acte destiné à faire
preuve peut être authentique ou sous seing privé. L'acte

authentique est celui qui est dressé par un officier public compétent avec les solennités requises : les actes de l'état civil, les actes notariés sont des actes authentiques. L'acte authentique fait par lui-même preuve de sa date; il ne peut être attaqué, quant aux faits attestés par l'officier public lui-même, que par la procédure spéciale appelée inscription de faux; certains actes authentiques, les actes notariés, peuvent être revêtus, comme les jugements, de la formule exécutoire, et entraînent par eux-mêmes l'exécution, c'est-à-dire la saisie des meubles ou des immeubles du débiteur.

Acte sous seing privé. — Les actes sous seing privé, ou sous signatures privées, ne présentent pas les mêmes caractères : ils ne peuvent faire preuve qu'autant que la signature est reconnue par celui à qui l'on oppose l'acte, ou, s'il la méconnaît, qu'autant qu'elle a été vérifiée; ils ne sont point exécutoires par eux-mêmes, et il faut, pour arriver à leur exécution, s'adresser à la justice; enfin ils n'ont date certaine à l'égard des tiers que par l'enregistrement, la mort de l'un des signataires, ou la relation de l'acte sous seing privé dans un acte authentique. Les actes sous seing privé sont soumis à certaines formes : s'ils constatent des conventions synallagmatiques, c'est-à-dire entraînant des obligations réciproques, ils doivent être faits en autant d'originaux qu'il y a de parties ayant un intérêt distinct, et chaque acte doit mentionner le nombre d'originaux. Ainsi une vente doit être rédigée en deux originaux : un pour le vendeur, un pour l'acheteur, et chacun des doubles doit porter cette mention : *Fait double*, etc. Les billets ou promesses, contenant obligation de payer une somme d'argent, doivent être écrits en entier de la main du débiteur, ou porter sa signature avec cette mention : *Bon* ou *Approuvé*, et la somme en toutes lettres. Certaines personnes, les marchands, artisans, laboureurs, gens de journées et domestiques, sont dispensées de cette formalité : leur simple signature suffit pour que le billet soit valable.

De la preuve testimoniale. — La preuve testimoniale n'est admise par la loi, en matière civile, qu'avec une grande circonspection : le législateur a craint les incertitudes, les difficultés de cette preuve et le danger de la subornation des témoins. La preuve testimoniale n'est possible qu'autant que l'objet du procès ne dépasse pas une valeur de cent cinquante francs, ou, au-dessus de cette somme, qu'autant qu'il existe un *commencement de preuve par écrit*, c'est-à-dire un écrit émané de celui contre lequel on demande à prouver, et qui rend vraisemblable le fait allégué par le demandeur. La preuve testimoniale est recevable aussi toutes les fois que le demandeur a été dans l'impossibilité de se procurer une preuve écrite, ce qui se présente notamment en matière de délits ou de quasi-délits. Dans les affaires de commerce, la preuve testimoniale est plus facilement admise : elle peut être employée devant les tribunaux de commerce dans tous les cas où ils jugent à propos d'y recourir. Le faux témoignage en matière civile ou commerciale est puni d'un emprisonnement de deux à cinq ans et d'une amende de cinquante francs à deux mille francs. Celui qui est condamné pour faux témoignage peut être privé de ses droits politiques, civils et de famille, et placé sous la surveillance de la police pendant cinq ans au plus. (*Code Pénal, art.* 363.)

Présomptions ; autorité de la chose jugée. — On appelle présomptions des inductions que la loi ou le magistrat tire d'un fait connu à un fait inconnu. Le juge peut se déterminer par les présomptions, lorsqu'elles sont graves, précises et concordantes, mais dans le cas seulement où la preuve testimoniale serait possible. Certaines présomptions sont établies par la loi elle-même : on les appelle *présomptions légales.* Les présomptions légales dispensent de toute preuve celui au profit duquel elles existent : nous avons vu que tout mur, construit dans certaines conditions, était présumé être mitoyen et appartenir aux deux voisins ; c'est là une présomption légale. Un autre cas de présomption légale fort important se présente à propos de l'autorité de la chose jugée. Comme il faut que les procès aient un terme, ce qui est définitivement jugé est reputé vrai, et la décision rendue ne peut être remise en question. Mais pour que cet effet se produise, il faut que l'objet du second litige soit le même que celui sur lequel il a été statué une première fois; il faut, en second lieu, que le procès s'agite entre les mêmes parties. En effet, l'autorité de la chose jugée est toute relative : les jugements n'ont d'effet qu'entre les parties qui y ont figuré, et si une personne qui n'a point été partie dans la première contestation renouvelle le débat, on ne peut lui opposer la chose jugée.

Aveu et serment. — En toute matière, l'aveu fait en justice prouve contre celui de qui il émane. Mais cet aveu ne peut être divisé : celui qui l'invoque doit le prendre tout entier, même dans ce qu'il peut avoir de défavorable à sa prétention.

Il y a un dernier mode de preuve, le serment : le serment est l'affirmation d'un fait devant la justice, en prenant Dieu à témoin; c'est un acte solennel, qui engage la conscience, et on ne doit prêter serment qu'avec une grande circonspection. Dans toute espèce de contestation le serment peut être déféré : celui qui défère le serment s'en rapporte ainsi à la bonne foi de son adversaire. Si celui à qui le serment est déféré le prête, il gagne son procès; s'il refuse de le prêter, il perd le procès. On appelle le serment déféré par l'une des parties à l'autre *serment décisoire*, parce qu'en effet la prestation ou le refus de serment entraîne la décision du procès. Les juges peuvent d'office déférer le serment à l'une ou à l'autre des parties dont la prétention, sans être complétement établie, présente cependant une certaine vraisemblance. Le faux serment, en matière civile, est puni d'un emprisonnement d'un an à cinq ans et d'une amende de cent francs à trois mille francs; le tribunal peut ajouter l'interdiction des droits civiques, civils et de famille et la surveillance de la police pendant cinq ans au moins et dix ans au plus. (*Code Pénal, art.* 366.)

SECTION II.

DU CONTRAT DE MARIAGE.

(Code civil, livre III, titre V, art. 1387 à 1581.)

Principes généraux sur le contrat de mariage. — Le contrat de mariage est le règlement de l'association conjugale quant aux biens. Il doit être fait par-devant notaire, avant la célébration du mariage par l'officier de l'état civil ; aucune modification ne peut être apportée au contrat durant le mariage. Les époux qui n'ont pas fait de contrat sont soumis au régime de la communauté légale. La plus grande liberté est laissée aux époux pour le règlement de leurs intérêts pécuniaires ; toutefois la loi a groupé les règles qui sont le plus souvent adoptées, et elle reconnaît quatre régimes matrimoniaux : le régime de la communauté, le régime dotal, le régime de séparation de biens et le régime exclusif de communauté.

Régime de communauté. — Ce qui caractérise le régime de communauté, c'est l'existence, outre les biens propres au mari et ceux propres à la femme, d'un troisième patrimoine qui forme la communauté. La communauté comprend tous les revenus des époux, les bénéfices qu'ils peuvent réaliser, et, dans certains cas, les biens meubles dont ils sont propriétaires au jour de la célébration du mariage. La communauté est administrée par le mari avec les pouvoirs les plus étendus : il a également l'administration, mais avec des pouvoirs plus restreints, des biens personnels de la femme. Si le mari fait de mauvaises affaires, la femme peut demander la séparation de biens et reprendre ainsi la gestion de sa fortune personnelle ; la séparation de corps entraîne toujours séparation de biens. Lorsque la communauté se dissout par la séparation de biens ou par la mort de l'un des époux, la femme ou ses héritiers peuvent renoncer à la communauté, et se soustraire ainsi au paiement des dettes dont elle est grevée. Si au contraire la communauté a réalisé des bénéfices, ces bénéfices se partagent entre le mari et la femme, ou leurs héritiers.

Régime dotal. — Le régime dotal est ainsi nommé parce que la *dot*, c'est-à-dire ce que la femme apporte au mari pour subvenir aux charges du mariage, est soumise, sous ce régime, à des conditions particulières. A moins de disposition contraire du contrat de mariage, la dot, sous le régime dotal, est inaliénable : le mari et la femme, conjointement ou séparément, ne peuvent disposer des biens dotaux, et les obligations contractées par la femme ne peuvent s'exécuter sur sa dot. Le mari a l'administration et la jouissance des biens dotaux : tous les fruits, tous les revenus qu'ils donnent lui appartiennent. Les biens que la femme ne s'est pas constitués en dot s'appellent *paraphernaux;* la femme en conserve l'administration et la jouissance, mais elle ne peut en disposer qu'avec l'autorisation du mari.

Régime de séparation de biens. — La femme peut, sous le régime de communauté ou sous le régime dotal, faire prononcer par les tribunaux la séparation de biens, lorsque la mauvaise administration du mari met ses intérêts en péril. Les époux peuvent aussi, dans leur contrat de mariage, adopter le régime de la séparation de biens. Lorsque les époux sont séparés de biens, chacun d'eux a la jouissance et l'administration de ses biens propres, et ils contribuent aux charges du mariage dans les proportions déterminées par la loi ou par le contrat.

Régime exclusif de communauté. — On appelle ainsi un régime sous lequel le mari a l'administration et la jouissance des biens personnels de la femme. S'il fait des économies sur les revenus, il en profite seul, puisqu'il n'y a pas de communauté. Ce régime diffère du régime dotal, en ce que les biens de la femme, sous le régime exclusif de communauté, ne sont pas inaliénables.

SECTION III.

DE LA VENTE ET DE L'ÉCHANGE.

(Code civil, livre III, titres VI et VII, art. 1582 à 1707.)

Nature et formes de la vente. — La vente est un contrat par lequel une personne, le *vendeur*, transfère ou s'oblige à transférer la propriété d'une chose à une autre personne, l'*acheteur*, qui s'oblige à payer le prix. La vente peut être prouvée par les divers modes de preuve, par acte authentique ou sous seing privé. Elle peut être sous condition suspensive ou résolutoire; elle peut être faite à l'essai; lorsqu'il s'agit du vin, de l'huile et d'autres choses que l'on est dans l'usage de goûter, la vente est, de plein droit, subordonnée à cette condition, que les choses vendues seront goûtées et agréées par l'acheteur. La promesse de vente est obligatoire et vaut vente, lorsque les parties sont d'accord sur la chose et sur le prix.

Transmission de la propriété. — La vente est parfaite et produit tous ses effets, lorsque les parties sont d'accord sur la chose et sur le prix, bien que la chose n'ait pas encore été livrée, ni le prix payé. Si la vente porte sur un objet certain et déterminé, une maison, un cheval, elle transfère immédiatement la propriété à l'acheteur. Pour les immeubles, l'effet complet de la vente est subordonné à une condition : il faut que le contrat soit transcrit, copié en entier au bureau des hypothèques de l'arrondissement dans lequel l'immeuble est situé. A défaut de cette *transcription* qui fait connaître la vente aux intéressés, elle n'est point opposable à ceux qui ont pu acquérir des droits sur l'immeuble, même postérieurement au contrat de vente. (*Loi du* 23 *mars* 1855.)

Qui peut acheter et vendre. — En principe, tous ceux auxquels la loi ne l'interdit pas peuvent acheter ou vendre. Outre les incapacités générales, il y a quelques incapacités particulières : la vente est, sauf de rares exceptions, interdite entre le mari et la femme; on a craint que les époux ne se fissent, sous la forme d'une vente, des libéralités qu'ils voudraient déguiser. Le tuteur ne peut acheter les biens du mineur ; le maire ne peut acheter des biens appartenant à sa commune ; le mandataire ne peut acheter les biens qu'il est chargé de vendre.

Quelles choses peuvent être vendues. — Toutes les choses qui sont dans le commerce, c'est-à-dire qui sont susceptibles d'entrer dans le patrimoine de l'homme, peuvent être vendues, à moins que des lois spéciales n'en aient prohibé l'aliénation. Nous citerons, comme exemple de choses qui ne peuvent être vendues, les biens faisant partie du domaine public de l'Etat. Le Gouvernement s'est réservé aussi le monopole de la vente de divers objets, notamment du tabac et de la poudre ; lui seul peut les vendre ou les faire vendre : le commerce en est interdit aux particuliers. On ne peut vendre non plus la succession d'une personne encore vivante, même avec son consentement. Enfin la vente de la chose d'autrui est nulle, car celui qui vend une chose qui ne lui appartient pas ne peut en transférer la propriété.

Obligations du vendeur ; délivrance de la chose vendue. — Le vendeur est tenu vis-à-vis de l'acheteur d'une double obligation : 1º il doit livrer la chose ; 2º il doit en garantir la possession à l'acheteur.

La délivrance consiste à mettre la chose en possession de l'acheteur : elle résulte de la remise des titres de propriété, ou de la remise des clefs, s'il s'agit d'un bâtiment. Le vendeur doit délivrer la contenance promise au contrat : si la vente a eu lieu à tant la mesure, il devra tenir compte, en déduction du prix dû par l'acheteur, du déficit sur la contenance, quelque minime qu'il soit. Lorsque la vente n'a pas eu lieu à tant la mesure, on n'a égard au déficit sur la contenance indiquée, qu'autant que ce déficit est au moins d'un vingtième, eu égard à la valeur de la totalité des biens compris dans la vente. Les demandes fondées sur des erreurs dans la contenance doivent être intentées, à peine de déchéance, dans l'année à compter du jour de la vente.

De la garantie. — Le vendeur garantit à l'acheteur la possession paisible de la chose vendue ; si l'acheteur est dépossédé de la chose en tout ou en partie, il y a ce qu'on appelle *éviction*, et l'acheteur doit être indemnisé du préjudice qu'il éprouve. Le vendeur peut également être tenu à la garantie à raison des défauts cachés de la chose vendue.

Garantie en cas d'éviction. — L'éviction peut consister dans la dépossession totale ou partielle de la chose vendue, ou dans la découverte, après la vente, de servitudes non apparentes qui n'ont pas été déclarées lors du contrat. Lorsque l'acheteur est évincé ou dépossédé de la totalité de la chose, le vendeur doit lui restituer la totalité du prix, les frais du contrat et tous autres faits par l'acheteur; il lui doit en outre des dommages-intérêts. Si la chose a augmenté de valeur depuis la vente, le vendeur doit indemniser l'acheteur de cette plus-value; il doit également lui tenir compte des dépenses qu'il a pu faire. On voit combien les conséquences de l'action en garantie peuvent être graves pour le vendeur. Lorsqu'il y a éviction partielle, le vendeur doit rembourser à l'acheteur la valeur de la partie de la chose dont il est privé, et, si cette partie est tellement importante que l'acheteur n'eût point acheté s'il avait su en être dépouillé, il peut demander la résiliation du contrat. Quand l'immeuble vendu se trouve grevé de servitudes non apparentes et qui n'ont pas été déclarées au contrat, l'acheteur peut, selon les circonstances, demander la résiliation ou une indemnité. L'acheteur, actionné par un tiers qui se prétend propriétaire de la chose vendue ou qui réclame sur cette chose un droit de servitude, doit avoir soin d'appeler son vendeur dans l'instance : autrement il courrait risque, si le vendeur établissait qu'il s'est mal défendu et qu'il a ainsi subi l'éviction par sa faute, de voir repousser sa demande en garantie.

Garantie des vices cachés. — Le vendeur est aussi tenu de la garantie à raison des défauts cachés de la chose vendue qui la rendent impropre à l'usage auquel elle est destinée, ou diminuent cet usage d'une manière préjudiciable à l'acheteur; il n'est pas tenu à raison des vices apparents et dont l'acheteur a pu se convaincre lui-même. Les défauts cachés, dont le vendeur est ainsi responsable, sont souvent désignés sous le nom de *vices rédhibitoires*. La garantie des vices rédhibitoires s'applique dans toute espèce de ventes, même dans les ventes d'immeubles. L'acheteur peut, lorsqu'il découvre un vice caché, demander ou la résiliation de la vente ou une diminution de prix; il a droit à des dommages-intérêts, dans le cas seulement où le vendeur était de mauvaise foi et connaissait le vice au moment de la vente. L'action en garantie, fondée sur les vices rédhibitoires, doit être formée dans un bref délai.

Loi du 20 mai 1838 sur les vices rédhibitoires. — Il existe une loi particulière, portant la date du 20 mai 1838, pour les vices rédhibitoires dans les ventes d'animaux appartenant à l'espèce chevaline, le cheval, l'âne et le mulet, à l'espèce bovine et à l'espèce ovine. Voici quelles sont les règles spéciales établies par cette loi : elle énumère pour ces sortes de ventes les vices rédhibitoires d'une manière limitative; elle supprime l'action en réduction de prix : l'acheteur, dans les ventes auxquelles s'applique la loi de 1838, peut seulement demander la résiliation. La loi fixe le délai dans lequel l'action doit être intentée : ce délai est de neuf jours en général; si l'acheteur ne peut, dans ce bref délai, former sa demande, il doit tout au moins, dans les neuf jours, demander au juge de paix du lieu où se trouve l'animal la nomination d'experts, chargés de constater l'état de l'animal ou des animaux vendus.

Obligations de l'acheteur; paiement du prix. — L'obligation principale de l'acheteur est le paiement du prix. Le prix consiste en une somme d'argent qui doit être déterminée par les parties lors du contrat : c'est un des éléments essentiels de la vente. L'acheteur doit payer le prix au jour fixé, et, s'il n'y a pas de terme indiqué, au jour de la délivrance. L'acheteur doit l'intérêt de son prix du jour de la vente, si cela a été ainsi convenu, ou si la chose vendue produit des fruits ou autres revenus; dans les autres cas, l'acheteur doit les intérêts du jour où il est sommé de payer. L'acheteur peut suspendre le paiement du prix, s'il est troublé, ou s'il a juste sujet de craindre d'être troublé dans la possession de la chose. Lorsque l'acheteur ne paye pas le prix à l'échéance, le vendeur peut demander et faire prononcer en justice la résolution du contrat.

Vente à réméré. — On appelle *faculté de rachat* ou *réméré* le pacte par lequel le vendeur se réserve de reprendre, dans un certain délai, la chose vendue, en restituant le prix. La vente à réméré est un moyen employé quelquefois pour se procurer de l'argent. Le réméré ne peut être stipulé pour plus de cinq ans. Si, dans le délai fixé, le vendeur veut exercer le réméré, il doit rembourser à l'acheteur le prix principal, les frais de la vente et les dépenses utiles que l'acheteur a pu faire. L'exercice du réméré a pour effet de résoudre le contrat, et de faire considérer la vente comme n'ayant jamais eu d'existence, à ce point que les droits qui ont pu être consentis par l'acheteur à réméré s'évanouissent. Le délai fixé pour le réméré étant expiré sans que le vendeur ait usé de cette faculté, l'acheteur devient définitivement propriétaire de la chose.

Rescision de la vente pour cause de lésion. — Celui qui vend un immeuble pour un prix qui est de plus des sept douzièmes inférieur à sa valeur réelle peut demander la nullité de la vente, à raison de la lésion, du préjudice grave qu'il a éprouvé : ainsi un immeuble qui vaut 120,000 francs est vendu moins de 50,000 francs, la rescision pour cause de lésion est possible. La loi a pensé que celui qui, sous l'empire d'une nécessité impérieuse, vendait ainsi à vil prix un immeuble, obéissait à une véritable contrainte morale qui altérait son consentement. Il faut bien remarquer que la rescision pour cause de lésion ne peut être invoquée que dans les ventes d'immeubles, et de la part du vendeur seulement : l'acheteur qui achète trop cher n'a pas le droit, s'il n'a pas été induit en erreur ou trompé par des manœuvres frauduleuses, de demander la rescision. La preuve de la lésion se fait par un rapport d'experts : si le demandeur fait juger qu'il y a lésion de plus des sept douzièmes, l'acheteur peut éviter la nullité de la vente en payant le supplément du juste prix, sous déduction d'un dixième. La rescision pour cause de lésion doit être demandée dans le délai de deux ans à compter du jour de la vente. Elle n'a pas lieu dans les ventes qui se font par autorité de justice.

Transport des créances et autres droits. — Les créances peuvent être l'objet d'une vente ; la vente d'une créance est souvent désignée sous le nom de *transport*. Pour que le transport produise tout son effet, il faut qu'il soit signifié au débiteur de la créance cédée, ou que le débiteur l'ait accepté expressément dans un acte authentique. Le débiteur qui, avant d'être averti par la signification de transport, paye le créancier primitif, est valablement libéré. La cession d'une créance fait passer au cessionnaire tous les droits du créancier. Celui qui cède une créance n'est garant que de l'existence de la créance : il faut une stipulation formelle pour qu'il soit garant de la solvabilité du débiteur. On peut également céder ses droits dans une succession ouverte : dans ce cas, le cédant ne garantit au cessionnaire que sa qualité d'héritier.

De l'échange. — L'échange diffère de la vente en ce que les parties se donnent respectivement une chose pour une autre, tandis que, dans la vente, le vendeur livre une chose, et l'acheteur paye une somme d'argent. Si la valeur des deux choses entrant dans l'échange n'est pas absolument égale, celui qui livre la chose ayant le moins de valeur ajoutera une somme en argent. Pierre échange une maison lui appartenant contre une maison appartenant à Paul : si la maison de Pierre vaut 20,000 francs et celle de Paul 15,000 francs, Paul payera à Pierre 5,000 francs en argent. Les règles de l'échange sont en général les mêmes que celles de la vente ; signalons toutefois les points suivants qui constituent des différences : le copermutant qui a déjà reçu la chose à lui donnée en échange peut se refuser à livrer la sienne, s'il prouve que l'autre contractant n'est pas propriétaire de la chose livrée : il doit seulement restituer cette chose ; le copermutant, évincé de la chose qu'il a reçue en échange, peut ou demander des dommages-intérêts, ou se faire rendre la chose ; enfin, la rescision pour cause de lésion n'a pas lieu dans le cas d'échange.

SECTION IV.

DU LOUAGE.

(Code civil, livre III, titre VIII, art. 1708 à 1831.)

Définition et division. — On distingue deux sortes de louage : le louage des choses et le louage d'ouvrage ou d'industrie. Le louage des choses est un contrat par lequel une personne s'engage à faire jouir une autre personne d'une chose, pendant un temps déterminé et moyennant un prix convenu. On appelle *bail à loyer* le louage des maisons et des meubles, *bail à ferme*, le louage des biens ruraux. Le *louage d'ouvrage ou d'industrie* est un contrat par lequel une personne loue ses services à une autre pour un certain temps, ou se charge d'exécuter un travail pour un prix convenu. L'engagement des domestiques et ouvriers, les contrats avec les voituriers qui font les transports par terre ou par eau, avec les entrepreneurs qui se chargent de l'exécution d'un travail, sont des applications du contrat de louage d'ouvrage. Il faut mentionner enfin le *bail à cheptel* qui a pour objet des animaux dont le produit se répartit entre le propriétaire et celui à qui il les confie.

Louage des choses; règles communes aux baux de tous les immeubles; preuve du contrat. — On peut louer par écrit ou verbalement, c'est-à-dire sans acte écrit. La preuve du louage, lorsqu'il est fait sans écrit, peut donner lieu à des difficultés : aussi est-il toujours prudent de rédiger ou de faire rédiger un bail écrit, qui peut du reste être sous seing privé ou passé par-devant notaire. Si le bail verbal n'a reçu aucune exécution, et que l'une des parties le nie, la preuve testimoniale n'est pas possible, et le seul mode de preuve admis est le serment déféré à celui qui nie l'existence du bail. Lorsque l'existence du bail n'est pas contestée, et qu'il y a seulement difficulté sur le prix, la preuve se fait par les quittances antérieures, et, s'il n'y a pas de quittance, le propriétaire en sera cru sur son serment, à moins que le locataire ne préfère provoquer une expertise pour déterminer la valeur de la location. Les frais de l'expertise seront à la charge du locataire, si l'estimation dépasse le prix qu'il a offert.

Obligations du propriétaire bailleur. — Le propriétaire, ou *bailleur*, doit livrer au preneur la chose louée, l'entretenir en état de servir à l'usage auquel elle est destinée, et en faire jouir paisiblement le preneur. Le bailleur doit délivrer la chose en bon état, et y faire pendant la jouissance les réparations nécessaires, à l'exception de certaines réparations, appelées *réparations locatives*, qui restent à la charge du preneur. Le preneur doit supporter les réparations urgentes que le bailleur est obligé de faire; mais si la durée des travaux excède quarante jours, le locataire a droit à une diminution proportionnelle de son loyer; si les réparations rendent inhabitable ce qui est nécessaire au logement du preneur et de sa famille, il peut demander la résiliation du bail.

Obligations du preneur. — Le preneur doit user de la chose en bon père de famille, suivant sa destination, et payer le prix du bail aux termes convenus. A défaut de paiement, le bailleur peut demander la résiliation. Le preneur répond, à l'égard du propriétaire, de l'incendie, à moins qu'il ne prouve que l'incendie provient d'un cas fortuit ou de force majeure tel que le feu du ciel, d'un vice de construction, ou qu'il a été communiqué par la maison voisine; s'il ne fait pas cette preuve, l'incendie est présumé provenir de sa faute. Lorsqu'il y a plusieurs locataires, ils sont solidairement responsables de l'incendie envers le propriétaire.

Le preneur a le droit de céder son bail ou de sous-louer, à moins que cette faculté ne lui ait été expressément retirée.

Comment finit le bail. — Si le bail est fait avec une durée déterminée, il cesse de plein droit à l'expiration du temps fixé; mais si, le bail étant expiré, le preneur reste en possession, il s'opère une *tacite reconduction*, une nouvelle location qui sera une location verbale et aura la durée déterminée par l'usage des lieux. Pour empêcher le preneur qui reste en jouissance après l'expiration du bail d'invoquer la tacite reconduction, le bailleur doit lui signifier un *congé*. Lorsque le contrat n'a pas été fait pour un temps déterminé, chacune des parties peut faire cesser la location, en prévenant l'autre un certain temps à l'avance : ce temps varie selon l'usage des lieux. A Paris, le délai du congé est de six mois pour les boutiques, trois mois pour les appartements au-dessus de 400 francs, six semaines pour les appartements au-dessous de 400 francs. L'échéance des termes a lieu tous les trois mois aux 1er janvier, 1er avril, 1er juillet et 1er octobre. Le locataire qui veut quitter les lieux, ou le propriétaire qui veut faire cesser la location à un terme, doit donner congé six mois, trois mois ou six semaines à l'avance.

Règles spéciales aux baux à loyer. — Le locataire d'une maison ou d'un appartement doit le garnir de meubles suffisants pour répondre au propriétaire du paiement du loyer. Il doit faire les réparations locatives ou de menu entretien, à moins qu'elles n'aient été occasionnées par vétusté ou force majeure.

Baux à ferme; divers systèmes d'amodiation. — Il n'est point inutile, avant d'examiner les règles du bail à ferme, de dire quelques mots des divers systèmes d'amodiation du sol. En premier lieu, le propriétaire peut cultiver lui-même : c'est ce qu'on appelle la *culture patriarcale.* Ce système est assurément le plus favorable : le propriétaire cultivateur est plus disposé qu'un fermier à améliorer la terre, et à faire dans le présent des sacrifices dont l'avenir le récompensera. Le second système est le système du bail à ferme qui consiste dans la cession à prix d'argent faite par le propriétaire, pour un temps déterminé, du droit d'exploiter les terres qui lui appartiennent. Pour que ce mode d'exploitation se concilie avec les intérêts de la production, il faut que les baux aient une durée assez longue pour déterminer ceux qui jouissent du sol à le ménager et à l'améliorer. Le troisième système est le *métayage*, sorte d'association entre le propriétaire et le cultivateur, qui se nomme *métayer* ou *colon partiaire*. Au lieu de recevoir un prix en argent, le propriétaire partage avec le cultivateur les produits récoltés, le plus souvent par moitié. Le métayage a des avantages : il donne au cultivateur une grande sécurité ; il intéresse le propriétaire à contribuer de ses deniers à l'amélioration de la culture ; mais on lui reproche certains inconvénients : le métayer, partageant avec le propriétaire le produit brut, néglige nécessairement les cultures qui réclament des frais de production considérables ; à ce point de vue, le métayage peut être un obstacle au progrès de l'art agricole : utile dans certaines contrées, il serait nuisible ailleurs.

Règles spéciales aux baux à ferme. — Le preneur d'un héritage rural doit le garnir des bestiaux et ustensiles nécessaires à l'exploitation, engranger dans les lieux à ce destinés, avertir le propriétaire des empiétements commis sur son fonds. Si le fermier ne remplit pas ces obligations, s'il cultive mal, s'il abuse de la chose, le bailleur peut faire prononcer la résiliation du bail. Lorsque la récolte est perdue en totalité ou au moins pour la moitié, par cas fortuit, le fermier a droit à une remise sur le prix du fermage. Le bail d'un fonds rural, fait sans durée limitée, est censé fait pour le temps nécessaire afin que le fermier récolte tous les fruits de l'héritage affermé. Pour faire cesser la location faite sans écrit et sans durée fixe, il faut un congé donné dans le délai fixé par l'usage. Le fermier sortant doit laisser à celui qui lui succède toutes facilités pour les travaux de l'année suivante ; et réciproquement, le fermier entrant doit donner à celui qui sort le moyen de faire les récoltes non terminées encore. Le fermier sortant doit aussi laisser les pailles et engrais de l'année, s'il les a reçus à son entrée en jouissance ; dans tous les cas, le nouveau fermier peut les retenir, d'après l'estimation qui en sera faite.

Notons une règle particulière au métayer ou colon partiaire : tandis qu'en règle générale le locataire ou fermier peut céder son droit, si la faculté de sous-louer ou de céder son bail ne lui a été expressément retirée, le métayer ou colon partiaire ne peut ni sous-louer, ni céder son droit, si cette faculté ne lui a été expressément accordée. Cette règle tient à ce que le propriétaire, se trouvant associé au métayer, a traité avec lui à raison de sa capacité, de ses qualités personnelles, ce qui exclut pour le métayer la possibilité de se substituer une autre personne.

Louage d'ouvrage; louage des domestiques et ouvriers. — On ne peut engager ses services que pour un temps limité ou pour une entreprise déterminée : un engagement perpétuel serait nul comme portant atteinte à la liberté de l'individu. Au surplus, les conditions de l'engagement des domestiques et ouvriers sont librement débattues et arrêtées entre les parties : le principe qui domine cette matière est le principe de la liberté du travail. Toutefois, des considérations d'intérêt général ont fait établir des dispositions particulières auxquelles sont soumis les patrons et les ouvriers : la durée du travail dans les manufactures et usines est déterminée par la loi; le travail des enfants dans les manufactures, l'apprentissage sont aussi réglementés **(1)**.

Voituriers par terre et par eau. — Le contrat qui intervient entre le voiturier et celui qui le charge d'un transport est également un contrat de louage d'ouvrage. Le voiturier est soumis à une responsabilité rigoureuse à raison des objets qui lui sont confiés : il répond de la perte ou de l'avarie, à moins qu'il ne prouve que la chose transportée **a péri ou** a été avariée par cas fortuit ou force majeure.

Devis et marchés. — On entend par devis et marchés les conventions par lesquelles un ouvrier ou entrepreneur se charge pour un prix déterminé d'exécuter un travail. Le maître peut résilier le marché à forfait, même après les travaux commencés, mais en indemnisant l'entrepreneur de ses dépenses, de son travail et du bénéfice qu'il aurait pu faire. Le contrat de louage d'ouvrage cesse par la mort de l'ouvrier, de l'architecte ou de l'entrepreneur. Les architectes et entrepreneurs sont responsables pendant dix ans de la construction qu'ils ont élevée ou dirigée. Lorsqu'un architecte ou entrepreneur s'est chargé d'une construction moyennant un prix à forfait, il ne peut demander aucune augmentation de prix,

---

(1) On trouvera des détails sur ces divers points dans nos *Éléments de Législation commerciale et industrielle*, chap. VII, p. 68 et suiv.

à moins que le propriétaire n'ait autorisé par écrit les modifications. Enfin les ouvriers employés par l'entrepreneur, maçons, charpentiers ou autres, ont action contre le propriétaire avec lequel l'entrepreneur a traité, mais seulement jusqu'à concurrence de ce qui est dû par le propriétaire à l'entrepreneur.

Du cheptel; différentes sortes du cheptel. — Le cheptel est un contrat par lequel l'une des parties donne à l'autre un fonds de bétail pour le garder, le nourrir et le soigner, sous les conditions convenues entre elles. On distingue plusieurs espèces de cheptel : le *cheptel simple*, dans lequel le preneur profite de la moitié du produit des animaux et supporte la moitié de la perte; le *cheptel à moitié*, sorte de société dans laquelle chacun des contractants fournit la moitié des bestiaux qui demeurent communs pour le profit ou pour la perte; le cheptel donné au fermier, ou *cheptel de fer*, par lequel le propriétaire d'une métairie la donne à ferme, à la charge qu'à l'expiration du bail le fermier laissera des bestiaux d'une valeur égale au prix de l'estimation de ceux qu'il aura reçus.

SECTION V.

DES SOCIÉTÉS.

(Code civil, livre III, titre IX, art. 1832 à 1873.)

Idées générales sur l'association. — L'association se présente dans notre état social avec des applications nombreuses et diverses. La famille est une association; la commune, l'État sont des associations; dans le droit commercial et civil, l'association prend une forme et un nom particulier : elle s'appelle société. L'association est un des éléments les plus puissants de prospérité industrielle et commerciale; toutes les grandes entreprises de travaux publics, d'industrie, de commerce, se créent à l'aide de l'association : là en effet où les ressources et le travail d'un seul ne suffiraient pas, la réunion des capitaux et des intelligences assure le succès.

Sociétés coopératives. — Nous devons, pour compléter ces notions générales, dire quelques mots d'une forme nouvelle d'association, qui est connue sous le nom de société coopérative. Les sociétés coopératives peuvent procurer des avantages sérieux aux classes ouvrières, augmenter leur bien-être, élever leur niveau moral : à ce titre, elles méritent l'intérêt et la sympathie de tous. Les sociétés coopératives se divisent en *sociétés de consommation*, *sociétés de crédit mutuel* et *sociétés de production*. Les sociétés de consommation ont pour objet l'achat de denrées ou de matières premières que la société revend ensuite en détail aux associés et même à des tiers. La société de consommation procure aux associés l'avantage de payer moins cher les objets achetés : elle peut même, si ses affaires prospèrent, leur donner des bénéfices. La société de crédit mutuel reçoit les épargnes des associés, ouvriers ou petits commerçants; elle escompte leurs billets, et leur assure ainsi le crédit qu'ils ne trouveraient pas dans les conditions ordinaires. Enfin la société de production est celle que forment entre eux des ouvriers réunis pour entreprendre par eux-mêmes des travaux. La société de production supprime l'entrepreneur : ou, pour mieux dire, les ouvriers eux-mêmes deviennent entrepreneurs. La loi nouvelle sur les sociétés du 24 juillet 1867 contient des dispositions spéciales relatives aux sociétés coopératives (1).

Définition du contrat de société; caractère des sociétés civiles. — La société est un contrat par lequel deux ou plusieurs personnes conviennent de mettre quelque chose en commun, dans le but de partager le bénéfice qui pourra en résulter. Cette définition indique les deux éléments essentiels du contrat de société, qui sont : un apport fourni ou promis par chacun des associés, apport qui peut consister en argent, en toute autre valeur ou en industrie, et l'intention de réaliser un bénéfice. Les sociétés sont civiles ou commerciales, selon que les opérations en vue desquelles elles se sont constituées sont civiles ou commerciales. Ainsi, la so-

(1) Voir nos *Éléments de Législation commerciale et industrielle*, p. 172.

ciété formée pour l'exploitation d'une maison de banque ou d'un fonds de commerce est une société commerciale; la société formée pour l'exploitation d'une mine est une société civile. Nous n'avons à nous occuper que des règles générales sur le contrat de société : on doit, pour les sociétés commerciales, les compléter par les dispositions du Code de commerce.

Différentes espèces de sociétés. — Les sociétés sont universelles ou particulières. La société universelle peut avoir une étendue plus ou moins grande : on distingue la *société universelle de tous biens présents*, dans laquelle les parties mettent en commun tous les biens meubles et immeubles qu'elles possèdent, ou dont elles deviendront propriétaires, à tout autre titre que par succession, donation ou legs, et la *société universelle de gains* qui comprend tout ce que les parties acquièrent par leur industrie pendant la durée de la société et les valeurs mobilières que chacun des associés possédait au jour du contrat. La *société particulière* est celle qui a pour objet l'exploitation d'une chose ou d'une industrie déterminée.

Engagements des associés entre eux. — L'associé est débiteur envers la société de tout ce qu'il a promis d'y apporter. Si l'apport consiste en argent, l'associé doit les intérêts du jour où la somme promise devait être payée ; il est responsable envers la société du dommage qu'il lui cause par sa faute, mais d'un autre côté, il doit être indemnisé des dépenses qu'il a faites, des obligations qu'il a contractées dans l'intérêt de ses coassociés. Si l'acte de société ne détermine pas la part de chacun dans les bénéfices et les pertes, cette part s'établit proportionnellement à la mise de chaque associé. L'apport en industrie, à défaut de stipulation expresse, est considéré comme égal à l'apport le plus faible en argent. La société serait nulle si la convention donnait à l'un des associés la totalité des bénéfices, ou l'affranchissait absolument de la contribution aux dettes : c'est ce qu'on appelle la *société léonine*.

Administration de la société. — L'associé qui est chargé de l'administration peut faire tous les actes nécessaires, pourvu qu'il agisse sans fraude : si ses pouvoirs lui ont été conférés par l'acte de société, ils ne peuvent lui être retirés que pour une cause grave et justifiée ; s'ils lui ont été donnés par acte postérieur, il n'est qu'un simple mandataire, et peut être révoqué à la volonté de ses coassociés.

A défaut de stipulations particulières sur le mode d'administration, voici les règles qui doivent être suivies : chacun des associés peut faire les actes d'administration, à moins que ses coassociés ne s'y opposent avant l'opération conclue ; chaque associé peut se servir des choses appartenant à la société, suivant leur destination, pourvu qu'il ne nuise pas aux intérêts de la société, et qu'il n'empêche pas ses coassociés d'en user ; chaque associé peut obliger ses coassociés à contribuer avec lui aux dépenses nécessaires pour la conservation des valeurs sociales. L'associé qui n'est point administrateur ne peut ni engager ni aliéner les valeurs mobilières ou immobilières qui dépendent de la société.

Engagements des associés envers les tiers. — Dans les sociétés non commerciales, les associés ne sont pas tenus solidairement des dettes contractées dans l'intérêt de la société ; ils n'en sont tenus que pour leur part. L'obligation contractée par l'un des associés, même pour le compte de la société, ne lie les autres associés qu'autant qu'ils lui ont donné pouvoir, ou que l'obligation a profité à la société : autrement l'associé qui a traité est seul obligé.

Comment finit la société. — La société finit : 1º par l'expiration du temps pour lequel elle a été contractée, par la perte de la chose ou la consommation de la négociation en vue de laquelle elle s'est formée ; 2º par la mort de l'un des associés ou par son interdiction. On peut convenir que la société continuera à la mort de l'un des associés, soit entre les associés survivants, soit même avec les héritiers de l'associé décédé ; 3º lorsque la société est contractée sans durée fixe, chacun des associés peut la faire cesser, pourvu qu'il agisse de bonne foi. Quand la société a une durée limitée, elle ne peut être dissoute, avant le terme, que pour des motifs graves :

par exemple, lorsque l'un des associés manque à ses engagements, ou qu'une infirmité habituelle le rend incapable de s'occuper des affaires de la société ; la dissolution est en ce cas prononcée par les tribunaux.

SECTION VI.

DU PRÊT.

(Code civil, livre III, titre X, art. 1874 à 1914.)

Diverses espèces de prêts. — On distingue deux sortes de prêts : le prêt à usage ou *commodat*, et le prêt de consommation. Le prêt à usage est un contrat par lequel le prêteur livre une chose à l'emprunteur pour s'en servir, à la charge par ce dernier de la rendre après s'en être servi : dans le prêt à usage, le prêteur reste propriétaire de la chose prêtée ; c'est un contrat essentiellement gratuit. Le prêt de consommation est un contrat par lequel le prêteur livre à l'emprunteur une certaine quantité de choses qui se consomment par l'usage, à charge par l'emprunteur de les rendre en égale quantité et qualité. L'emprunteur devient propriétaire des choses prêtées ; il peut en disposer comme il l'entend, et il est tenu de restituer non ce qu'il a reçu, mais une valeur équivalente. On me prête un cheval : c'est un prêt à usage ; je me servirai de ce cheval, et le rendrai ensuite à son propriétaire. On me prête une somme d'argent, cette somme d'argent entre dans ma caisse, je l'emploie comme je l'entends, et je restituerai, non pas les pièces d'argent qui m'ont été remises, mais une somme égale à celle qui m'a été prêtée : il y a alors prêt de consommation.

Prêt à usage ; obligations de l'emprunteur. — L'emprunteur doit veiller avec le plus grand soin à la conservation de la chose prêtée ; il ne peut s'en servir que pour l'usage déterminé par la nature de la chose ou par la convention. Il ne répond pas des détériorations survenues par le simple usage de la chose et sans aucune faute de sa part. Au terme fixé, l'emprunteur doit restituer la chose prêtée.

Obligations de celui qui prête à usage. — Celui qui prête à usage peut se trouver engagé envers l'emprunteur dans deux cas : en premier lieu, lorsque l'emprunteur a été obligé, pour conserver la chose, de faire des dépenses nécessaires et tellement urgentes qu'il n'a pu en prévenir le prêteur, celui-ci doit le remboursement de la dépense; en second lieu, le prêteur est responsable si la chose prêtée a des défauts tels qu'elle puisse causer préjudice à celui qui s'en sert, et si, connaissant le vice de la chose, le prêteur n'en a pas averti l'emprunteur.

Prêt de consommation; obligations qui en résultent. — Le prêt de consommation est celui qui se présente le plus fréquemment : le prêt d'une somme d'argent, de denrées, est un prêt de consommation. L'emprunteur doit rendre les choses prêtées en même qualité et quantité, au terme convenu, ou en payer la valeur en argent. Si un terme n'a pas été fixé pour la restitution, les tribunaux peuvent accorder un délai à l'emprunteur; s'il a été convenu que l'emprunteur paierait quand il le pourra, il y a lieu également de lui fixer un terme de paiement plus ou moins éloigné, selon les circonstances.

Prêt à intérêt; caractère et légitimité de l'intérêt. — Le prêt à usage est essentiellement gratuit; dans le prêt de consommation, au contraire, qu'il ait pour objet de l'argent ou des denrées, il est permis de stipuler des intérêts. L'intérêt est le prix du loyer de l'argent prêté : celui qui loue un objet quelconque, une machine, un animal, a droit à une rémunération, qui est le prix de la location; de même, celui qui prête un capital peut en retirer un intérêt. L'intérêt représente d'abord la privation que s'impose le prêteur qui s'est dessaisi de son capital, et ensuite le risque qu'il court en cas d'insolvabilité de l'emprunteur : à ce second point de vue, l'intérêt constitue une sorte de prime d'assurance.

Taux de l'intérêt. — L'argent, ayant les caractères d'une marchandise comme une autre, devrait être soumis à la loi de l'offre et de la demande : il s'ensuivrait que l'intérêt serait plus ou moins élevé selon l'abondance plus ou moins grande des capitaux, selon que la solvabilité de l'emprunteur serait plus ou moins assurée. On arriverait ainsi à ce résultat qui est admis par la plupart des économistes : que la fixation du taux de l'intérêt doit être laissée à la libre convention des parties, de même que, dans la vente ou dans le louage, le prix est librement débattu et déterminé entre les contractants. Cette question de la liberté du taux de l'intérêt a été l'objet en 1864 d'une enquête au conseil d'État, et l'opinion qui paraît avoir prévalu est favorable à la liberté. L'Angleterre, les États-Unis, la Hollande, l'Italie, nous ont précédés dans cette voie, et admettent la liberté du taux de l'intérêt.

Limitation du taux de l'intérêt; loi de 1807. — Nous sommes encore régis aujourd'hui par une loi du 3 septembre 1807, qui limite le taux de l'intérêt. En 1807, on était surtout frappé des inconvénients que pouvaient présenter les gros intérêts et de la contrainte que le prêteur pouvait exercer sur l'emprunteur pour lui faire accepter des conditions ruineuses. La loi du 3 septembre 1807 ne permet pas de convenir d'un intérêt qui dépasse l'intérêt légal, 5 0/0 en matière civile, 6 0/0 en matière commerciale. Si le prêt est fait à un taux plus élevé, l'emprunteur peut demander la réduction des intérêts à ce taux et même la restitution de ce qu'il a payé en trop. En outre, celui qui se livre habituellement à des prêts faits au-dessus de l'intérêt légal commet un délit, le *délit d'habitude d'usure*, qui est puni par les tribunaux correctionnels d'une amende et d'un emprisonnement.

De la rente; définition. — La rente est le droit d'exiger d'une personne des prestations périodiques appelées *arrérages*. La rente peut être constituée au moyen d'un capital en échange duquel le débiteur sert les arrérages; à ce point de vue, la constitution de rente se rapproche du prêt. Il y a toutefois une différence essentielle entre le prêt proprement dit et la constitution de rente : le crédirentier, celui qui a fourni le capital, ne peut en principe jamais exiger le remboursement, tant que le débiteur paie exactement les arrérages; au contraire, celui qui prête peut, à l'échéance, demander que le débiteur lui rende la somme prêtée. Le débiteur d'une rente ne peut être contraint au remboursement que s'il cesse pendant deux ans de remplir ses obligations, de payer les arrérages, s'il tombe en faillite ou fait de mauvaises affaires. Le débiteur peut toujours, si cela lui convient, éteindre la rente en remboursant le capital; on peut seulement convenir que le remboursement ne pourra être fait avant un délai de dix années. La rente ne peut être constituée à un taux qui excède l'intérêt légal.

Distinction des rentes perpétuelles et viagères. — Les règles que nous venons de parcourir s'appliquent aux rentes perpétuelles, c'est-à-dire constituées sans détermination de durée. On oppose aux rentes perpétuelles les rentes viagères, qui sont constituées de telle manière que le créancier n'a le droit d'exiger les arrérages que pendant sa vie, ou pendant la vie d'un tiers. Dans la constitution de la rente viagère, le capital fourni par le créancier est définitivement aliéné : le créancier ne peut exiger, et le débiteur ne peut offrir le remboursement. La rente viagère, à raison des conditions aléatoires qu'elle présente, peut être constituée à un taux plus élevé que le taux de l'intérêt légal.

Rentes sur l'Etat; notions du crédit public. — Nous devons, pour compléter cette matière, dire quelques mots des rentes sur l'Etat. L'Etat emprunte de deux manières différentes : il se procure des fonds au moyen de capitaux qu'il s'oblige à rembourser dans un délai plus ou moins éloigné; c'est ce qui constitue la *dette flottante*, représentée en grande partie par des titres appelés *bons du Trésor*. On oppose à la dette flottante la *dette consolidée*. L'Etat, à diverses reprises, a emprunté aux particuliers, à la condition expresse de n'acquitter qu'une rente annuelle, et de n'être en aucun temps obligé de rembourser : tel est le caractère des rentes sur l'Etat. Les emprunts ainsi réalisés par l'Etat l'ont été, soit par des conventions faites avec des banquiers qui fournissaient à l'Etat la somme dont il avait besoin, et recevaient en échange des titres de rente qu'ils plaçaient dans le public, soit directement par souscription publique. Ce dernier mode d'emprunt est celui qui prévaut aujourd'hui. Les rentes ont été constituées au taux de 5 0/0, 4 0/0, 3 0/0 ; c'est-à-dire que, pour un capital nominal de cent francs, on a cinq, quatre ou trois francs de revenu; nous disons capital nominal, car la rente est en général émise à un taux inférieur : on dit qu'elle est au-dessous du pair, lorsqu'elle n'atteint pas le chiffre du capital nominal. L'Etat, usant de la faculté de rachat qui appartient toujours au débiteur d'une rente, a, en 1852, offert aux rentiers leur remboursement ou la réduction de l'intérêt de 5 à 4 1/2 0/0 : les rentes 5 0/0 qui existaient alors se sont ainsi transformées en 4 1/2 0/0. Une caisse d'amortissement, alimentée par des ressources spéciales, est destinée à procurer la réduction successive de la dette publique. La caisse d'amortissement rachète des rentes, les conserve, et capitalise les arrérages pour en racheter de nouvelles. Par suite des charges nouvelles imposées au pays par les événements de ces dernières années, une nouvelle et considérable émission de rentes a eu lieu : les derniers emprunts ont été faits en rentes 5 0/0.

Les rentes sont *nominatives*, lorsque le nom du titulaire est porté sur le grand livre de la dette publique ; les rentes nominatives ne peuvent être aliénées qu'au moyen d'un acte appelé *transfert*. La rente est *au porteur* lorsque le titre délivré par le Trésor ne porte pas le nom du titulaire; les rentes au porteur se négocient à la Bourse par le ministère des agents de change.

SECTION VII.

DU DÉPOT.

(Code civil, livre III, titre XI, art. 1915 à 1963.)

Définition et division. — Le dépôt est un contrat par lequel on reçoit une chose appartenant à autrui, à la charge de la garder et de la restituer en nature. Il y a deux espèces de dépôt : le dépôt proprement dit et le séquestre ; le dépôt proprement dit se divise en dépôt volontaire et dépôt nécessaire.

Dépôt volontaire. — Le dépôt volontaire se forme par le consentement réciproque de celui qui fait le dépôt et de celui qui le reçoit; le dépôt est un contrat gratuit. Le dépositaire doit apporter à la garde de la chose déposée les mêmes soins qu'il apporte à la garde des choses qui lui appartiennent; il ne peut s'en servir sans la permission du déposant; il doit rendre identiquement la chose même qu'il a reçue. Le déposant doit tenir compte au dépositaire des dépenses nécessaires qu'il a faites pour la conservation de la chose et de la perte que le dépôt peut lui avoir occasionnée.

Dépôt nécessaire. — Le dépôt nécessaire est celui qui a été occasionné par quelque accident, incendie, ruine, inondation ou autre. La preuve par témoins est toujours possible pour le dépôt nécessaire, tandis que le dépôt volontaire ne peut être prouvé par témoins que s'il s'agit d'une valeur inférieure à 150 francs. On assimile au dépôt nécessaire le dépôt que fait un voyageur dans un hôtel ou une auberge des effets qn'il y a apportés : l'aubergiste ou. hôtelier est responsable du vol de ces effets et du dommage qui y est causé. Les demandes formées par les voyageurs, à raison de la perte ou de l'avarie des effets déposés dans l'hôtel ou dans l'auberge, doivent êtré portées devant le juge de paix, si la somme réclamée ne dépasse pas 1,500 francs.

Du séquestre; séquestre conventionnel ou judiciaire. — Le séquestre est le dépôt entre les mains d'un tiers d'une chose qui fait l'objet d'une contestation. Le séquestre conventionnel a lieu lorsque les parties entre lesquelles existe le litige s'accordent pour remettre la chose entre les mains d'une personne qui la restituera, la contestation terminée, à celui qui aura eu gain de cause. Le séquestre peut ne pas être gratuit. Le séquestre judiciaire est celui qui est ordonné par la justice : les tribunaux peuvent recourir à cette mesure dans plusieurs cas, notamment lorsque la propriété ou la possession d'une chose mobilière ou d'un immeuble fait l'objet d'un procès entre deux ou plusieurs personnes. Le séquestre judiciaire est choisi par les parties, ou désigné d'office par le juge.

SECTION VIII.

DES CONTRATS ALÉATOIRES.

(Code civi., livre III, titre XII, art. 1964 à 1983.)

Définition; énumération des principaux contrats aléatoires. — On appelle contrats aléatoires ceux dont le résultat, quant au bénéfice ou à la perte, dépend d'un événement incertain. Les principaux contrats aléatoires sont : le *contrat de rente viagère,* le *contrat d'assurance* et le *prêt à la grosse aventure,* sorte de prêt fait par une personne sur un navire ou sur les marchandises qui y sont chargées; le prêteur à la grosse ne peut exiger le remboursement, si le navire périt. Il faut ajouter à cette énumération le jeu et le pari : mais en général les opérations qui ont le caractère de jeu ou de pari ne peuvent donner lieu à une action en justice; le gagnant ne peut réclamer ce qui lui est dû, ni le perdant répéter ce qu'il a volontairement payé. On excepte de cette disposition les jeux qui tiennent à l'adresse et aux exercices du corps, courses à pied ou à cheval, courses de chariots. Occupons-nous spécialement de la rente viagère et des diverses formes du contrat d'assurance.

Rente viagère ; conditions requises pour la validité du contrat. — Nous avons déjà vu que la rente viagère est celle qui est constituée sur la tête et pendant la vie d'une personne, de telle sorte qu'à sa mort le droit de réclamer les arrérages est éteint. Le caractère aléatoire de la rente viagère est manifeste : la charge est plus ou moins lourde pour le débiteur, selon la durée plus ou moins longue de la vie de celui sur la tête duquel la rente est constituée. La rente viagère peut être constituée sur la tête du créancier, sur la tête d'un tiers, ou sur plusieurs têtes successivement. La rente viagère peut être constituée gratuitement, ou moyennant un capital fourni par le créancier. Le contrat est nul, si la rente viagère est créée sur la tête d'une personne déjà morte, ou atteinte d'une maladie dont elle meurt dans les vingt jours qui suivent la date du contrat.

Effets du contrat. — Le créancier d'une rente viagère ne peut demander la restitution du capital qu'il a fourni, et, de son côté, le débiteur ne peut se libérer du paiement de la rente, quelque onéreux qu'il soit, en remboursant le capital : autrement, l'une des parties priverait l'autre des chances favorables qu'entraîne pour elle le contrat. Lorsque le débiteur ne paie pas les arrérages, le créancier a seulement le droit de le contraindre à faire emploi d'une somme suffisante pour assurer le service des arrérages. Le créancier d'une rente viagère ne peut exiger le paiement des arrérages qu'en justifiant de son existence ou de celle du tiers sur la tête duquel la rente est constituée ; cette justification se fait au moyen d'un acte appelé *certificat de vie*, qui est dressé par un notaire.

Contrat d'assurance ; applications diverses. — L'assurance est un contrat qui a pour but d'indemniser une personne du dommage résultant pour elle d'un événement fortuit. Les risques qui font le plus ordinairement l'objet de l'assurance sont l'incendie, la mortalité des bestiaux, les ravages de la grêle : ce sont les assurances connues sous le nom d'*assurances terrestres*. Il faut y ajouter les *assurances sur la vie*, conventions qui garantissent du préjudice que le décès d'une personne peut causer à sa famille ou à des tiers, à un créancier par exemple. Une autre application importante du contrat d'assurance est l'*assurance maritime* qui rentre dans le droit commercial et dont nous n'avons pas à traiter ici.

Distinction des assurances mutuelles et des assurances à prime. — L'assurance peut être contractée sous la forme d'une assurance mutuelle ou d'une assurance à prime. L'assurance mutuelle suppose une réunion de personnes qui mettent en commun leurs risques, et s'obligent à supporter, proportionnellement à leur intérêt, le préjudice qu'éprouvera chacun des associés. Dans l'assurance mutuelle, l'assuré a à payer une somme fixe pour frais d'administration ; mais, s'il n'y a pas de sinistre, il n'aura rien à débourser de plus ; s'il y a des sinistres, la somme qu'il aura à payer sera plus ou moins considérable selon leur importance. La somme payée à la victime du sinistre se répartit entre les diverses personnes qui participent à l'assurance, proportionnellement à la valeur assurée par chacune d'elles. La mutualité est souvent employée pour l'assurance contre l'incendie ; elle est presque seule usitée pour l'assurance contre la grêle. L'assurance à prime est celle dans laquelle une des parties qu'on appelle *assureur* se charge, moyennant une somme convenue, ou *prime*, d'indemniser l'autre partie, l'*assuré*, du dommage qui fait l'objet de l'assurance. Dans l'assurance à prime , la somme que l'assuré a à payer est déterminée au moment du contrat, qu'il y ait ou qu'il n'y ait pas de sinistre. Les assurances à prime sont faites le plus souvent, non par des particuliers, mais par des sociétés ou compagnies d'assurance.

Obligations de l'assureur et de l'assuré. — L'assuré doit déclarer exactement et complétement tout ce que l'assureur a intérêt à connaître : la réticence ou omission d'un fait que l'assureur a intérêt à connaître entraine la nullité du contrat. L'assuré doit payer la prime, ou, si l'assurance est mutuelle, la somme qui représente sa part dans les sinistres ; il doit faire connaître le sinistre à l'assureur, et sauver tout ce qui peut être sauvé. Quant à l'obligation de l'assureur, elle consiste à indemniser l'assuré du dommage qui fait l'objet de l'assurance.

Assurances sur la vie ; combinaisons diverses. — Les combinaisons du contrat d'assurance sur la vie sont nombreuses : elles reposent toutes sur des calculs ingénieux de probabilité faits au moyen de tables de mortalité. Tantôt une personne stipule qu'une certaine somme sera payée à ses héritiers, si elle meurt à un certain âge, ou bien qu'une somme sera payée à un tiers, si ce tiers atteint un âge déterminé ; cette dernière combinaison est pour le père de famille un moyen d'assurer une dot à ses enfants. L'assurance sur la vie peut être à prime ou mutuelle ; les assurances mutuelles sur la vie se nomment *tontines*, du nom de l'italien Tonti qui le premier a introduit en France ces opérations. Les assurances sur la vie ne sont faites que par des compagnies d'assurance : aux termes de la loi du 24 juillet 1867 sur les sociétés, les associations de la nature des tontines et les sociétés d'assurance sur la vie mutuelles et à prime ne peuvent se former qu'avec l'autorisation du Gouvernement.

SECTION IX.

DU MANDAT.

(Code civil, livre III, titre XIII, art. 1984 à 2010.)

Nature et forme du mandat. — Le mandat est un acte par lequel une personne charge une autre personne de faire quelque chose pour elle et en son nom. Celui qui donne mandat est le *mandant,* celui qui se charge du mandat est le *mandataire.* L'acte par lequel le mandat est conféré s'appelle *procuration* ou *pouvoir.* Le mandat peut être donné par acte notarié, par acte sous seing privé, par lettre, ou même verbalement; il doit être accepté par le mandataire. Le mandat est gratuit de sa nature; cependant un salaire peut être stipulé par le mandataire. Les pouvoirs donnés au mandataire sont généraux ou spéciaux : les actes faits par le mandataire dans la limite de ses pouvoirs, les engagements pris par lui obligent le mandant.

Obligations du mandataire. — Le mandataire doit accomplir l'affaire dont il a été chargé par le mandant; il répond des fautes qu'il peut commettre dans sa gestion ; il est tenu de rendre compte, et de remettre au mandant les sommes qu'il a reçues pour lui; il doit l'intérêt des sommes qu'il a employées à son usage, du jour de cet emploi; pour les sommes dont il est reliquataire, il en doit les intérêts du jour où il est mis en demeure de restituer; il répond de celui qu'il s'est substitué pour l'accomplissement du mandat.

Obligations du mandant. — Le mandant doit exécuter les engagements contractés en son nom par le mandataire; il est tenu de rembourser au mandataire les dépenses qu'il a faites pour l'exécution du mandat, avec l'intérêt des sommes avancées à compter du jour où l'avance a été faite; il doit aussi indemniser le mandataire du dommage qu'il a pu éprouver à l'occasion de sa gestion.

Comment finit le mandat. — Le mandat finit d'abord par la révocation : le mandant peut révoquer, quand bon lui semble, les pouvoirs qu'il a donnés ; en pareil cas, il doit se faire remettre la procuration, pour que le mandataire n'en fasse plus usage ; il doit également faire connaître aux tiers la révocation : autrement les actes, que les tiers auraient faits avec le mandataire dont ils ignoraient la révocation, seraient opposables au mandant. Le mandataire peut, de son côté, renoncer au mandat en notifiant au mandant sa renonciation. Le mandat finit aussi par la mort, l'interdiction, la faillite du mandant ou du mandataire.

SECTION X.

DU CAUTIONNEMENT.

(Code civil, livre III, titre XIV, art. 2011 à 2043.)

Nature et étendue du cautionnement. — Le cautionnement est un contrat par lequel une personne s'oblige envers un créancier à acquitter la dette d'un tiers, dans le cas où le débiteur principal ne paierait pas lui-même. Le cautionnement donne au créancier une garantie de plus, en lui assurant deux débiteurs, au lieu d'un seul. L'engagement de la caution est un engagement accessoire, qui suppose une obligation principale valablement contractée : il ne peut excéder ce qui est dû par le débiteur, ou être contracté sous des conditions plus onéreuses ; le cautionnement qui excède la dette principale doit être réduit à la mesure de cette obligation. La caution peut s'obliger pour une partie de la dette principale seulement. Lorsqu'une personne est tenue, en vertu de la loi, d'un jugement ou d'une convention, à fournir caution, elle doit présenter pour caution une personne capable de s'obliger, domicilié dans les ressort de la Cour d'appel où le cautionnement doit être fourni, et ayant une fortune suffisante en immeubles non litigeux. En matière de commerce, ou lorsque la dette est modique, la solvabilité de la caution peut s'apprécier eu égard à des valeurs autres que les immeubles. Celui qui est tenu de fournir une caution et qui n'en trouve pas peut donner une autre sûreté, par exemple, un gage suffisant pour assurer le paiement.

Effets du cautionnement entre le créancier et la caution. — La caution jouit, à l'égard du créancier, d'un double bénéfice : le *bénéfice de discussion* et le *bénéfice de division*. Comme la caution n'est obligée de payer qu'à défaut du débiteur principal, elle peut, si elle est poursuivie la première, renvoyer le créancier à discuter le débiteur principal, c'est-à-dire à exercer des poursuites contre ce débiteur, et à faire vendre ses biens. La caution doit indiquer au créancier les biens du débiteur principal, et fournir les fonds suffisants pour les poursuites. Le bénéfice de discussion n'appartient pas à la caution qui y a renoncé, non plus qu'à celle qui s'est obligée solidairement avec le débiteur principal.

Bien qu'en principe chacun de ceux qui se portent caution d'une même dette soit obligé pour le tout, néanmoins la caution poursuivie pour le tout peut, à moins qu'elle n'ait renoncé au bénéfice de division, exiger que le créancier divise son action entre les cautions dont la solvabilité est certaine : c'est le bénéfice de division.

Effets du cautionnement entre le débiteur principal et la caution; effets du cautionnement entre ceux qui se sont portés cautions du même débiteur. — La caution qui a payé la dette a son recours contre le débiteur principal, sur lequel l'obligation doit porter en définitive. Ce recours comprend le principal de la dette, les intérêts, les frais faits depuis que les poursuites dirigées par le créancier contre la caution ont été par elle dénoncées au débiteur principal. La caution qui a payé est subrogée aux droits qu'avait le créancier contre le débiteur principal. La caution doit avoir soin d'avertir le débiteur principal, lorsqu'elle a payé, ou que des poursuites sont exercées contre elle. En effet, si le débiteur principal, ignorant que la caution a payé, paye une seconde fois, la caution n'a plus de recours à exercer contre lui : elle est également déchue de son recours si, n'ayant pas averti le débiteur principal des poursuites dont elle est l'objet, ce débiteur établit qu'il avait des moyens pour repousser l'action du créancier, et faire déclarer la dette éteinte. La caution peut exercer son recours contre le débiteur, même avant d'avoir payé, dans divers cas : notamment, lorsque le débiteur a fait faillite, lorsque la caution est poursuivie par le créancier, lorsque la dette est arrivée à échéance.

Lorsque plusieurs personnes ont cautionné conjointement le même débiteur, la caution qui a payé la totalité de la dette peut se faire rembourser par les autres cautions leur part de la dette.

Extinction du cautionnement. — L'obligation qui résulte du cautionnement s'éteint par les mêmes causes que les autres obligations. La caution peut opposer tous les moyens de défense qui sont inhérents à la dette ; elle est déchargée lorsque le créancier s'est mis par son fait dans l'impossibilité de la subroger dans ses droits, ou lorsqu'il a accepté du débiteur un immeuble ou une valeur quelconque en paiement de la dette.

SECTION XI.

DE LA TRANSACTION.

(Code civil, livre III, titre XV, art. 2044 à 2058.)

Définition et avantages de la transaction. — La transaction est un contrat par lequel les parties terminent une contestation déjà née ou préviennent une contestation à naître. Lorsqu'une contestation s'élève, les intéressés ont divers partis à prendre : ils peuvent laisser le procès suivre son cours, et le faire juger par les tribunaux ; ils peuvent, si ce parti leur paraît préférable, faire un compromis, choisir des arbitres qui statueront sur le différend ; enfin, s'ils parviennent à s'entendre, à se faire des concessions réciproques, ils terminent le procès par une transaction. La transaction, quand elle est possible, présente des avantages : elle épargne aux parties les frais, les lenteurs, les incertitudes d'un procès

Règles de la transaction. — La transaction doit toujours être rédigée par écrit ; quelque généraux que soient les termes employés, elle ne règle que le différend qui y a donné lieu ; elle a, entre les parties, l'autorité d'une décision judiciaire en dernier ressort, mais elle ne peut être opposée aux tiers ni invoquée par eux. La nullité de la transaction peut être demandée, s'il y a eu dol, violence, ou erreur sur l'objet de la contestation, ou encore si la transaction est intervenue sur des pièces qui ont depuis été reconnues fausses ou sur une contestation qui était déjà terminée par un jugement définitif dont les parties ou l'une d'elles n'avaient pas connaissance. L'erreur de calcul, s'il en existe une dans la transaction, doit être réparée.

SECTION XII.

DU NANTISSEMENT. — DES PRIVILÉGES ET HYPOTHÈQUES.

(Code civil, livre III, titre XVII, art. 2071 à 2091, titres XVIII
et XIX, art. 2092 à 2218.)

Notions générales. — Nous nous occuperons dans cette section de certaines sûretés que la convention ou la loi crée au profit de certains créanciers. La règle générale est l'égalité entre les créanciers : les biens du débiteur sont leur garantie commune, et le prix s'en distribue entre eux *au marc le franc*, c'est-à-dire proportionnellement au chiffre de leurs créances. Des causes de préférence sont cependant reconnues par la loi, et permettent à ceux qui peuvent les invoquer de se faire payer avant les autres créanciers : ces causes légitimes de préférence résultent du contrat de nantissement, du privilége ou de l'hypothèque.

Définition du nantissement. — Le nantissement est un contrat par lequel le débiteur remet une chose au créancier pour sûreté de la dette. Le nantissement s'appelle *gage*, lorsqu'il s'applique à une chose mobilière, *antichrèse*, lorsqu'il s'applique à un immeuble.

Du gage. — Une chose ne peut être donnée en gage que par acte notarié, ou par acte sous seing privé, enregistré, contenant la déclaration de la somme due et l'indication des choses remises en gage; il faut en outre que le gage ait été mis et soit resté en la possession du créancier ou d'un tiers désigné d'accord entre les parties; si la chose constituée en gage est une créance, il faut que l'acte contenant nantissement soit signifié au débiteur. Le gage confère au créancier le droit de se faire payer sur le prix de la chose par préférence aux autres créanciers du débiteur : à défaut de payement à l'échéance, le créancier doit faire ordonner en justice la vente du gage. Le débiteur ne peut se faire rendre la chose engagée qu'après avoir entièrement payé la dette. Le créancier doit veiller avec soin à la conservation du gage; de son côté, le débiteur doit tenir compte au créancier des dépenses nécessaires qu'il a faites pour la conservation de la chose. Le gage en matière commerciale est soumis à des règles spéciales énoncées dans les art. 91, 92 et 93 du Code de commerce.

De l'antichrèse. — L'antichrèse est le nantissement des immeubles; ce contrat ne peut s'établir que par écrit. Il donne au créancier la faculté de percevoir les fruits et revenus de l'immeuble, qui s'imputent sur les intérêts de la créance, et, s'ils dépassent les intérêts, sur le capital. L'antichrésiste doit payer les contributions et charges annuelles de l'immeuble, les réparations, sauf à les retenir sur les fruits qu'il perçoit.

Du privilége ; différences entre le privilége et l'hypothèque. — Le privilége est un droit que la qualité de la créance donne au créancier d'être payé par préférence aux autres créanciers, même hypothécaires. L'hypothèque est un droit qui s'exerce sur des immeubles affectés à l'acquittement d'une obligation. Plusieurs différences doivent être signalées entre le privilége et l'hypothèque : 1° le rang du privilége se détermine par la qualité de la créance : lorsque plusieurs créanciers privilégiés sont en concours, la loi elle-même détermine l'ordre dans lequel ils doivent être payés, d'après la faveur plus ou moins grande qui s'attache à leurs créances; le rang de l'hypothèque au contraire se détermine par sa date. Le privilége qui porte sur un immeuble passe avant l'hypothèque existant sur le même immeuble; 2° les immeubles seuls sont susceptibles d'hypothèque, tandis qu'il y a des priviléges qui portent sur les meubles et sur les immeubles, d'autres qui portent spécialement sur les meubles ou sur les immeubles; 3° le privilége résulte de la loi qui l'établit à raison de la nature de la créance, tandis que l'hypothèque peut être créée par la convention des parties pour garantir une créance quelconque.

Priviléges généraux. — Les priviléges généraux s'exercent sur les meubles et sur les immeubles; mais ils portent d'abord sur les meubles, et ne s'étendent aux immeubles que si la valeur des meubles est insuffisante pour désintéresser le créancier. Les créances garanties par un privilége général sont : 1° les frais de justice, c'est-à-dire les frais faits pour arriver à la vente et à la réalisation de l'actif du débiteur; 2° les frais funéraires ; 3° les frais de dernière maladie ; 4° les salaires des domestiques pour l'année échue et ce qui est dû pour l'année courante; 5° les fournitures de subsistances faites au débiteur et à sa famille, pendant les six derniers mois, pour les marchands en détail, et, pendant la dernière année, pour les marchands en gros. Les priviléges attachés à ces créances s'exercent dans l'ordre où nous venons de les énumérer.

Priviléges spéciaux sur les meubles. — Les créances privilégiées sur certains meubles sont les suivantes : 1° le propriétaire a un privilége pour le paiement des loyers et fermages sur tout ce qui garnit la maison louée et tout ce qui sert à l'exploitation de la ferme; 2° le créancier gagiste a un privilége sur la chose qui lui a été donnée en gage; 3° celui qui a fait des frais pour la conservation d'une chose a un privilége sur cette chose ; 4° le vendeur non payé a privilége sur la chose vendue; 5° l'aubergiste a privilége, pour le paiement de ce qui lui est dû, sur les effets déposés dans son auberge par le voyageur ; 6° le voiturier peut se faire payer ses frais de transport et autres dépenses accessoires, avec privilége sur la chose transportée ; 7° le cautionnement fourni par les officiers publics, notaires, avoués, huissiers, est affecté par privilége au paiement des sommes qu'ils peuvent devoir, à raison d'abus ou de prévarications commis dans l'exercice de leurs fonctions.

Priviléges spéciaux sur les immeubles. — Les créanciers privilégiés sur certains immeubles sont : 1º le vendeur qui a privilége sur l'immeuble vendu pour le paiement du prix; en cas de revente volontaire ou forcée de l'immeuble, le vendeur non payé passe avant les autres créanciers, même les créanciers hypothécaires qui tiennent leurs droits de l'acheteur ; s'il y a eu plusieurs ventes successives, le vendeur le plus ancien est préféré; 2º les cohéritiers ou copartageants ont, sur les immeubles dépendant de la succession et mis au lot de leurs cohéritiers ou copartageants, un privilége pour le paiement des créances qu'ils peuvent exercer en vertu du partage; 3º les architectes, entrepreneurs et ouvriers, employés à la reconstruction ou à la réparation de bâtiments, ont privilége pour le payement de ce qui leur est dû sur l'augmentation de valeur, ou plus-value, résultant des travaux. Pour déterminer cette plus-value, un expert, désigné par le tribunal de première instance, constate l'état des lieux avant les travaux ; puis, dans les six mois de leur achèvement, les travaux sont également reçus par un expert : la différence entre la valeur constatée au début des travaux et la valeur existant lors de leur achèvement est la plus-value, sur laquelle porte le privilége de l'architecte ou de l'entrepreneur.

Comment se conservent les priviléges sur les immeubles. — Nous trouvons pour les priviléges sur les immeubles un principe sur lequel nous insisterons à propos des hypothèques, le principe de la publicité. Lorsqu'un droit de cette nature grève un immeuble, il doit être porté à la connaissance du public, afin que les tiers ne soient pas trompés, ne croient pas l'immeuble libre tandis qu'il est frappé d'un droit qui pourra leur être opposé. Pour le privilége du vendeur, la publicité résulte de la transcription du contrat de vente sur les registres du conservateur des hypothèques et d'une inscription, dite *inscription d'office*, que le conservateur opère lui-même à la suite de la transcription. Le privilége des cohéritiers ou copartageants se conserve par une inscription prise dans les soixante jours du partage; celui des architectes et entrepreneurs, par l'inscription au bureau des hypothèques des deux procès-verbaux constatant le commencement et l'achèvement des travaux. Sans l'accomplissement de ces conditions, le droit du créancier privilégié se trouve compromis.

De l'hypothèque; sa nature; diverses espèces d'hypothèques. — L'hypothèque est un droit réel sur les immeubles affectés à l'acquittement d'une obligation ; les immeubles seuls peuvent être hypothéqués : les meubles ne sont pas susceptibles d'hypothèque. On distingue trois espèces d'hypothèques : les hypothèques légales, judiciaires et conventionnelles.

Hypothèques légales et judiciaires. — Les hypothèques légales sont créées directement par la loi. L'hypothèque légale existe au profit de la femme mariée, pour les créances qu'elle a à exercer contre son mari, sur tous les immeubles présents et à venir du mari ; au profit des mineurs et interdits, sur les biens du tuteur, pour garantie de sa gestion ; enfin au profit de l'Etat, des communes et établissements publics, sur les biens des comptables. L'hypothèque judiciaire résulte des jugements : tout jugement qui prononce une condamnation entraîne de plein droit hypothèque; l'hypothèque judiciaire, comme les hypothèques légales, frappe sur tous les biens présents et à venir du débiteur.

Hypothèques conventionnelles ; formes de la constitution d'hypothèque. — Pour pouvoir consentir une hypothèque sur un immeuble, il faut en être propriétaire et avoir la capacité d'aliéner : l'hypothèque peut conduire à l'aliénation, car, si la dette n'est pas payée, le créancier fera saisir et vendre l'immeuble hypothéqué. La constitution d'hypothèque est un acte solennel, dont la validité est subordonnée à certaines formes. L'hypothèque ne peut être consentie que par acte notarié : l'acte constitutif d'hypothèque doit désigner spécialement chacun des immeubles soumis à l'hypothèque; la constitution d'hypothèque faite en termes généraux ne serait pas valable. Le débiteur ne peut hypothéquer que les biens dont il est actuellement propriétaire : il ne lui est permis, par exception, d'hypothéquer ses biens à venir que si les biens présents sont insuffisants pour offrir une garantie au créancier.

Comment se règle le rang des hypothèques. — L'effet de l'hypothèque est subordonné en général à l'accomplissement d'une formalité spéciale, l'inscription sur les registres du conservateur des hypothèques. C'est par la date de l'inscription que se détermine le rang de l'hypothèque. Pierre et Paul ont hypothèque sur le même immeuble ; Pierre a pris inscription le 1er janvier 1867, Paul, le 1er février : si l'immeuble est vendu, Pierre sera payé le premier ; et, si sa créance absorbe la totalité du prix, Paul n'aura rien.

Règles spéciales à l'hypothèque légale des femmes, des mineurs et interdits. — Les hypothèques légales des femmes mariées et celles des mineurs et interdits ne sont pas soumises à la nécessité de l'inscription : ces hypothèques peuvent produire effet, même lorsqu'elles n'ont point été inscrites, et la loi a déterminé la date à laquelle elles prendraient rang. L'hypothèque légale de la femme prend rang, pour la plupart des droits qu'elle a à exercer, au jour de la célébration du mariage ; celle des mineurs et interdits, au jour où le tuteur est entré en fonction. Lorsque le mariage est dissous ou que la tutelle cesse, la dispense d'inscription, qui était fondée sur l'incapacité de la femme ou du mineur, n'a plus sa raison d'être : aussi la veuve, le mineur devenu majeur, l'interdit relevé de l'interdiction, ou leurs héritiers, doivent-ils prendre inscription dans l'année qui suit la dissolution du mariage ou la cessation de la tutelle ; à défaut d'inscription dans ce délai, l'hypothèque, qui remontait au jour de la célébration du mariage ou de l'acceptation de la tutelle, ne prendra plus rang qu'à la date de l'inscription prise ultérieurement. (*Loi du* 23 *mars* 1855, *art.* 8.)

Formes de l'inscription des hypothèques. — L'inscription est la mention de l'hypothèque sur un registre public tenu par le conservateur des hypothèques : elle se fait au bureau de la conservation des hypothèques dans l'arrondissement duquel les biens sont situés. Le créancier qui veut prendre inscription doit représenter au conservateur le titre, jugement ou acte notarié, duquel résulte l'hypothèque, et y joindre deux bordereaux, écrits sur papier timbré, signés du créancier lui-même, d'un mandataire, d'un notaire ou d'un avoué ; les bordereaux doivent contenir toutes les énonciations nécessaires à la validité de l'inscription : le conservateur fait mention sur son registre du contenu aux bordereaux, et remet au créancier l'un des deux bordereaux, sur lequel il certifie avoir fait l'inscription. Les inscriptions ne produisent leur effet que pendant dix ans : elles doivent être renouvelées avant l'expiration de ce délai ; autrement, le créancier perdrait le rang que lui assure la date de son inscription primitive. Les inscriptions prises ne peuvent être rayées que du consentement des parties intéressées en vertu d'un acte notarié, ou à la suite d'un jugement définitif qui ordonne la radiation.

Effets des priviléges et hypothèques. — Le privilége et l'hypothèque confèrent au créancier un *droit de préférence :* le créancier privilégié est payé avant tous les autres, même avant les créanciers hypothécaires, et le créancier hypothécaire est payé avant ceux qui n'ont point d'hypothèque, avant les créanciers ordinaires. Outre le droit de préférence, le privilége sur les immeubles et l'hypothèque confèrent un autre droit, appelé *droit de suite.* Le droit de suite consiste dans la faculté qui appartient au créancier hypothécaire ou privilégié de saisir l'immeuble, même après qu'il est sorti des mains du débiteur, et qu'il a été acquis par un tiers. Le tiers acquéreur reste soumis à l'effet de l'hypothèque, et, s'il ne paye pas la dette, s'il n'abandonne pas le bien hypothéqué, ou enfin s'il ne remplit pas les formalités prescrites pour la purge des hypothèques, l'immeuble sera saisi par le créancier hypothécaire et vendu sur le tiers détenteur. Pour que le créancier hypothécaire puisse exercer le droit de suite, il faut qu'il ait pris inscription avant que l'acte par lequel le débiteur a aliéné la chose ait été transcrit au bureau des hypothèques : la transcription assure la propriété à l'acquéreur, et met obstacle à ce que de nouvelles inscriptions soient prises sur l'immeuble du chef du précédent propriétaire. Cette règle reçoit exception pour le vendeur et le copartageant qui peuvent faire inscrire leur privilége dans les quarante-cinq jours de la vente ou du partage, nonobstant toute transcription faite dans ce délai. (*Loi du 23 mars 1855, art. 6.*)

Comment peut-on décharger les immeubles des hypothèques qui les grèvent; purge des hypothèques inscrites. — Celui qui achète un immeuble grevé d'hypothèques ne peut valablement payer le vendeur : autrement, il serait exposé à payer une seconde fois, les créanciers hypothécaires conservant leur droit sur l'immeuble ; l'acquéreur doit donc rembourser les créanciers hypothécaires, et dégager ainsi l'immeuble. Mais ce moyen n'est pas praticable, lorsque le chiffre des créances inscrites dépasse le prix : en pareil cas, la loi a organisé une procédure particulière, appelée *purge des hypothèques*. Le tiers acquéreur qui veut purger doit faire transcrire son contrat, pour arrêter le cours des inscriptions, puis il fait faire, par le ministère d'un avoué, des notifications aux créanciers inscrits, dans lesquelles il offre de leur payer son prix d'acquisition. Les créanciers peuvent, dans les quarante jours qui suivent les notifications, faire une *surenchère du dixième*, c'est-à-dire demander que l'immeuble soit mis en vente aux enchères publiques, à un prix dépassant d'un dixième le prix auquel il a été vendu ; le créancier qui fait la surenchère reste adjudicataire, si la mise à prix n'est pas couverte. Lorsque, dans le délai de quarante jours, aucun créancier inscrit n'a fait de surenchère, l'immeuble reste à l'acheteur, qui se libèrera de toutes les hypothèques, en payant son prix ou en le déposant à la caisse des consignations, alors même que ce prix serait inférieur au chiffre total des créances inscrites. Dans tous les cas, même lorsqu'il est dépossédé par suite de la surenchère, celui qui a purgé peut se faire tenir compte par le nouvel acquéreur des frais de contrat, de transcription et de purge.

Purge des hypothèques légales. — Il nous reste à dire quelques mots de la *purge légale*, ou purge des hypothèques dispensées d'inscription : c'est un moyen donné à celui qui achète un immeuble de s'assurer s'il est grevé d'hypothèques légales de femmes, de mineurs ou interdits ; comme ces hypothèques sont dispensées d'inscription, l'acquéreur ne les connaît pas, et il est exposé à se voir inquiété par les créanciers ayant des hypothèques légales non inscrites. Pour se mettre en règle à leur égard, l'acquéreur doit remplir les formalités de la purge légale qui consistent dans l'affiche d'un extrait du contrat, dans des significations faites à la femme ou au subrogé-tuteur et des insertions dans les journaux. Si, dans les deux mois qui suivent l'accomplissement de ces formalités, l'hypothèque légale n'a pas été inscrite, l'immeuble en est définitivement affranchi ; lorsqu'une inscription est prise dans ce délai, le tiers-acquéreur est averti de l'existence de l'hypothèque légale et doit prendre ses mesures en conséquence.

SECTION XIII.

DE LA PRESCRIPTION.

(Code civil, livre III, titre XX, art. 2219 à 2281.)

Définition et division. — La prescription est définie . un moyen d'acquérir ou de se libérer par un certain laps de temps, et sous les conditions déterminées par la loi. Cette définition indique deux espèces de prescription : la prescription acquisitive, au moyen de laquelle on acquiert la propriété d'une chose ou certains droits, et la prescription libératoire, dont l'effet est d'affranchir le débiteur de sa dette. La prescription acquisitive suppose chez celui qui prescrit la possession de la chose ou du droit qui en fait l'objet; pour la prescription libératoire, il suffit que le créancier ait gardé le silence, n'ait fait aucune poursuite pendant le temps requis pour la prescription.

Règles générales sur la prescription. — La prescription doit être invoquée par celui à qui elle profite : le juge ne peut pas suppléer d'office ce moyen. Si le possesseur ou le débiteur ne croit pas pouvoir honnêtement opposer la prescription, il y renoncera, en s'abstenant de l'invoquer. On ne peut acquérir par prescription que les choses qui sont susceptibles d'appartenir aux particuliers : ainsi les biens dépendant du domaine public de l'État ne peuvent s'acquérir par la prescription.

Prescription acquisitive ; possession. — Nous avons dit que la prescription acquisitive supposait la possession : la possession consiste dans la jouissance de la chose ou dans l'exercice du droit qui fait l'objet de la prescription. Pour que la possession puisse conduire à la prescription, il faut qu'elle réunisse les conditions suivantes : qu'elle soit continue et non interrompue, paisible, publique, et que le possesseur possède à titre de propriétaire. Tous ceux qui détiennent la chose, en reconnaissant qu'ils possèdent pour autrui, le fermier, le dépositaire, l'usufruitier, ne peuvent invoquer la prescription, car ils ne possèdent pas à titre de propriétaire

Interruption de la prescription. — Le cours de la prescription est arrêté par différents faits, qu'on appelle causes d'interruption de la prescription. L'interruption de la prescription fait considérer comme non avenu le temps qui avait déjà couru. Il y a interruption de la prescription acquisitive lorsque le possesseur est privé pendant plus d'un an de la jouissance de la chose. D'autres causes d'interruption s'appliquent à la prescription libératoire comme à la prescription acquisitive, ce sont : les actes de poursuite, commandement, saisie, la demande en justice, la reconnaissance par le possesseur ou le débiteur du droit du propriétaire ou du créancier.

Suspension de la prescription. — La prescription est suspendue au profit de certaines personnes ; elle ne court pas contre les mineurs ou les interdits; elle ne court pas à l'égard d'une créance conditionnelle ou à terme, tant que la condition n'est pas arrivée ou le terme accompli. La suspension de la prescription, survenant lorsque la prescription est commencée, n'efface pas le temps déjà couru : lorsque la cause de suspension vient à disparaître, la prescription recommence à courir, et, pour l'accomplir, on peut invoquer le temps déjà acquis avant le fait qui en a arrêté le cours.

Temps requis pour prescrire. — Le délai nécessaire pour prescrire se compte par jours, et non par heures. La durée commune de la prescription est de trente ans : quand une personne reste pendant trente ans en possession d'un immeuble, un champ, une maison, elle en devient propriétaire; lorsque le créancier, pendant trente années, n'exerce pas de poursuites contre son débiteur, ce débiteur est libéré. Le délai de la prescription acquisitive est réduit au profit de celui qui a été de bonne foi au jour de l'acquisition, et qui possède en vertu d'un juste titre, c'est-à-dire d'un acte qui, s'il fût émané du vrai propriétaire, eût transféré la propriété, un acte de vente par exemple; celui qui possède ainsi avec juste titre et bonne foi un immeuble en devient propriétaire, si sa possession s'est prolongée pendant dix ou vingt ans, selon que le véritable propriétaire habite ou n'habite pas dans le ressort de la Cour d'appel où est situé l'immeuble.

Prescriptions particulières. — Nous avons à parcourir certaines créances qui se prescrivent par un délai beaucoup plus court que le délai ordinaire. L'action des maîtres et instituteurs, pour les leçons qu'ils donnent au mois, celle des hôteliers et traiteurs, des ouvriers et gens de travail, se prescrit par six mois. La prescription est d'un an pour les sommes dues aux médecins, chirurgiens et pharmaciens, aux maîtres de pension, pour le salaire des huissiers, pour le prix des marchandises vendues par les marchands aux particuliers non marchands, pour les gages des domestiques qui se louent à l'année. Les avoués doivent réclamer le paiement de leurs frais dans le délai de deux ans, si l'affaire est terminée, et, pour les affaires non terminées, dans les cinq ans. Ces prescriptions ne sont interrompues que s'il y a eu compte arrêté, reconnaissance de la dette, ou poursuites judiciaires; la continuation des fournitures, livraisons, services ou travaux n'est pas une cause d'interruption. Du reste, les courtes prescriptions sont fondées uniquement sur la présomption que le débiteur a payé, et il ne peut les invoquer utilement qu'à charge d'affirmer sous serment qu'il a réellement payé. Il y a enfin une prescription de cinq ans qui s'applique aux intérêts des sommes prêtées, aux loyers et fermages, à tout ce qui est payable par année ou à des termes périodiques plus courts.

De la règle : « En fait de meubles, la possession vaut titre. » — Celui qui possède de bonne foi un meuble en est par cela seul réputé propriétaire ; c'est le sens de la règle : *En fait de meubles, la possession vaut titre.* Toutefois, celui à qui une chose mobilière a été volée, ou qui l'a perdue, a le droit, pendant trois ans à compter de la perte ou du vol, de la revendiquer, même entre les mains d'un possesseur de bonne foi; mais si ce possesseur a acheté dans un marché public ou d'un marchand vendant des choses semblables, le proprié taire doit lui rembourser le prix qu'il a payé.

CHAPITRE V.

DE LA PROCÉDURE.

SECTION Iʳᵉ.

NOTIONS GÉNÉRALES.

Définition de la procédure; Code de procédure. — La procédure est l'ensemble des règles suivant lesquelles on doit intenter les demandes, y défendre, les instruire et les juger, se pourvoir contre les jugements, enfin les exécuter. Cette matière est régie par un code spécial, le Code de procédure civile, promulgué en 1806. Le Code de procédure comprend 1042 articles; il est divisé en deux parties : la première traite de l'instruction des procès devant les divers tribunaux et de l'exécution forcée des jugements; la seconde partie est consacrée aux procédures diverses. Des modifications importantes ont été apportées à différentes reprises au Code de procédure : nous citerons notamment la loi de 1841 qui a complétement remanié la matière des ventes judiciaires et des partages, et la loi de 1858 relative à la saisie immobilière et à la procédure d'ordre. Ces deux lois ont remplacé par de nouvelles dispositions un grand nombre d'articles du Code de procédure.

Renvoi pour l'organisation judiciaire ; arbitrages. — L'étude des règles de la procédure suppose d'abord la connaissance de l'organisation judiciaire : il faut, sur ce point, se reporter aux explications que nous avons données plus haut (1). Nous devons seulement ajouter ici quelques notions sur l'arbitrage. Les *arbitres* sont des personnes choisies par les parties elles-mêmes pour juger leur contestation. La convention par laquelle on soumet le différend à des arbitres se nomme *compromis*. Le compromis ne peut être fait que par une personne ayant la capacité de s'obliger et d'aliéner. On ne peut soumettre à des arbitres certains procès qui touchent plus particulièrement à l'ordre public : les demandes en séparation de corps ou de biens, celles relatives à l'état des personnes, aux dons et legs de pensions alimentaires. Le compromis peut être fait par acte notarié ou sous seing privé, ou par procès-verbal devant les arbitres choisis : il doit désigner le nom des arbitres et l'objet du litige, à peine de nullité. Les arbitres doivent juger dans le délai de trois mois, si le compromis ne fixe pas un délai plus long. Les arbitres sont tenus de se conformer aux règles ordinaires du droit et aux formes de la procédure, à moins qu'ils n'en aient été formellement dispensés par les parties. Le jugement des arbitres, ou *sentence arbitrale*, est déposé au greffe du tribunal, et rendu exécutoire par une ordonnance du président du tribunal, appelée *ordonnance d'exequatur*.

Compétence. — Avant tout, celui qui est sur le point de former une demande en justice doit rechercher devant quel tribunal il doit la porter. Cette question est complexe : en effet, on doit d'abord examiner à quelle juridiction il faut s'a-

____

(1) V. page 12.

dresser ; est-ce au juge de paix, au tribunal de commerce, au tribunal de première instance ? Ce premier point est résolu par les principes de l'organisation judiciaire ; rappelons seulement à cet égard que les tribunaux de première instance sont les tribunaux de droit commun, et que leur compétence s'étend à toutes les affaires dont la connaissance n'est pas attribuée à une autre juridiction par une disposition formelle de la loi. Lorsque la juridiction qui doit connaître de l'affaire est déterminée, il faut savoir quel est, parmi les tribunaux de même ordre, le tribunal compétent : c'est le second terme de la question. Disons quelques mots des règles de la compétence pour les tribunaux de première instance. En principe, le demandeur doit porter l'action qu'il intente devant le tribunal du domicile du défendeur, et, s'il y a plusieurs défendeurs, devant le tribunal du domicile de l'un d'eux. Cette règle souffre plusieurs exceptions : les demandes en matière réelle, c'est-à-dire les demandes relatives à un immeuble, doivent être portées devant le tribunal dans le ressort duquel le bien est situé ; les demandes en matière de succession, devant le tribunal du lieu où la succession s'est ouverte ; celles en matière de faillite, devant le tribunal de la faillite.

Ministère des avoués ; étendue de leurs attributions. — Devant les tribunaux de première instance et les Cours d'appel, la procédure se fait par le ministère des avoués qui représentent les parties ; devant ces juridictions, la partie ne peut comparaître en personne ; elle doit se faire représenter par un avoué. C'est l'avoué qui signe les conclusions, qui instruit l'affaire, la dirige, qui fait dans le cours de l'instance tous les actes de procédure nécessaires. Les parties sont également obligées de recourir au ministère des avoués dans d'autres cas : celui qui veut faire au greffe du tribunal une renonciation à succession ou communauté, une acceptation bénéficiaire, doit se faire assister d'un avoué qui certifie son identité ; dans les ventes judiciaires, qui se font devant la tribunal, les enchères ne peuvent être portées que par le ministère des avoués. Les frais dus à l'avoué pour les divers actes de son ministère sont réglés par un tarif ; et, pour en poursuivre le recouvrement, il doit les faire régler ou taxer par le tribunal près duquel il exerce ses fonctions.

Assistance judiciaire. (*Loi du* 30 *janvier* 1851). — L'assistance judiciaire a été instituée pour permettre aux indigents de faire valoir leurs droits en justice, en les dispensant des avances assez considérables que les frais pouvaient occasionner. Voici comment fonctionne l'assistance judiciaire. Près de chaque tribunal de première instance et de chaque Cour d'appel, il existe un bureau spécial, chargé de statuer sur les demandes d'assistance judiciaire. Celui qui veut obtenir l'assistance adresse sa demande au procureur de la République du tribunal de son domicile, qui la transmet au bureau d'assistance judiciaire. Cette demande doit être accompagnée de deux pièces : 1° un extrait du rôle des contributions, ou un certificat du percepteur constatant que celui qui fait la demande ne paye aucune contribution ; 2° une déclaration attestant son indigence : la sincérité de cette déclaration est affirmée par le demandeur devant le maire de son domicile. Si la déclaration est mensongère, l'assistance judiciaire sera retirée ; en outre, l'assisté peut, à raison de ce fait, être poursuivi devant le tribunal correctionnel, et condamné à un emprisonnement et à une amende. L'effet de l'assistance judiciaire, lorsqu'elle est accordée, est de dispenser provisoirement l'assisté du paiement des droits dus au Trésor, droits de timbre et d'enregistrement, et des droits, émoluments et honoraires dus aux officiers ministériels, greffiers, avoués, huissiers. Un huissier, un avoué et un avocat sont commis pour prêter leur ministère à la personne qui a obtenu l'assistance judiciaire, et ils ne peuvent exiger aucune rémunération. Si l'assisté gagne son procès, le recouvrement des frais est poursuivi contre son adversaire ; s'il le perd, l'administration des domaines exerce contre l'assisté son recours pour les frais dus au Trésor.

SECTION II.

NOTIONS SUR LA PROCÉDURE DEVANT LES TRIBUNAUX DE PREMIÈRE INSTANCE JUSQU'AU JUGEMENT.

Préliminaire de conciliation. — Le premier acte de la procédure devant les tribunaux de première instance est la citation en conciliation devant le juge de paix du domicile du défendeur. La loi veut qu'avant de s'engager dans un procès les deux parties comparaissent devant un magistrat, dont les représentations et les conseils pourront les amener à une transaction. Si les parties se concilient, le juge de paix dresse acte de l'arrangement; s'il n'y a pas de conciliation, il les renvoie à se pourvoir devant le tribunal. Certaines affaires sont dispensées du préliminaire de conciliation : citons comme exemple les demandes dans lesquelles la transaction ne serait pas possible, à raison de la qualité des parties ou de l'objet de la contestation, les demandes formées contre plus de deux parties, celles qui requièrent célérité. Les parties comparaissent devant le juge de paix en personne, ou se font représenter par un mandataire; celui qui ne comparaît pas sur la citation en conciliation est condamné à une amende de dix francs.

Assignation ou exploit d'ajournement; constitution d'avoué. — L'assignation, ou exploit d'ajournement, est un acte d'huissier par lequel le demandeur au procès cite le défendeur à comparaître devant le tribunal. L'assignation contient la désignation d'un avoué chargé d'occuper pour le demandeur, et élection de domicile chez cet avoué : elle indique le tribunal qui doit connaître de l'affaire, le délai pour comparaître, l'objet de la demande, et les motifs sur lesquels elle est fondée. Le délai pour comparaître est de huitaine : il faut y ajouter des délais plus étendus, à raison de la distance, si le défendeur n'habite pas dans la ville où siége le tribunal devant lequel il est cité; lorsque l'affaire est urgente, le président du tribunal peut autoriser le demandeur à assigner à un délai plus court que le délai de huitaine. Dans le délai fixé par l'assignation, le défendeur doit comparaître, c'est-à-dire se faire représenter par un avoué. On appelle *constitution d'avoué* l'acte par lequel l'avoué du défendeur déclare à l'avoué du demandeur qu'il a pouvoir d'occuper pour le défendeur. Faute par le défendeur d'avoir constitué avoué, le demandeur peut, à l'expiration du délai de l'assignation, prendre un jugement par défaut.

Instruction de l'affaire jusqu'au jugement. — L'instance est liée lorsque le défendeur a constitué avoué, et l'affaire est portée devant le tribunal ; le défendeur pose des conclusions ; les avoués se signifient réciproquement les moyens de défense de leurs parties ; puis l'affaire est appelée pour être plaidée. Les parties peuvent se présenter en personne devant le tribunal, assistées de leurs avoués, pour développer leurs moyens de défense, à moins que le tribunal ne leur interdise ce droit, s'il craint qu'elles n'en abusent. Presque toujours, les parties s'abstiennent de plaider elles-mêmes, et font plaider leur affaire par un avocat, s'il y a des avocats exerçant près la juridiction devant laquelle l'affaire est portée, par l'avoué lui-même, s'il n'y a pas d'avocats. Après les plaidoiries, le ministère public, c'est-à-dire le procureur de la République ou son substitut, donne, s'il y a lieu, ses conclusions. Il y a certaines affaires dans lesquelles le ministère public doit nécessairement être entendu : ce sont notamment les causes qui intéressent les mineurs et les interdits, les absents, celles qui touchent à l'état des personnes ou à l'ordre public. Nous arrivons ainsi à la solution du procès, au jugement.

SECTION III.

DES JUGEMENTS.

Définition ; comment se forment les jugements. — Le jugement est la décision du tribunal sur une contestation qui lui est soumise. Les jugements sont rendus à la pluralité des voix, après que les juges ont délibéré à l'audience ou en chambre du conseil. Les tribunaux de première instance ne peuvent statuer qu'au nombre de trois juges au moins. Il arrive quelquefois que, les juges étant en nombre pair, chaque opinion réunit un nombre de voix égal : il y a alors *partage d'opinions;* on appelle, pour vider le partage, un juge ou un suppléant, et, à défaut de juge ou juge suppléant, un avocat ou un avoué; l'affaire est de nouveau plaidée devant le tribunal ainsi composé. Les jugements doivent être motivés, à peine de nullité ; lorsqu'ils sont rendus, ils sont portés par le greffier sur la feuille d'audience, et signés par le président et par le greffier.

Levée et signification du jugement; formule exécutoire. — La partie qui a intérêt à mettre le jugement à exécution se fait délivrer l'expédition par le greffier; c'est ce qu'on appelle *lever le jugement.* Pour lever le jugement, l'avoué doit déposer au greffe un acte qu'on nomme *qualités du jugement :* les qualités contiennent les noms et qualités des parties, les conclusions prises de part et d'autre devant le tribunal, en un mot l'exposé de l'affaire; elles sont transcrites par le greffier dans l'expédition du jugement. La première expédition du jugement, ou *grosse,* est revêtue de la formule exécutoire : elle porte en tête ces mots : *République française, au nom du peuple français,* et elle se termine par l'ordre donné aux officiers de justice de mettre le jugement à exécution. Avant d'être exécuté, le jugement doit être signifié : à avoué d'abord, s'il y a avoué en cause, et ensuite au domicile de la partie condamnée; la signification se fait par le ministère d'un huissier.

Dépens. — Le principe est que la partie qui perd son procès est condamnée aux frais : celui qui succombe dans une instance doit payer ses propres frais, et ensuite ceux faits par l'autre partie. L'avoué de la partie qui a gagné le procès peut poursuivre directement contre l'adversaire le recouvrement de ses frais. Le tribunal peut, si les parties succombent respectivement sur quelques chefs, mettre une portion des frais à la charge de chacun; il peut aussi, lorsque le procès est engagé entre mari et femme, ascendants et descendants, frères et sœurs, compenser les dépens, c'est-à-dire décider que chacune des parties payera les frais qu'elle a faits.

Exécution provisoire. — Le tribunal peut, dans certains cas déterminés par la loi, notamment lorsqu'il s'agit d'exécution d'un titre authentique, d'un jugement antérieur ou d'une promesse non contestée, ordonner l'exécution provisoire de son jugement. Voici quel est le sens de ces expressions : en général, l'appel est suspensif, arrête l'exécution du jugement ; lorsque le tribunal a ordonné l'exécution provisoire, la partie qui a obtenu le jugement peut en poursuivre l'exécution, à ses risques et périls, même après qu'il a été frappé d'appel. Tous les jugements rendus par les tribunaux de commerce sont de plein droit exécutoires par provision, mais à charge par celui qui veut exécuter après l'appel de fournir caution, ou de justifier de solvabilité suffisante pour restituer à l'adversaire ce qu'il aura payé, si le jugement dont l'exécution a été poursuivie est réformé.

Jugements par défaut. — On appelle *jugement contradictoire* celui qui est rendu contre une partie qui a constitué avoué, et dont l'avoué a pris devant le tribunal des conclusions. Le jugement est par défaut lorsque la partie n'a pas constitué avoué dans le délai de l'assignation, ou que son avoué n'a pas pris de conclusions ; il y a, dans le premier cas, *défaut faute de comparaître*, et, dans le second, *défaut faute de conclure.*

Opposition aux jugements par défaut. — Les jugements par défaut sont susceptibles d'une voie de recours particulière, appelée opposition : lorsque le jugement par défaut est frappé d'opposition, l'affaire revient devant le tribunal qui a rendu le jugement par défaut. L'opposition aux jugements par défaut faute de comparaître est recevable jusqu'à ce que le jugement ait été exécuté. Les jugements par défaut faute de comparaître doivent être mis à exécution dans les six mois de leur obtention ; sinon, ils sont réputés non avenus. L'opposition est formée par exploit d'huissier ou par déclaration sur les actes d'exécution, commandement, saisie ; dans tous les cas, elle doit être réitérée dans la hui-

:aine avec constitution d'avoué. Les jugements par défaut faute de conclure doivent être frappés d'opposition dans la huitaine de leur signification à avoué ; l'opposition est faite par le ministère d'un avoué. Le jugement qui intervient sur l'opposition ne peut plus être frappé d'opposition, alors même que la partie ferait une seconde fois défaut : autrement on serait arrivé, par des défauts successifs, à retarder indéfiniment la solution du procès.

SECTION IV.

DIVERS MODES D'INSTRUCTION.

Enquêtes. — On appelle enquête la procédure au moyen de laquelle on fait entendre des témoins ; c'est la mise en pratique de la preuve testimoniale. Le jugement qui ordonne une enquête précise les faits sur lesquels elle portera ; il commet un juge pour y procéder : l'enquête en effet ne se fait pas devant le tribunal, mais devant un juge-commissaire, qui reçoit les dépositions des témoins, et en fait dresser procès-verbal par le greffier. Chacune des parties fait entendre ses témoins ; il y a toujours une enquête et une contre-enquête. Les témoins sont assignés pour le jour fixé par le juge-commissaire, et au moins un jour à l'avance ; leurs noms ont été préalablement dénoncés à la partie adverse. Les témoins assignés qui ne comparaissent pas, et qui ne justifient pas d'une cause d'empêchement, peuvent être condamnés à une amende. Les parents ou alliés de l'une des parties en ligne directe et son conjoint sont incapables d'être témoins. Ceux dont la déposition ne peut, à raison de certaines circonstances déterminées, inspirer confiance peuvent être écartés par celui à qui on les oppose : c'est ce qu'on appelle les *reproches*. Nous citerons, comme exemples de personnes dont le témoignage peut être reproché, les parents ou alliés en ligne collatérale jusqu'au degré de cousin issu de germain, celui qui a bu ou mangé avec la partie et à ses frais depuis le jugement ordonnant l'enquête, celui qui a donné des certificats sur les faits relatifs au procès, les serviteurs et domestiques. Le reproche doit être proposé au moment où le témoin vient déposer : le témoin est entendu ; mais si le tribunal admet le reproche, sa déposition n'est point lue à l'audience, et le tribunal ne peut y avoir égard.

Expertise. — Lorsqu'il y a lieu de procéder à une vérification matérielle ou à une appréciation qui exige des connaissances spéciales, le tribunal peut ordonner une expertise. Le jugement énonce l'objet de l'expertise, qui se fait par trois *experts*, à moins que les parties ne consentent à la nomination d'un seul. Les experts sont désignés par le tribunal, à défaut par les parties de s'entendre sur le choix. Les experts nommés peuvent refuser ; s'ils acceptent leur mission, ils prêtent serment, et procèdent aux opérations dont ils sont chargés ; les parties doivent leur remettre la copie du jugement et toutes les pièces nécessaires. Le rapport est rédigé par l'un des experts et signé par tous : s'ils ne savent pas tous écrire, il est écrit et signé par le greffier de la justice de paix du lieu où se fait l'expertise. Les experts ne doivent former qu'un seul avis à la pluralité des voix ; en cas d'avis différents, ils font connaître les motifs de ces diverses opinions, sans indiquer l'avis personnel de chacun. La minute du rapport est déposée au greffe du tribunal qui a ordonné l'expertise. Les fonctions d'experts ne sont pas gratuites : la somme due aux experts pour leur travail est fixée par le président du tribunal ; les experts peuvent en poursuivre le paiement contre la partie qui a demandé l'expertise ou qui l'a suivie. Le rapport des experts émet seulement un avis que le tribunal peut ne pas adopter : le jugement qui intervient peut statuer contrairement aux conclusions du rapport, ou même ordonner une nouvelle expertise.

Interrogatoire sur faits et articles ; comparution des parties ; serment. — Dans le cours d'un procès, une des parties peut demander que son adversaire soit interrogé sur les faits relatifs à la contestation ; c'est l'interrogatoire sur faits et articles. Le jugement qui ordonne l'interrogatoire contient les principales questions sur lesquelles il doit porter, et commet un juge pour y procéder; le juge-commissaire peut du reste poser d'autres questions que celles indiquées au jugement ordonnant l'interrogatoire. Si la partie qui doit être interrogée comparaît devant le juge-commissaire, il est dressé procès-verbal de ses déclarations; si elle refuse de comparaître ou de répondre, les faits sur lesquels devait porter l'interrogatoire peuvent être tenus pour avérés.

Le tribunal peut aussi ordonner que les deux parties comparaîtront en personne, à l'audience ou dans la chambre du conseil; c'est un moyen pour la justice de s'éclairer sur la bonne foi des plaideurs. Enfin le serment peut être déféré à l'une des parties, soit sur la demande de son adversaire, soit d'office par le tribunal; le serment est prêté à l'audience et en présence de la partie adverse.

SECTION V.

MATIÈRES SOMMAIRES.

Distinction des matières ordinaires et des matières sommaires. — On distingue en procédure les affaires ordinaires et les affaires sommaires. Les affaires sommaires sont celles qui, à raison du caractère de simplicité que la loi leur suppose, exigent une procédure moins compliquée et moins coûteuse que les affaires ordinaires. Sont réputés matières sommaires, les appels de justice de paix, les demandes fondées sur un titre non contesté, les demandes qui n'excèdent pas 1,500 francs, les demandes en paiement de loyers, fermages et arrérages de rentes.

Caractères particuliers des affaires sommaires. — La procédure des affaires sommaires est plus simple que celle des affaires ordinaires : aussitôt après la constitution d'avoués, l'affaire est portée à l'audience, sans signification d'écritures, requêtes ou conclusions. Au point de vue des frais, les affaires sommaires se distinguent aussi des affaires ordinaires : ainsi, tandis que, dans les affaires ordinaires, l'avoué a droit à un émolument pour les divers actes de la procédure, dans les affaires sommaires, il ne peut réclamer que ses déboursés et un droit de jugement qui varie entre 30 francs et 7 fr. 50 centimes, suivant la nature du jugement et l'importance de l'affaire. Dans les affaires sommaires, lorsqu'il y a lieu à enquête, les témoins sont entendus, non devant un juge-commissaire, mais devant le tribunal, et il n'est dressé procès-verbal des dépositions que si l'affaire est susceptible d'appel

SECTION VI.

VOIES DE RECOURS CONTRE LES JUGEMENTS.

Notions générales sur l'opposition et l'appel. — Nous avons déjà eu l'occasion de dire quelques mots de l'opposition ; c'est une voie de recours applicable seulement aux jugements par défaut : l'effet de l'opposition est de faire revenir l'affaire devant le tribunal qui l'a jugée par défaut. L'appel au contraire est une voie de recours par laquelle on défère à la juridiction supérieure une décision rendue par une juridiction moins élevée : l'appel des jugements de justice de paix est porté au tribunal de première instance ; l'appel des jugements rendus par les tribunaux de première instance ou les tribunaux de commerce est porté à la Cour d'appel. La juridiction saisie de l'appel statue définitivement.

Appel des jugements de justice de paix ; délai d'appel. — Les jugements rendus par les juges de paix sont *en dernier ressort*, c'est-à-dire non susceptibles d'appel, lorsque l'objet de la demande n'excède pas 100 francs ; dans le cas contraire, le juge de paix ne statue qu'en premier ressort : il peut être interjeté appel de sa décision devant le tribunal de première instance de l'arrondissement. L'appel des jugements rendus par le juge de paix ne peut être interjeté avant l'expiration du délai de trois jours à compter du jugement, ni après les trente jours qui suivent la signification.

Appel des jugements des tribunaux de première instance ; jugements susceptibles d'appel. — L'appel des jugements des tribunaux de première instance est porté à la Cour d'appel dans le ressort de laquelle se trouve le tribunal. Tous les jugements rendus par ces tribunaux ne sont pas susceptibles d'appel : ils jugent en dernier ressort les demandes dont l'objet n'excède pas la valeur de quinze cents francs; pour les actions relatives à des immeubles, le taux du dernier ressort se détermine par le revenu : si l'immeuble litigieux n'a pas un revenu de plus de soixante francs, le tribunal statue en dernier ressort. Toutes les fois que l'objet du procès ne représente pas une valeur déterminée, appréciable en argent, l'appel est possible.

Délai d'appel. — Le délai d'appel est de deux mois, à compter de la signification du jugement à personne ou domicile, si le jugement est contradictoire, à compter du jour où l'opposition n'est plus recevable, si le jugement est par défaut. Ces délais ne sont du reste applicables qu'à l'appel principal, c'est-à-dire à celui qui est interjeté le premier : la partie, contre laquelle cet appel est interjeté et qu'on appelle l'*intimé*, peut, si elle n'a point obtenu satisfaction complète en première instance, faire de son côté un appel, qui se nomme *appel incident;* l'appel incident peut être interjeté en tout état de cause, même après l'expiration des délais.

Effets de l'appel et procédure sur l'appel. — L'appel est suspensif, c'est-à-dire qu'il arrête l'exécution du jugement. Ce principe ne reçoit exception que quand le tribunal, dans les cas où la loi l'autorise, a ordonné que son jugement serait exécuté par provision nonobstant appel. La procédure devant la Cour d'appel est à peu près la même que devant les tribunaux de première instance. L'acte d'appel contient assignation devant la Cour dans le délai ordinaire des ajournements : la procédure se fait par le ministère des avoués près la Cour d'appel. La demande portée en appel peut être soutenue par de nouveaux moyens; mais il n'est pas permis de former de demande nouvelle : on ne peut demander devant la juridiction d'appel que ce qui a été demandé en première instance.

Pourvoi en cassation. — Les jugements en dernier ressort des tribunaux de première instance et les arrêts des

Cours d'appel peuvent être déférés par les parties à la Cour de cassation, lorsqu'ils contiennent une violation de la loi. Le pourvoi en cassation est formé par le ministère d'un avocat au conseil d'Etat et à la Cour de cassation ; il ne suspend pas l'exécution de la décision attaquée. Lorsque la Cour de cassation estime que le jugement ou l'arrêt qui lui est déféré contient une violation ou une fausse application de la loi, elle casse, et renvoie, pour statuer sur le fond de l'affaire, devant une juridiction de même ordre que celle dont la décision a été cassée, Cour d'appel ou tribunal de première instance.

SECTION VII.

DE L'EXÉCUTION DES JUGEMENTS.

Règles générales. — Les jugements rendus par les tribunaux français sont exécutoires dans toute l'étendue du territoire. Les jugements qui ordonnent une main-levée, une radiation d'inscription hypothécaire, un paiement, ou quelque chose à faire par un tiers, par une personne qui n'a pas été partie au jugement, ne peuvent être mis à exécution par les tiers ou contre eux qu'autant qu'il est justifié qu'ils ne sont plus susceptibles d'opposition ou d'appel. Il ne peut être procédé à aucune saisie qu'en vertu d'un titre exécutoire, jugement ou acte notarié revêtu de la formule exécutoire. La remise des pièces à l'huissier lui donne pouvoir pour tous les actes d'exécution autres que la saisie immobilière pour laquelle un pouvoir spécial est nécessaire.

Les principaux modes d'exécution des jugements sont : la saisie-arrêt, la saisie des meubles ou saisie-exécution, la saisie immobilière, la saisie-brandon, la saisie-gagerie et la contrainte par corps.

De la saisie-arrêt ou opposition. — La saisie-arrêt ou opposition est un acte par lequel le créancier arrête une somme due à son débiteur par un tiers. Je suis créancier de Pierre, qui lui-même a Paul pour débiteur ; pour obtenir paiement, je puis former saisie-arrêt ou opposition entre les mains de

Paul, débiteur de mon débiteur : en pareil cas, je suis le saisissant, Pierre est le saisi, Paul le tiers saisi. L'effet de l'opposition est d'empêcher le tiers saisi de payer à son créancier ; s'il ne tenait pas compte de la saisie-arrêt, et payait au préjudice du droit du saisissant, le paiement serait nul à l'égard de ce créancier, qui pourrait contraindre le tiers saisi à payer une seconde fois. Le tiers saisi qui veut se libérer doit faire des offres réelles à son créancier, à la charge par celui-ci de lui rapporter main-levée des oppositions : si cette main-levée n'est pas fournie, il déposera la somme à la caisse des dépôts et consignations. Lorsque plusieurs saisies-arrêts ou oppositions sont formées entre les mains de la même personne, la somme saisie-arrêtée est distribuée entre les créanciers opposants au marc le franc, c'est-à-dire proportionnellement à leurs créances.

Procédure de la saisie-arrêt. — La saisie-arrêt peut être pratiquée en vertu d'un titre authentique ou sous seing privé ; si le créancier n'a pas de titre, il peut se faire autoriser à former saisie-arrêt par le président du tribunal du domicile du débiteur ou du domicile du tiers saisi. L'opposition est signifiée au tiers saisi par exploit d'huissier : elle doit, à peine de nullité, être dénoncée dans la huitaine au saisi ; la dénonciation contient assignation en validité d'opposition devant le tribunal du domicile du saisi. La demande en validité est ensuite dénoncée dans le délai de huitaine au tiers saisi ; faute de dénonciation de la demande en validité au tiers saisi, les paiements par lui faits sont valables. Lorsque le créancier saisissant a un titre authentique, ou lorsque la saisie-arrêt a été validée par jugement, le saisissant peut assigner le tiers saisi en déclaration des sommes qu'il doit au saisi : c'est ce qu'on appelle *assigner en déclaration affirmative*. Le tiers saisi fait sa déclaration au greffe du tribunal de première instance, ou devant le juge de paix de son domicile : cette déclaration énonce le montant de la dette, si elle existe, les à-comptes qui ont été payés, les saisies-arrêts ou oppositions formées entre les mains du tiers saisi ; les pièces justificatives sont annexées à la déclaration. Le tiers saisi, qui ne fait pas sa déclaration, ou qui ne produit pas à l'appui les pièces justificatives, est déclaré débiteur pur et simple de la somme pour laquelle la saisie-arrêt a été formée.

Certaines créances ne peuvent, à raison de leur nature, être frappées de saisie-arrêt : ainsi les sommes données ou léguées à la condition qu'elles seront insaisissables, les pensions alimentaires, les pensions de retraite payées par l'Etat. Les oppositions formées sur les appointements des fonctionnaires en exercice ne peuvent frapper que le cinquième du traitement, le surplus étant considéré comme alimentaire.

Saisie-exécution. — La saisie-exécution a pour effet de mettre sous la main de justice les objets mobiliers appartenant au débiteur. Elle ne peut être pratiquée qu'en vertu d'un titre exécutoire, acte notarié ou jugement; elle est précédée d'un commandement de payer fait au débiteur, un jour au moins avant la saisie. Le procès-verbal de saisie est dressé par un huissier, assisté de deux témoins; il contient la désignation détaillée des objets saisis. L'huissier établit un gardien chargé de veiller à la conservation des objets saisis; le saisi lui-même peut être constitué gardien. La saisie conduit à la vente des objets saisis; la vente ne peut avoir lieu que huit jours au moins après la signification du procès-verbal de saisie : elle est précédée de l'apposition d'affiches, et se fait aux enchères publiques. La loi ne permet pas de saisir le coucher du saisi, celui de ses enfants vivant avec lui, les vêtements qui leur sont nécessaires, les outils des artisans, les farines et denrées nécessaires à la consommation du saisi et de sa famille pendant un mois, une vache, trois brebis ou deux chèvres, au choix du saisi, ainsi que les grains, pailles et fourrages nécessaires à la litière et à la nourriture de ces animaux pendant un mois. Des formes particulières sont établies pour la saisie et la vente des bateaux et navires. Le saisi qui détourne ou détruit des objets saisis sur lui peut être poursuivi devant le tribunal correctionnel, puni d'un emprisonnement et d'une amende.

Saisie immobilière. — Les immeubles, à raison de leur importance, ne peuvent être saisis et mis en vente qu'après l'accomplissement de formalités plus longues et plus solennelles que celles exigées pour les meubles. Il ne peut être procédé à la saisie des immeubles qu'en vertu d'un titre exécutoire; la poursuite ne peut s'exercer en vertu d'un jugement par défaut pendant les délais de l'opposition. La saisie immobilière est précédée d'un commandement; elle ne peut avoir lieu que trente jours après le commandement. L'huissier, chargé de procéder à la saisie immobilière, doit se munir d'un pouvoir spécial du créancier. Le procès-verbal de saisie contient l'indication des biens saisis et la constitution d'un avoué chargé d'occuper pour le saisissant et de suivre la procédure; il est dénoncé au saisi dans la quinzaine, puis transcrit avec l'exploit de dénonciation au bureau des hypothèques. A partir de la transcription de la saisie, le saisi ne peut plus aliéner les immeubles saisis.

Dépôt du cahier des charges; sommations; publication; affiches et insertions. — Dans les vingt jours au plus tard après la transcription de la saisie, l'avoué du créancier qui poursuit dépose au greffe du tribunal un *cahier des charges* qui contient la désignation des immeubles, les conditions de la vente, la mise à prix. Sommation est faite ensuite au saisi, aux créanciers hypothécaires inscrits sur l'immeuble, et à ceux qui peuvent avoir à exercer des hypothèques légales non inscrites, de prendre communication du cahier des charges et d'assister à la publication qui en sera faite. Le tribunal, lors de la publication du cahier des charges, fixe le jour de l'adjudication. Avant l'adjudication, des placards et affiches sont apposés dans les lieux déterminés par la loi; des insertions sont faites dans le journal ou les journaux désignés chaque année pour recevoir les annonces.

Adjudication; ses effets. — Nous arrivons ainsi à l'adjudication qui a lieu à la barre du tribunal, aux enchères publiques. Celui qui a mis l'enchère la plus élevée reste adjudicataire; les enchères ne sont reçues que par le ministère d'un avoué. Les avoués ne peuvent porter d'enchères pour le saisi ou pour des personnes notoirement insolvables. L'adjudication a pour effet de transporter sur le prix les droits des créanciers hypothécaires ; l'adjudicataire , en consignant son prix, est à l'abri de toutes poursuites de leur part.

Surenchère ; folle enchère ; conversion. — L'adjudication sur saisie immobilière peut être suivie dans la huitaine d'une *surenchère du sixième :* la surenchère se fait par une déclaration au greffe ; l'immeuble est mis de nouveau en vente sur une mise à prix qui dépasse d'un sixième le prix de l'adjudication. Si personne ne porte une nouvelle enchère, le surenchérisseur reste adjudicataire.

Lorsque l'adjudicataire n'exécute pas les conditions de l'adjudication, ne paie pas son prix, l'immeuble est revendu ; c'est ce qu'on appelle la *folle enchère.* Le premier adjudicataire reste responsable de la différence entre le prix moyennant lequel l'immeuble lui a été adjugé et le prix de la revente sur folle enchère.

Lorsque la saisie a été pratiquée , dénoncée et transcrite, les parties intéressées peuvent s'entendre pour que l'immeuble soit mis en vente devant un notaire ou à la barre du tribunal , sans observer toutes les formalités prescrites pour les ventes sur saisie immobilière. En pareil cas, un jugement du tribunal convertit la saisie immobilière en vente volontaire aux enchères publiques : c'est la *vente sur conversion.* Ce mode de procéder présente l'avantage d'une économie de frais importante.

Saisie-brandon ; saisie-gagerie. — La saisie-brandon est la saisie des récoltes sur pied ; elle ne peut avoir lieu que dans les six semaines qui précèdent l'époque ordinaire de la maturité des fruits ; elle est précédée d'un commandement avec un jour d'intervalle.

La saisie-gagerie est celle qui est pratiquée par le propriétaire, à raison des loyers et fermages échus, sur les effets et les récoltes qui se trouvent dans les lieux loués. La saisie-gagerie est précédée d'un commandement ; elle peut avoir lieu, même lorsque le propriétaire n'a pas un bail authentique, mais il ne peut être procédé à la vente des meubles frappés de saisie-gagerie qu'en vertu d'un jugement validant la saisie-gagerie.

Contrainte par corps; loi du 22 juillet 1867. — La contrainte par corps est une voie d'exécution qui consiste à incarcérer le débiteur, lorsqu'il ne paie pas sa dette. La contrainte par corps était admise, par les lois antérieures, en matière civile, dans certains cas déterminés; en matière commerciale, lorsque la dette atteignait le chiffre de deux cents francs; contre les étrangers, pour une dette de cent cinquante francs au moins; en matière pénale, pour les condamnations à l'amende, aux restitutions, dommages-intérêts et frais prononcés par les tribunaux de répression. La contrainte par corps a été supprimée en matière civile, commerciale et contre les étrangers, par la loi du 22 juillet 1867; elle ne subsiste plus qu'en matière pénale pour l'exécution des condamnations à l'amende prononcées par les tribunaux criminels, correctionnels et de police, et pour l'exécution des condamnations à des dommages-intérêts prononcées au profit de particuliers par les tribunaux de répression ou par les tribunaux civils, à raison d'un crime, d'un délit ou d'une contravention reconnus par les tribunaux de répression et pour le recouvrement des frais de justice criminelle dus à l'État. La durée de la contrainte varie selon le chiffre de la condamnation : le minimum est de deux jours; le maximum, de deux ans. Le débiteur qui justifie de son insolvabilité doit être mis en liberté, lorsqu'il a subi l'incarcération pendant la moitié du temps fixé, à raison du chiffre de la condamnation.

SECTION VIII.

DISTRIBUTION DES DENIERS ENTRE LES CRÉANCIERS.

Division. — Lorsque les créanciers ne sont pas d'accord pour la répartition des sommes appartenant à leur débiteur, il faut que la justice intervienne pour la distribution. Tel est le but des deux procédures dont nous allons dire quelques mots : la procédure de contribution et la procédure d'ordre; la première, applicable à la répartition des deniers frappés de saisie-arrêt ou des sommes provenant de la vente du mobilier; la seconde, réglant la répartition du prix de vente des immeubles.

Contribution. — Lorsque les créanciers et le saisi ne s'entendent pas pour la répartition des deniers arrêtés ou du prix de la vente des meubles, il y a lieu à distribution par contribution. L'avoué du créancier le plus diligent fait commettre par le président du tribunal un juge chargé de procéder à la contribution. En vertu d'une permission du juge-commissaire, les créanciers sont sommés de faire valoir leurs droits; ils doivent, dans le mois de cette sommation, produire leurs titres de créance, et demander, par le ministère d'un avoué, à être colloqués sur les deniers en répartition. A défaut de production dans ce délai, le créancier n'a rien à prétendre dans la somme distribuée : il est forclos. Les délais expirés, le juge-commissaire dresse un projet de distribution, qu'on nomme *règlement provisoire* : les créanciers et le saisi doivent prendre communication du règlement provisoire, et le contester, s'il y a lieu, dans la quinzaine du jour où la clôture du règlement provisoire est dénoncée par le poursuivant. Si aucune contestation ne s'élève, le règlement provisoire devient définitif; s'il y a des contestations, elles sont jugées par le tribunal, qui maintient ou réforme le projet de distribution préparé par le juge-commissaire. Lorsque le règlement définitif est intervenu, le greffier délivre aux créanciers les titres constatant leur collocation sur la somme distribuée, à la charge par eux d'affirmer devant lui la sincérité de leur créance.

Ordre. — La procédure d'ordre s'accomplit, comme la procédure de contribution, sous la direction d'un juge-commissaire. L'ordre judiciaire est précédé d'une tentative d'ordre amiable : les créanciers, le débiteur et l'acquéreur de l'immeuble sont appelés par lettres chargées devant le juge-commissaire; ils doivent s'y présenter, sous peine de vingt-cinq francs d'amende. Si les créanciers s'entendent, le juge-commissaire fait immédiatement la répartition. S'il n'intervient pas de règlement amiable, l'ordre judiciaire est ouvert, et les créanciers sont sommés de produire dans les quarante jours; à défaut de production dans ce délai, ils sont forclos. Lorsque les délais sont expirés, le juge-commissaire dresse un règlement provisoire que les créanciers peuvent contester dans les trente jours; s'il n'y a pas de contestation, ou après le jugement des contestations, le juge-commissaire arrête le règlement définitif, ordonne la délivrance des *bordereaux de collocation* aux créanciers venant en ordre utile et la radiation des inscriptions hypothécaires prises par les créanciers qui ne viennent pas utilement.

QUATRIÈME PARTIE.

DROIT PÉNAL.

Division. — Le droit pénal se divise en deux parties bien distinctes : le droit pénal proprement dit, qui définit et détermine les faits punissables et les peines qui doivent être prononcées contre les coupables, et l'instruction criminelle, qui s'occupe des juridictions chargées de l'application de la peine et de la procédure à suivre devant ces juridictions.

CHAPITRE PREMIER.

DROIT PÉNAL PROPREMENT DIT.

SECTION Iʳᵉ.

NOTIONS GÉNÉRALES.

Principe fondamental du droit pénal. — Le principe fondamental du droit pénal se trouve dans cette idée : que la société peut infliger un châtiment à l'auteur de tout fait réunissant ce double caractère d'être contraire à la justice, à la loi morale, et de mettre en péril l'intérêt social. Il faut bien le remarquer, la société punit, mais elle ne se venge pas : elle punit, pour arrêter dans la voie mauvaise où il s'est engagé l'auteur du fait coupable, pour le ramener au bien, si cela est possible, pour détourner, par l'exemple du châtiment, ceux qui seraient tentés de l'imiter. La peine doit être proportionnée à la gravité du fait, considéré au double point de vue de la justice et de l'intérêt social. Tel est en résumé le principe sur lequel repose notre législation pénale. Il faut ajouter qu'aucun fait ne peut être considéré comme un délit, et n'est punissable, qu'autant qu'il était prévu et puni par une disposition formelle de la loi, lorsqu'il a été commis.

Importance du droit pénal. — Le droit pénal est l'une des parties les plus importantes et les plus difficiles de notre législation. Il importe en effet essentiellement à la société que des faits qui jettent le trouble et l'effroi dans son sein soient réprimés avec sévérité, mais en même temps avec justice. La procédure devant les juridictions de répression doit être organisée de manière à concilier avec les nécessités de la répression l'intérêt de la défense du citoyen poursuivi, et à éviter les erreurs judiciaires si redoutables en pareille matière. Ce sont là de graves problèmes, qui offrent au jurisconsulte et au publiciste un vaste champ d'études. Nous devons, quant à nous, nous borner à parcourir rapidement les différents objets qui se trouvent renfermés dans ce cadre.

Codification de la législation pénale; lois spéciales. — Notre législation pénale se trouve contenue en grande partie dans deux codes : le Code pénal et le Code d'instruction criminelle. Le Code pénal énumère et définit les divers faits punissables, et détermine les peines qui doivent être appliquées; ce code a été promulgué en 1810 : il se compose de 484 articles. Les dispositions du Code pénal ont été revisées à deux reprises : en 1832 d'abord, et plus récemment en 1863; ces deux révisions ont écarté de la loi des rigueurs inutiles, adouci certaines dispositions trop sévères, tout en maintenant dans une juste mesure les pénalités nécessaires. Le Code pénal ne contient pas l'énumération de tous les délits; il faut le compléter par des lois spéciales : les délits de pêche, les délits de chasse, les délits forestiers, la contrefaçon des inventions brevetées et bien d'autres faits sont prévus et punis par des lois particulières.

Le Code d'instruction criminelle, promulgué en 1808, traite de la procédure à suivre devant les diverses juridictions pénales : il comprend 643 articles. Le Code d'instruction criminelle a été, comme le Code pénal, l'objet de réformes importantes ; des lois récentes ont abrégé la durée des procédures, et adouci la rigueur d'une mesure nécessaire dans certains cas à la marche de la procédure, la détention préventive. Nous faisons allusion à la loi du 1ᵉʳ juin 1863, sur l'instruction des flagrants délits devant les tribunaux correctionnels, et à la loi du 14 juillet 1865, sur la liberté provisoire.

SECTION II.

DIVISION DES INFRACTIONS A LA LOI PÉNALE ET DES PEINES.

Division des faits punissables ; crimes, délits et contraventions. — On emploie souvent le mot *délit* pour désigner d'une manière générale tous les faits prévus et punis par la loi pénale ; plus spécialement ces faits se divisent en trois classes : les crimes, les délits et les contraventions. Les crimes sont les infractions les plus graves : ils sont punis de peines appelées *peines afflictives et infamantes*, et jugés par les Cours d'assises. Les délits sont punis de *peines correctionnelles*, et jugés par les tribunaux de police correctionnelle ; enfin les contraventions sont punies de *peines de simple police*, et jugées par les tribunaux de simple police. La classification des délits nous conduit ainsi à la division des peines.

Division des peines. — Les peines se divisent en peines afflictives et infamantes ou infamantes seulement, peines correctionnelles, peines de simple police. Les peines afflictives et infamantes ou seulement infamantes ne sont applicables qu'aux crimes.

Peines en matière criminelle. — Voici l'énumération des

peines que la loi classe parmi les peines afflictives *e* infamantes : 1° *la peine de mort.* Cette peine est aujourd'hui
d'une application rare : elle est réservée pour quelques
grands crimes; la peine de mort n'existe plus en matière
politique depuis 1848; 2° *les travaux forcés à perpétuité ou à
temps.* L'individu condamné aux travaux forcés est employé
aux travaux les plus pénibles : il subit sa peine dans les établissements créés aux colonies, à la Guyane notamment, ou
dans des bagnes existant en France. Les femmes subissent
la peine des travaux forcés dans des maisons de force; pour
les vieillards de plus de soixante ans, la peine des travaux
forcés est remplacée par celle de la réclusion. (*Loi du* 30 *mai*
1854.) La durée de la peine des travaux forcés à temps est
de cinq ans au moins et vingt ans au plus; 3° *la réclusion.*
Cette peine consiste à être renfermé dans une maison de force
où le condamné est employé à des travaux dont le produit
peut être appliqué en partie à son profit : la durée de la peine
de la réclusion est de cinq ans au moins et de dix ans au plus;
4° *la déportation dans une enceinte fortifiée et la déportation
simple.* Ces deux peines sont réservées aux crimes politiques.
Le condamné à la déportation est envoyé dans une colonie,
où il jouit de toute la liberté compatible avec la nécessité
d'assurer la garde de sa personne; la déportation est une peine
**perpétuelle. La loi a désigné comme lieu de déportation les
îles Marquises et la Nouvelle-Calédonie**; 6° *la détention.* C'est
encore une peine applicable seulement aux crimes politiques :
le condamné à la détention est enfermé dans une forteresse
en France; la citadelle de Belle-Ile-en-Mer est affectée aux
condamnés à la détention : cette peine est prononcée pour
cinq ans au moins et vingt ans au plus.

Deux peines ont le caractère de peines infamantes seulement : le *bannissement* et la *dégradation civique.* Le bannissement consiste dans l'expulsion du territoire français.
La dégradation civique entraîne certaines incapacités, dont
les principales sont : l'exclusion de toutes fonctions publiques, la perte de tous les droits politiques, du droit de porter
aucune décoration, de faire partie de l'armée française. l'in-

capacité de faire partie d'un conseil de famille, et d'être tuteur ou subrogé-tuteur, si ce n'est de ses propres enfants, et de l'avis conforme de la famille.

Peines accessoires en matière criminelle. — La dégradation civique, qui est quelquefois prononcée comme peine principale, est le plus souvent une peine accessoire. La condamnation à la peine des travaux forcés, de la déportation, de la détention, de la réclusion et du bannissement entraîne la dégradation civique. La condamnation à l'une de ces peines, à l'exception du bannissement, entraîne aussi l'*interdiction légale*, qui prive le condamné, pendant qu'il subit sa peine, de l'administration de ses biens : un tuteur est chargé de le représenter ; il a un subrogé-tuteur et un conseil de famille, comme s'il avait été interdit par une décision judiciaire pour cause de démence. La condamnation à une peine perpétuelle, travaux forcés à perpétuité, déportation, entraîne, outre l'interdiction légale et la dégradation civique, des incapacités particulières : l'incapacité de disposer par testament ou par donation et de recevoir à ce titre, la nullité du testament fait par le condamné avant sa condamnation; c'est par cet ensemble de déchéances que la loi du 31 mai 1854 a remplacé la *mort civile* que consacraient les dispositions du Code civil. Les individus condamnés aux travaux forcés à temps, à la détention et à la réclusion sont, à l'expiration de leur peine et pendant toute leur vie, soumis à la surveillance de la police. L'effet de cette surveillance est de permettre à l'administration d'assigner une résidence à celui qui en est l'objet, et de lui interdire le séjour de Paris et de sa banlieue, de Lyon et des localités comprises sous la dénomination d'agglomération lyonnaise.

Peines en matière correctionnelle. — Les tribunaux correctionnels peuvent prononcer les peines suivantes : 1° *l'emprisonnement*, dont la durée est de six jours au moins et de cinq ans au plus ; 2° *l'amende*, qui ne peut être inférieure à seize francs ; il faut remarquer que l'amende est une peine applicable même en matière criminelle ; 3° *l'interdiction temporaire des droits civiques, civils et de famille*, par exemple du droit de vote et d'élection, du droit de port d'armes, du droit de faire partie d'un conseil de famille et d'exercer la tutelle; 4° *la surveillance de la haute police* pendant un temps limité, lorsqu'une disposition particulière de la loi le permet. En matière correctionnelle comme en matière criminelle, les juges peuvent ordonner la *confiscation* des objets produits par le délit, ou des instruments qui ont servi à le commettre.

Peines de simple police. — Les peines de simple police sont l'emprisonnement de un à cinq jours, l'amende de un à quinze francs, et la confiscation spéciale.

SECTION III.

DE LA RÉCIDIVE.

Que faut-il entendre par récidive. — Il y a récidive lorsqu'un individu, condamné déjà, commet un nouveau délit. La récidive manifeste chez le délinquant une perversité plus grande : une peine plus forte doit lui être appliquée, puisque la première condamnation n'a pu le détourner de commettre un nouveau délit. On ne doit pas confondre avec la récidive le cas où un individu est poursuivi à raison de plusieurs faits délictueux, sans avoir encore subi de condamnation; la règle à suivre, lorsqu'il y a ainsi concours de plusieurs délits, est que la peine la plus forte doit être seule appliquée.

Aggravation des peines résultant de la récidive. — La récidive peut se présenter dans les trois cas suivants : 1° Un individu a été condamné pour crime à une peine afflictive et infamante, et il est poursuivi et condamné pour un nouveau crime. Voici quelques exemples de l'aggravation qu'entraîne alors l'état de récidive : si le second crime emporte la peine de la réclusion, le coupable sera condamné, non à la réclusion, mais aux travaux forcés à temps ; si le second crime entraîne la peine des travaux forcés à temps, il sera condamné au maximum de la peine, qui pourra même être porté au double, c'est-à-dire jusqu'à quarante ans ; enfin celui qui, ayant été condamné une première fois aux travaux forcés à perpétuité, commet un second crime également puni dès travaux forcés à perpétuité est condamné à la peine de mort. 2° Celui qui, ayant été condamné pour crime à une peine criminelle ou à plus d'une année d'emprisonnement, commet un délit puni seulement d'une peine correctionnelle est condamné a maximum de la peine dont la durée peut être portée au double : ainsi, le maximum de l'emprisonnement étant de cinq années, il peut être condamné à dix ans de prison, par suite de la récidive. 3° Celui qui a été condamné une première fois par le tribunal correctionnel à plus d'une année d'emprisonnement, est puni, s'il commet un nouveau délit, du maximum de la peine, laquelle peut être portée au double. En matière de délits, l'aggravation résultant de la récidive n'a lieu qu'autant que la première condamnation est supérieure à un an d'emprisonnement. En outre, la condamnation prononcée pour un délit de police correctionnelle n'entraîne pas aggravation, si le condamné commet ensuite un crime puni d'une peine afflictive et infamante.

SECTION IV.

DES PERSONNES PUNISSABLES, OU EXCUSABLES, OU RESPONSABLES POUR CRIMES OU DÉLITS.

Tentative. — La tentative d'un crime est punie comme le crime lui-même, lorsqu'elle s'est manifestée par un commencement d'exécution, si elle n'a été suspendue ou n'a manqué son effet que par des circonstances indépendantes de la volonté de son auteur. Il y a donc à faire cette distinction : lorsqu'un individu, sur le point de commettre un crime, s'arrête par un effet de sa volonté, il n'est pas punissable; si, au contraire, il veut aller jusqu'au bout, et qu'une circonstance fortuite l'empêche de réaliser son coupable projet, il sera puni comme s'il l'avait accompli. Les tentatives de délits ne sont punies comme le délit lui-même qu'autant que la loi l'a dit expressément; c'est ce qui se présente pour la tentative de vol, la tentative d'escroquerie.

Complicité. — L'auteur du crime ou du délit, celui qui l'a exécuté, peut avoir des complices. La règle est que les complices d'un crime ou d'un délit sont punis de la même peine que l'auteur principal. La complicité peut se présenter dans différents cas : ceux qui provoquent l'auteur du crime ou du délit à le commettre, qui lui donnent des instructions, lui procurent des armes, des instruments, sachant qu'ils doivent servir à l'action, ceux qui l'aident ou l'assistent, en connaissance de cause, dans la préparation ou l'accomplissement du fait coupable, sont considérés et punis comme complices. Le recéleur, c'est-à-dire celui qui détient sciemment des choses enlevées, détournées ou obtenues à l'aide d'un crime ou d'un délit, est également puni comme complice.

Des personnes qui ne sont pas responsables. — Il y a certains cas dans lesquels l'auteur d'un fait échappe à toute responsabilité, au point de vue de la loi pénale, alors que ce fait commis par une autre personne ou dans des conditions différentes constituerait un crime ou un délit. Celui qui est en démence au moment de l'acte commis n'est pas punissable : la folie fait disparaître sa responsabilité ; il en est de même de celui qui a agi sous l'empire de la contrainte, dominé par une force à laquelle il n'a pu résister. Il n'y a ni crime, ni délit, lorsque l'homicide ou les blessures ont été commis par un individu en *état de légitime défense*, par exemple, en repoussant une attaque nocturne, ou en se défendant contre les auteurs d'un vol exécuté avec violence. Dans ces diverses circonstances, aucune condamnation, aucune peine ne peut être prononcée.

Excuses. — Les excuses sont des faits prévus par la loi, à raison desquels un acte, coupable en lui-même, n'est pas puni ou n'est puni que d'une peine moindre. Voici un exemple dans lequel l'excuse fait obstacle à l'application d'aucune peine : lorsqu'un vol a été commis par un père au préjudice de son fils, ou par un fils au préjudice de son père, aucune peine ne peut être prononcée contre l'auteur de ce vol, à raison de la relation qui l'unit à la victime du délit ; mais s'il y a des complices au profit desquels la même cause d'excuse n'existe pas, ces complices pourront être condamnés. Comme exemple d'excuse simplement atténuante, nous citerons la *provocation* : le meurtre, les blessures et les coups sont punis d'une peine moins sévère, lorsqu'il ont été provoqués par des coups ou des violences graves envers les personnes

Minorité de seize ans. — La responsabilité pénale complète n'atteint l'individu que quand il a atteint l'âge de seize ans ; celui qui n'a pas cet âge se trouve, pour l'application de la loi pénale, dans une situation particulière. Toutes les fois qu'un mineur de seize ans est traduit devant une Cour d'assises ou un tribunal correctionnel, le jury ou les juges ont à résoudre cette question : « A-t-il agi avec discernement? » c'est-à-dire a-t-il connu la culpabilité de l'acte qu'il a commis? Lorsque la question de discernement est résolue négativement, le mineur est acquitté : il est rendu à ses parents, ou, si ses parents ne présentent pas de garanties suffisantes, il est envoyé dans une maison de correction pour y être élevé et y rester pendant un temps déterminé qui ne peut dépasser sa vingtième année. Pour l'exécution de cette mesure d'éducation, il a été créé des colonies pénitentiaires, où les jeunes détenus sont employés aux travaux agricoles ou aux industries qui se rattachent à l'agriculture. (*Loi du 3 juillet* 1850.) Lorsqu'il est reconnu que le mineur de seize ans a agi avec discernement, il est condamné, mais la peine qui lui est appliquée ne peut jamais être qu'un emprisonnement ; s'il a commis un crime entraînant la peine de mort ou des travaux forcés à perpétuité, la durée de l'emprisonnement peut aller jusqu'à vingt ans ; s'il n'a commis qu'un délit, la peine prononcée ne peut dépasser la moitié de celle à laquelle il eût été condamné, s'il avait eu seize ans. Le mineur de seize ans, qui a commis un crime, est jugé, s'il n'a pas de complices âgés de plus de seize ans, non par la Cour d'assises, mais par le tribunal correctionnel.

Circonstances atténuantes. — Indépendamment des faits prévus par la loi et qui ont le caractère d'excuses, les circonstances particulières peuvent, dans chaque affaire, influer sur la culpabilité. Pour les faits punis d'une peine temporaire, la loi fixe presque toujours un *maximum* et un *minimum*, entre lesquels la condamnation peut être prononcée. En outre, la peine applicable au crime ou au délit peut être abaissée, lorsque le jury ou le tribunal correctionnel déclare qu'il existe en faveur de l'accusé ou du prévenu des circonstances atténuantes. En matière criminelle, la déclaration de circonstances atténuantes fait descendre la peine de un ou de deux degrés : si la peine prononcée par la loi est la peine de mort, la déclaration de circonstances atténuantes permet de ne prononcer que la peine des travaux forcés à perpétuité ou des travaux forcés à temps; si la peine est celle des travaux forcés à perpétuité, la Cour d'assises peut prononcer soit la peine des travaux forcés à temps, soit la peine de la réclusion; si la peine est celle des travaux forcés à temps, elle peut appliquer la réclusion ou un emprisonnement correctionnel de un an à cinq ans; enfin la déclaration de circonstances atténuantes permet de substituer à la réclusion un simple emprisonnement. Le tribunal correctionnel, lorsqu'il reconnaît qu'il existe des circonstances atténuantes, peut aller jusqu'à réduire l'emprisonnement même au-dessous de six jours ou l'amende au-dessous de seize francs, ou substituer l'amende à l'emprisonnement. Toutefois, si la peine prononcée par la loi, à raison de la nature du fait ou de l'état de récidive du prévenu, est un emprisonnement dont le minimum n'est pas inférieur à un an, ou une amende dont le minimum n'est pas inférieur à cinq cents francs, le tribunal peut réduire l'emprisonnement à six jours seulement et l'amende à seize francs seulement, mais ne peut supprimer l'emprisonnement.

SECTION V.

NOTIONS SPÉCIALES SUR CERTAINS CRIMES ET DÉLITS,

Associations illicites. — Aucune association de plus de vingt personnes, dont le but est de se réunir périodiquement pour s'occuper d'objets religieux, politiques, littéraires ou

autres, ne peut se former qu'avec l'autorisation du Gouvernement. Il en est ainsi, alors même que ces associations seraient
divisées en sections composées de membres en nombre inférieur à vingt, et ne se réuniraient pas tous les jours ou à
des jours marqués. L'autorisation donnée par le Gouvernement à l'association est toujours révocable. Celui qui fait
partie d'une association non autorisée est puni d'un emprisonnement dont la durée varie de deux mois à un an et d'une
amende de 50 francs à 1,000 francs.

Réunions illicites. — Les réunions publiques, lorsqu'elles
ont pour objet des matières politiques ou religieuses, sont
soumises à la même condition que les associations : elles doivent être autorisées. Quant aux réunions publiques relatives
à d'autres objets, par exemple à des matières littéraires ou
scientifiques, elles peuvent avoir lieu sans autorisation préalable. La réunion doit seulement être précédée d'une déclaration indiquant son objet, et signée par sept citoyens domiciliés dans la commune où elle doit avoir lieu ; elle ne peut se
tenir que dans un local clos et couvert ; elle doit avoir un bureau composé d'un président et de deux assesseurs : le bureau
est chargé de maintenir l'ordre, et d'empêcher que la discussion ne porte sur des questions étrangères à l'objet de la
réunion. Les réunions électorales sont permises sans autorisation, bien qu'elles aient un caractère politique, pour l'élection des députés à l'Assemblée nationale ; elles peuvent être
tenues à partir de la promulgation du décret de convocation
du collége électoral jusqu'au cinquième jour avant l'ouverture
du scrutin. Les électeurs et les candidats qui se présentent
à leurs suffrages peuvent seuls assister à ces réunions électorales. (*Loi du 6 juin 1868.*)

**Violation des règlements relatifs aux manufactures, au
commerce et aux arts.** — Sous le titre général de violation
des règlements relatifs aux manufactures, au commerce et
aux arts, le Code pénal atteint un certain nombre de faits
qui sont de nature à porter préjudice aux intérêts de l'industrie, ou qui sont contraires aux habitudes loyales du commerce. Dans la première catégorie, nous trouvons la violation

des règlements particuliers établis pour les marchandises exportées en pays étranger, l'engagement à l'étranger de directeurs, commis ou ouvriers détournés d'un établissement français, la révélation des secrets de fabrique ou procédés particuliers employés pour la fabrication. Dans la seconde classe, nous placerons les manœuvres frauduleuses pratiquées pour amener la hausse ou la baisse des marchandises et effets publics, rentes sur l'État, actions de compagnies industrielles ou autres titres se négociant à la Bourse, les opérations de jeu sur les effets publics, les fraudes et falsifications commises par les marchands et voituriers. Enfin, sous le nom de contrefaçon, la loi punit l'atteinte portée aux droits des auteurs d'écrits en tout genre, de compositions musicales, d'œuvres dramatiques, et aussi aux droits des artistes, peintres, sculpteurs, dessinateurs, graveurs.

Coalitions. (*Loi du* 25 *mai* 1864). — La coalition est l'accord qui s'établit entre les patrons ou entre les ouvriers pour arriver à une modification du salaire ou des conditions du travail. Jusqu'à la loi de 1864, qui a remplacé les articles 414, 415 et 416 du Code pénal, toute coalition entre les patrons ou entre les ouvriers constituait un délit. Aujourd'hui, les coalitions sont libres en principe : mais elles prennent un caractère délictueux, lorsqu'elles sont accompagnées de violences, de manœuvres frauduleuses, ayant pour but de porter atteinte à la liberté du patron ou des ouvriers par la cessation simultanée du travail. La loi punit également le fait d'avoir porté atteinte à la liberté des autres ouvriers par des amendes, proscriptions, défenses, interdictions, prononcées dans le but d'empêcher ces ouvriers de travailler, et de les contraindre à se joindre à ceux qui veulent abandonner l'atelier.

Banqueroute. — La faillite est l'état d'un commerçant qui cesse de satisfaire à ses engagements : lorsque la faillite est accompagnée d'actes frauduleux, de négligence ou d'imprudence grave de la part du failli, elle dégénère en banqueroute. On distingue la *banqueroute frauduleuse* et la *banqueroute simple*. La banqueroute frauduleuse est un crime, qui est poursuivi devant la Cour d'assises, et puni de la peine des travaux forcés. Il y a banqueroute frauduleuse, lorsque le failli a soustrait ses livres, lorsqu'il a frauduleusement détourné une partie de son actif. La banqueroute simple est un délit, puni de la peine d'emprisonnement. Les cas de banqueroute simple sont nombreux; voici quelques exemples : le failli peut être condamné comme banqueroutier simple, lorsqu'il a fait des dépenses personnelles ou des dépenses de maison excessives, lorsqu'il a perdu des sommes considérables au jeu ou à des opérations de hasard, lorsqu'il n'a pas tenu de livres de commerce, ou que ses livres sont incomplets ou irrégulièrement tenus.

Escroquerie. — Le délit d'escroquerie se compose de deux éléments. Il faut, en premier lieu, qu'il y ait eu des manœuvres frauduleuses pratiquées ; ces manœuvres peuvent consister dans l'emploi d'un faux nom ou d'une fausse qualité, dans des machinations qui tendent à persuader l'existence de fausses entreprises, d'un pouvoir ou d'un crédit imaginaire, ou à faire naître la croyance à un événement chimérique quelconque. Il faut en outre que l'auteur de ces manœuvres se soit fait remettre, ou ait simplement tenté de se faire remettre de l'argent ou des valeurs, et ait ainsi porté préjudice à la fortune d'autrui. Le délit d'escroquerie est puni d'un emprisonnement d'un an à cinq ans et d'une amende de cinquante francs à trois mille francs.

Délits des fournisseurs. — Il y a certains délits particuliers à ceux qui ont entrepris la fourniture des objets nécessaires à l'entretien des armées de terre ou de mer. Le fournisseur qui fait manquer par sa faute le service dont il est chargé est puni de la peine de la réclusion : ce fait constitue un crime. Le simple retard dans les livraisons, la fraude sur la qualité ou la quantité des choses fournies constitue un délit puni de la peine de l'emprisonnement.

CHAPITRE II.

INSTRUCTION CRIMINELLE.

SECTION Ire.

NOTIONS GÉNÉRALES.

Distinction de l'action publique et de l'action civile; action publique. — Tout fait délictueux peut donner naissance à deux actions : l'action publique, qui tend à l'application de la peine, et l'action civile, pour la réparation du dommage causé à la victime du crime, du délit ou de la contravention. L'action publique est exercée, au nom de la société, par les fonctionnaires auxquels elle est confiée, le plus ordinairement par les magistrats du ministère public ; elle est, en général, indépendante de la plainte de la partie lésée et de l'exercice de l'action civile ; il en est toutefois autrement pour certains délits, le délit de diffamation, de contrefaçon d'une invention brevetée, par exemple, qui ne peuvent être poursuivis par le ministère public que sur la plainte de la partie intéressée. L'action publique est toujours exercée devant les tribunaux de répression : Cours d'assises, tribunaux correctionnels, tribunaux de simple police ; elle s'éteint par la mort du prévenu.

Action civile. — L'action civile appartient à la personne lésée par le crime ou par le délit ; elle ne peut avoir d'autre résultat qu'une condamnation civile prononcée contre l'auteur du fait coupable ; elle ne s'éteint pas par la mort du prévenu, et peut être intentée contre ses héritiers ou représentants ; elle peut être l'objet d'une transaction ou d'une renonciation de la part de celui auquel le délit a causé préjudice. L'action civile, à raison d'un crime, d'un délit ou d'une contravention, peut s'exercer de deux manières : la personne lésée peut se porter partie civile, c'est-à-dire saisir de sa demande la juridiction répressive, qui statuera sur les dommages-intérêts, sur les restitutions ou autres réparations civiles, en même temps que sur l'application de la peine. La Cour d'assises, le tribunal correctionnel et le tribunal de simple police peuvent ainsi connaître de l'action civile en même temps que de l'action publique. Si la personne lésée ne s'est pas portée partie civile, elle peut former devant les tribunaux civils une demande qui sera soumise aux formes et aux règles ordinaires de la procédure devant ces tribunaux.

Prescription. — Lorsqu'un certain temps s'est écoulé depuis que le délit a été commis ou depuis que la condamnation a été prononcée, on peut dire que la nécessité de la répression n'existe plus : en effet, le souvenir du fait coupable s'est effacé, le besoin de l'exemple a disparu, et dès lors l'intérêt social n'exige plus que la peine soit subie ou qu'une condamnation soit prononcée. Tel est le motif sur lequel repose la prescription en matière de crimes, de délits et de contraventions. Lorsqu'il y a eu des poursuites exercées et une condamnation prononcée, le condamné qui parvient à se soustraire à l'action de la justice peut prescrire la peine. Le délai de la prescription est de vingt ans, pour les condamnations prononcées en matière criminelle, de cinq ans, pour les condamnations en matière correctionnelle, et de deux ans, pour les condamnations de simple police. Cette prescription ne s'applique qu'à la peine proprement dite, et non aux condamnations civiles prononcées par les arrêts ou jugements : ces condamnations sont soumises aux règles ordinaires de la prescription civile. L'action publique et l'action civile résultant d'un crime, d'un délit ou d'une contravention sont prescrites, si aucune poursuite n'a été exercée contre le coupable dans un délai déterminé, à compter du jour où le fait coupable a été commis : pour les crimes, le délai est de dix ans; pour les délits, de trois ans; il est d'un an pour les contraventions.

Diverses phases de la procédure ou instruction criminelle. — Les expressions : instruction criminelle, prises dans un sens général, désignent l'ensemble des règles de la procédure en matière pénale. Cette procédure se divise ordinairement en deux parties bien distinctes. Toutes les fois que le fait poursuivi présente les caractères d'un crime, et dans la plupart des cas où il s'agit d'un délit correctionnel, l'affaire, avant d'être jugée, est l'objet d'une instruction préparatoire dont le but est de rassembler les preuves du fait coupable : c'est la première phase de la procédure. Lorsque l'instruction est terminée, si les preuves réunies présentent des indices suffisants de culpabilité, l'affaire est portée devant la juridiction qui doit juger le coupable. Les juridictions chargées de juger les faits punis par la loi pénale varient selon la nature de l'infraction : pour les contraventions, la juridiction compétente est le tribunal de simple police ; pour les délits, le tribunal correctionnel ; pour les crimes, la Cour d'assises.

Après avoir donné, dans la section qui va suivre, quelques notions sur l'instruction préparatoire, nous passerons à l'examen des règles applicables aux tribunaux de simple police, aux tribunaux correctionnels, aux Cours d'assises ; une dernière section sera consacrée aux voies de recours contre les décisions rendues par ces diverses juridictions.

SECTION II.

INSTRUCTION PRÉPARATOIRE.

Caractère de cette procédure. — La procédure d'instruction a pour caractère essentiel l'absence de publicité : lorsque l'inculpé arrivera devant la juridiction chargée de le juger, il pourra se défendre publiquement ; mais jusque-là, il n'y a pas de débat public ; tout ce que peut faire l'inculpé, pour sa défense, dans le cours de l'instruction, c'est de remettre, ou de faire remettre par ses conseils, aux magistrats qui suivent l'affaire, des notes ou mémoires écrits. L'instruction préparatoire n'est nécessaire, indispensable que pour les faits qui présentent les caractères d'un crime ; pour les délits, elle est facultative ; elle n'a pas lieu pour les contraventions de simple police, la simplicité de ces faits excluant les formalités et les lenteurs de cette procédure.

Police judiciair- · officiers qui l'exercent. — Le mot *police* désigne l'en... .le des institutions créées en vue de maintenir l'ordre public, la liberté des citoyens, la propriété, la sûreté individuelle. La *police administrative*, qui est exercée par des fonctionnaires administratifs, a un caractère préventif : elle tend principalement à prévenir les délits. Quant à la police judiciaire, elle a pour mission de rechercher les crimes, les délits, les contraventions, d'en rassembler les preuves, et d'en déférer les auteurs aux tribunaux chargés de les punir. La police judiciaire est exercée par les gardes champêtres et forestiers, les commissaires de police, les maires et adjoints, les procureurs de la République, les juges de paix, les officiers de gendarmerie, enfin et surtout par les juges d'instruction. Les préfets des départements et le préfet de police, à Paris, peuvent également agir comme officiers de police judiciaire. Revenons sur les attributions spéciales des principaux de ces agents.

Maires ; commissaires de police ; gardes champêtres et forestiers. — Les commissaires de police, et les maires ou adjoints, dans les communes où il n'y a pas de commissaire de police, recherchent les contraventions de police, reçoivent .es rapports, dénonciations et plaintes qui y sont relatifs ; ils dressent des procès-verbaux dans lesquels sont consignées la nature et les circonstances des contraventions, le temps et le lieu où elles ont été commises, les preuves ou indices à la cnarge de ceux qui en sont présumés coupables.

Les gardes forestiers recherchent, dans le territoire où ils exercent leurs fonctions, les délits et contraventions en matière forestière ; les gardes champêtres constatent, dans toute l'étendue de la commune, les contraventions aux règlements de police municipale. Les gardes forestiers et gardes champêtres dressent des procès-verbaux ; ils peuvent arrêter et conduire devant le juge de paix ou devant le maire tout individu qu'ils ont surpris en flagrant délit, si le délit est de nature à entraîner la peine de l'emprisonnement ou une peine plus grave.

Procès-verbaux; foi qui leur est due. — Il est un grand nombre de fonctionnaires qui, bien que n'étant pas officiers de police judiciaire, ont le droit de constater certaines contraventions par des procès-verbaux : les ingénieurs et agents auxiliaires des ponts-et-chaussées et des mines, les préposés des contributions indirectes et des douanes, les fonctionnaires de l'administration des postes, les vérificateurs des poids et mesures, les commissaires de surveillance des chemins de fer, peuvent, dans la limite des attributions que la loi leur confie, dresser des procès-verbaux. Les sous-officiers de gendarmerie et les gendarmes peuvent également constater certains délits ou contraventions, par exemple, les délits de chasse, les contraventions à la police du roulage, etc.

Quelle est l'autorité des procès-verbaux dressés par les officiers de police judiciaire et par ces divers agents ? Il y a une distinction à faire : en règle générale, les procès-verbaux ne font foi en justice que jusqu'à preuve contraire, c'est-à-dire que le citoyen, traduit devant le tribunal correctionnel ou devant le tribunal de simple police, et auquel on oppose un procès-verbal constatant le délit ou la contravention, peut détruire, au moyen de témoignages qu'il fera entendre, la preuve qu'on veut faire résulter du procès-verbal, établir que les faits qu'il constate ne sont pas exacts. Tel est le droit commun : mais certains agents tiennent de la loi le pouvoir de dresser des procès-verbaux qui sont crus jusqu'à inscription de faux, c'est-à-dire que celui qui veut détruire la preuve résultant du procès-verbal doit recourir à une procédure spéciale, longue et difficile, qu'on appelle l'*inscription de faux*. Nous citerons comme exemples de procès-verbaux faisant foi jusqu'à inscription de faux : les procès-verbaux des employés des contributions indirectes, des préposés des douanes, des agents forestiers.

Procureurs de la République, officiers de police judiciaire auxiliaires du procureur de la République. — Le procureur de la République est, dans chaque arrondissement, chargé de la poursuite des délits et des crimes. Il reçoit les dénonciations et les plaintes qui lui sont transmises par les fonctionnaires et officiers publics ou par les simples citoyens. Le procureur de la République, averti qu'un délit ou un crime a été commis, requiert le juge d'instruction de commencer une information; i peut, s'il s'agit d'un crime flagrant, c'est-à-dire qui vient de se commettre, se transporter sur les lieux sans le juge d'instruction, dresser des procès-verbaux, entendre des témoins; il a les mêmes attributions, toutes les fois qu'un crime ou un délit, même non flagrant, a été commis dans l'intérieur d'une maison, et qu'il est requis de le constater par le chef de cette maison; c'est-à-dire par le chef de la famille qui y habite.

Le procureur de la République a pour auxiliaires dans ses fonctions les juges de paix, les officiers de gendarmerie, les maires, les commissaires de police. Ces fonctionnaires peuvent recevoir les dénonciations et les plaintes, faire des actes d'instruction en cas de crime flagrant ou de réquisitions d'un chef de maison, comme le procureur de la République lui-même.

Juge d'instruction. — Près de chaque tribunal de première instance il y a un ou plusieurs juges d'instruction, selon les besoins du service. Les fonctions de juge d'instruction peuvent être exercées par un juge titulaire ou par un juge suppléant : le juge d'instruction est nommé pour trois ans par décret du Président de la République; il peut conserver ces fonctions plus longtemps

Pouvoirs du juge d'instruction; audition des témoins. — C'est au juge d'instruction qu'il appartient de recueillir les preuves du crime ou du délit, et de faire dans ce but les constatations et autres actes nécessaires. Le juge d'instruction peut interroger l'inculpé, faire des perquisitions, saisir les papiers, les pièces qui pourront conduire à la manifestation de la vérité, les objets qui pourront servir de pièces à conviction; il peut faire faire par des experts certaines constatations; il peut entendre des témoins. Les témoins sont cités devant le juge d'instruction par huissier à la requête du procureur de la République : les témoins cités doivent comparaître sous peine d'une amende qui peut aller jusqu'à cent francs; le témoin défaillant peut être contraint par corps à se présenter devant le juge d'instruction pour déposer ; le juge d'instruction décerne en ce cas contre lui un *mandat d'amener* qui est mis à exécution par les agents de la force publique.

Mandats de comparution, de dépôt et d'arrêt. — Il est souvent nécessaire de s'assurer de la personne de l'inculpé, pour qu'il n'échappe pas aux poursuites et à la condamnation ; le juge d'instruction a la faculté de le faire emprisonner préventivement. Il peut d'abord décerner contre l'inculpé un mandat de comparution ; dans le cas de mandat de comparution, le juge d'instruction doit procéder immédiatement à l'interrogatoire. Après cet interrogatoire, ou lorsque l'inculpé n'a point obéi au mandat de comparution, le juge d'instruction peut délivrer un mandat de dépôt ou un mandat d'arrêt. En vertu du mandat de dépôt ou d'arrêt, l'inculpé est saisi, partout où il se trouve, par les agents de la force publique, et conduit dans la prison ou maison d'arrêt désignée par le mandat.

Mise en liberté provisoire ; loi du 14 juillet 1865. — La *détention préventive*, ou emprisonnement de l'inculpé avant le jugement, est une mesure grave, et qui peut avoir les plus grands inconvénients pour celui qui en est l'objet : aussi la loi a-t-elle pris soin d'en tempérer la rigueur, en dispensant, dans certains cas, l'inculpé de la détention préventive, et en lui permettant, dans d'autres cas, d'obtenir sa liberté moyennant certaines garanties pécuniaires. Les dispositions du Code d'instruction criminelle (art. 113 à 126) ont été modifiées sur ce point dans un sens libéral par une loi du 14 juillet 1865.

Lorsque le fait poursuivi n'est qu'un délit correctionnel, la mise en liberté est de droit cinq jours après l'interrogatoire, si l'inculpé a son domicile dans l'arrondissement, s'il n'a point été déjà condamné pour crime ou à un emprisonnement de plus d'une année, et enfin, si le maximum de la peine prononcée par la loi contre le fait pour lequel il est poursuivi est inférieur à deux ans d'emprisonnement. Dans tous les cas, même en matière criminelle, l'inculpé peut obtenir, par une ordonnance du juge d'instruction, sa mise en liberté provisoire, à charge de prendre l'engagement de se représenter à tous les actes de la procédure et pour l'exécution du jugement. Lorsque le juge d'instruction accorde ainsi la liberté provisoire, il peut imposer à la personne poursuivie l'obligation de fournir un cautionnement. Le cautionnement est donné en espèces, ou au moyen de l'engagement d'une tierce personne solvable, qui s'engage à faire représenter l'inculpé à toute réquisition, ou, s'il ne se représente pas, à verser au Trésor la somme déterminée. Le cautionnement garantit la représentation de l'inculpé à tous les actes de la procédure et pour l'exécution du jugement; il garantit aussi le paiement des frais et des amendes.

Comment se termine l'instruction. — Lorsque le juge d'instruction a réuni les divers éléments qui sont de nature à l'éclairer, l'instruction est terminée, et le juge rend une ordonnance qui met fin à cette première partie de la procédure. Si le juge d'instruction estime que le fait n'est pas établi ou qu'il ne constitue ni un crime ni un délit, il décide qu'il n'y a pas lieu de poursuivre ; il rend une *ordonnance de non-lieu*. Si le fait est prouvé, et s'il constitue un délit, le juge d'instruction renvoie le prévenu devant le tribunal correctionnel. Si le fait a les caractères d'un crime, l'inculpé est renvoyé, par l'ordonnance du juge d'instruction, devant la Cour d'appel, chambre des mises en accusation, qui décidera si, à raison des charges qui s'élèvent contre lui, il y a lieu de le déférer à la Cour d'assises.

SECTION III.

DES TRIBUNAUX DE SIMPLE POLICE. — DES TRIBUNAUX DE POLICE CORRECTIONNELLE.

Tribunaux de simple police ; organisation ; attributions. — Le juge de paix, dans chaque canton, remplit les fonctions de juge de simple police ; le commissaire de police exerce les fonctions du ministère public près le tribunal de simple police. Les tribunaux de police jugent les contraventions, c'est-à-dire les faits punis d'une amende inférieure à seize francs et d'un emprisonnement de moins de six jours. L'appel des jugements rendus par les tribunaux de simple police, dans le cas où il est possible, est porté au tribunal correctionnel.

Procédure devant le tribunal de simple police. — La citation devant le tribunal de simple police est donnée à la requête du ministère public ou de la partie civile ; le délai pour comparaître est de vingt-quatre heures au moins ; la personne citée peut comparaître en personne ou par un fondé de pouvoir : en cas de non-comparutior, elle est condamnée par défaut. L'instruction de l'affaire est publique ; les procès-verbaux, s'il y en a, sont lus par le greffier ; les témoins sont entendus ; enfin, après les observations de la partie civile, les conclusions du ministère public et la défense de la personne citée, le tribunal statue.

Tribunaux de police correctionnelle ; composition ; attributions. — Les tribunaux de première instance connaissent comme tribunaux de police correctionnelle des faits qualifiés délits, c'est-à-dire punis d'un emprisonnement de six jours au moins ou d'une amende de plus de quinze francs, et de certaines contraventions pour lesquelles la loi leur attribue compétence ; ils sont aussi juges d'appel pour les jugements rendus par les tribunaux de simple police. Les fonctions du ministère public sont remplies près du tribunal correctionnel par le procureur de la République ou son substitut. Dans les tribunaux composés de plusieurs chambres, une des chambres est spécialement chargée du service correctionnel.

Comment le tribunal correctionnel est saisi ; loi du 1er juin 1863 sur l'instruction des flagrants délits. — Le tribunal correctionnel est saisi de la connaissance de l'affaire par une ordonnance du juge d'instruction, si l'affaire a été soumise à l'instruction, ou bien par une citation donnée à la requête du ministère public, ou par une citation directe de la partie civile. Il doit y avoir un délai de trois jours au moins entre la citation et le jour pour lequel l'inculpé est cité devant le tribunal. La loi du 1er juin 1863 a simplifié, dans le cas de flagrant délit, les formes de la procédure, et diminué ainsi la durée de la détention préventive de l'inculpé. Tout individu arrêté en état de flagrant délit, pour un fait puni d'une peine correctionnelle, est immédiatement conduit devant le procureur de la République qui, après l'avoir interrogé, le renvoie devant le tribunal correctionnel. L'inculpé est traduit devant le tribunal le jour même ou le lendemain ; il peut demander un délai de trois jours au moins pour préparer sa défense ; s'il est acquitté, il est mis immédiatement en liberté. Les témoins, appelés à déposer dans l'affaire, lorsque l'inculpé est cité ainsi à bref délai, sont tenus de comparaître sur le simple avis qui leur est donné, et sans citation.

Procédure devant le tribunal correctionnel. — Le prévenu doit comparaître en personne devant le tribunal correctionnel ; il peut se faire représenter par un avoué, mais seulement lorsque le délit n'entraîne pas la peine d'emprisonnement. Le prévenu qui ne comparaît pas est jugé par défaut. L'instruction de l'affaire a lieu publiquement ; les témoins, cités par la partie civile, le ministère public ou le prévenu, sont entendus après avoir prêté serment ; il est tenu note par le greffier de leurs dépositions ; la partie civile expose sa plainte ; le ministère public donne ses conclusions et requiert, s'il y a lieu, l'application de la peine ; le prévenu ou son défenseur est entendu en ses moyens de défense. Le jugement rendu par le tribunal doit être motivé ; il acquitte le prévenu ou prononce une condamnation. Les jugements rendus en matière correctionnelle sont susceptibles d'appel ; l'appel est porté à la Cour d'appel, chambre des appels de police correctionnelle.

SECTION IV.

DES COURS D'ASSISES.

Chambre d'accusation ; renvoi devant la Cour d'assises. — La Cour d'assises est la juridiction chargée de juger les crimes, c'est-à-dire les faits punis de peines afflictives et infamantes. A raison de la gravité de l'infraction, la juridiction s'élève, et les formes prennent un caractère plus solennel. L'affaire, avant d'arriver à la Cour d'assises, a été l'objet d'une instruction qui s'est terminée par l'ordonnance du juge d'instruction renvoyant l'inculpé devant la chambre d'accusation. La chambre d'accusation est une section de la Cour d'appel, qui examine de nouveau les charges relevées par l'instruction, et, si elle les trouve suffisantes, renvoie l'accusé devant la Cour d'assises. La Cour d'assises ne peut être saisie que par l'arrêt de la chambre des mises en accusation.

Où siégent les Cours d'assises; sessions. — Il y a, dans chaque département, une seule Cour d'assises, qui se tient au siége de la Cour d'appel, dans les départements où il y a une Cour d'appel, et, dans les autres, au chef-lieu judiciaire du département. Dans quelques départements, le chef-lieu judiciaire est distinct du chef-lieu administratif : ainsi, dans le département de la Marne, les assises se tiennent à Reims, tandis que le chef-lieu du département est à Châlons-sur-Marne; dans le département des Ardennes, les assises se tiennent à Charleville, tandis que le chef-lieu administratif est à Mézières; il y a d'autres exemples de cette anomalie.

Les Cours d'assises ne sont pas des juridictions permanentes : elles ne sont réunies qu'à certains intervalles; il doit y avoir au moins une session par trimestre, et, si le nombre des affaires l'exige, il peut y avoir dans le même trimestre plusieurs sessions. A Paris, les sessions se succèdent sans interruption de quinzaine en quinzaine. Le jour où doit s'ouvrir la session des assises est fixé par le premier président de la Cour d'appel, et publié à l'avance.

Composition de la Cour d'assises; magistrats. — La Cour d'assises se compose de deux éléments : les magistrats, ou la Cour, et le jury, composé de *jurés*, simples citoyens désignés par le sort pour juger chaque affaire. Le jury statue sur la culpabilité de l'accusé, et, s'il est reconnu coupable, la Cour lui applique la peine prévue par la loi. La Cour d'assises est présidée par un conseiller à la Cour d'appel, délégué pour chaque session; le président est assisté de deux autres magistrats, ou *assesseurs*, qui sont pris parmi les conseillers de la Cour d'appel, si la Cour d'assises se tient dans le lieu où siége la Cour d'appel; dans le cas contraire, les assesseurs sont désignés parmi les juges du tribunal du lieu où se tiennent les assises. Les fonctions du ministère public sont remplies près la Cour d'assises par le procureur général de la Cour d'appel, les avocats généraux, ou le procureur de la République du tribunal, pour les Cours d'assises tenues dans une ville qui n'est pas siége de Cour d'appel. .

Jury ; formation de la liste générale et de la liste de session. — Le jury qui forme le second élément de la Cour d'assises, se compose de citoyens appelés à donner leur avis, en leur âme et conscience, sur la culpabilité de l'accusé. Une liste de jurés, pris parmi les électeurs n'ayant pas besoin pour vivre de leur travail journalier, est dressé chaque année pour chaque département. Il faut, pour figurer sur la liste du jury, être âgé de trente ans, jouir de ses droits civils et politiques, et ne se trouver dans aucun des cas d'incapacité ou d'incompatibilité prévus par la loi. Dix jours avant l'ouverture de la session des assises, il est procédé, en audience publique de la Cour d'appel ou du tribunal chef-lieu judiciaire, au tirage au sort de trente-six noms pris dans la liste annuelle; on y ajoute quatre jurés suppléants également tirés au sort, Les trente-six jurés que le sort a désignés forment la liste de session, et sont appelés à juger les affaires inscrites au rôle de la session. Le juré qui refuse de remplir ses fonctions, sans excuse légitime, est condamné à une amende dont le minimum est de 200 francs, et qui peut aller jusqu'à 1,500 francs.

Formation du tableau du jury. — Après la formation de la liste de session, il y a une dernière opération à indiquer, c'est la formation du tableau du jury, ou de la liste des jurés qui doivent connaître de chaque affaire. Le tirage du tableau du jury pour chaque affaire est fait par le président de la Cour d'assises, en chambre du conseil, entre tous les jurés composant la liste de session. Le ministère public et l'accusé assisté de son défenseur sont présents. L'accusé et le ministère public ont la faculté de récuser chacun un nombre égal de jurés, sans qu'il y ait de motifs à donner à l'appui de la récusation; le droit de récusation s'arrête lorsqu'il ne reste plus que douze jurés. Le jury chargé de juger l'affaire est constitué lorsqu'il est sorti de l'urne douze noms de jurés non récusés. Le jury étant ainsi constitué, il est procédé à l'examen et au jugement de l'affaire.

Procédure devant la Cour d'assises ; interrogatoire ; débats ; résumé du président. — L'accusé doit nécessairement être présent devant la Cour d'assises ; s'il s'est soustrait aux recherches de la justice, il est jugé *par contumace*, par la Cour d'assises, sans assistance de jury. L'arrêt de contumace tombe dès que le condamné se représente ou est arrêté. L'accusé comparaît devant la Cour d'assises, assisté d'un défenseur qu'il a choisi ou qui lui a été désigné d'office par le président. Le président demande d'abord à l'accusé ses nom, prénoms, profession, sa demeure et le lieu de sa naissance; puis il fait prêter serment aux jurés. Le greffier donne alors lecture de l'*acte d'accusation*, résumé des charges qui s'élèvent contre l'accusé. Après la lecture de l'acte d'accusation, le président interroge l'accusé, et procède à l'audition des témoins, qui prêtent serment *de parler sans haine et sans crainte, de dire toute la vérité et rien que la vérité.* Le président de la Cour d'assises est investi d'un pouvoir discrétionnaire, en vertu duquel il peut, dans le cours des débats, prendre toutes les mesures nécessaires à la manifestation de la vérité. Lorsque les témoins ont été entendus, l'avocat de la partie civile et le ministère public développent les moyens à l'appui de l'accusation; le défenseur de l'accusé présente sa défense : il doit toujours avoir la parole le dernier. Le président prononce ensuite la clôture des débats et fait son résumé, dans lequel il relève les principales preuves pour ou contre l'accusé, et rappelle aux jurés les fonctions qu'ils ont à remplir.

Questions posées au jury; circonstances atténuantes. — Avant d'envoyer les jurés dans la chambre de leurs délibérations, le président leur lit les questions auxquelles ils devront répondre. Il doit y avoir une première question comprenant les éléments constitutifs du fait, puis des questions spéciales sur chacune des circonstances aggravantes qui s'y rattachent, sur les excuses qui peuvent se présenter ; il y a, sur chaque chef d'accusation, une série de questions distincte. Le président ne pose pas de question sur les circonstances atténuantes : il doit seulement avertir les jurés, après leur avoir donné lecture des questions, qu'ils peuvent reconnaître l'existence de circonstances atténuantes en faveur de l'accusé.

Délibération du jury ; majorité. — Les jurés délibèrent dans la chambre qui leur est destinée ; puis ils votent au scrutin secret. La délibération est dirigée par le *chef du jury*, qui n'est autre que le premier juré désigné par le sort, lors de la formation du tableau. La décision du jury contre l'accusé se forme à la majorité : ainsi, pour qu'il soit déclaré coupable, il faut que sept jurés au moins aient répondu affirmativement à la question principale. Ce résultat est constaté en ces termes par le chef du jury à la suite de la question : *Oui, à la majorité.* S'il s'agit d'une question d'excuse, le partage est en faveur de l'accusé, et l'excuse est admise, lorsqu'il y a six voix pour ; on répondra alors à la question d'excuse : *Oui,* sans ajouter : *A la majorité ;* pour que l'excuse soit repoussée, il faut la majorité de sept voix ; on répondra alors : *Non, à la majorité.* Les circonstances atténuantes ne sont admises qu'autant qu'il y a majorité ; le vote du jury sur les circonstances atténuantes est exprimé ainsi : *A la majorité, il y a des circonstances atténuantes en faveur de l'accusé.* Si le jury n'accorde pas de circonstances atténuantes, il n'en est pas fait mention dans sa décision.

Verdict ; acquittement ; condamnation ; absolution. — La décision du jury s'appelle verdict. Lorsque cette décision est formée, les jurés reviennent à l'audience : le chef du jury lit le verdict, puis l'accusé est ramené et il lui est donné connaissance de la décision du jury. Si la réponse du jury est négative, le président prononce l'acquittement de l'accusé et ordonne sa mise en liberté ; si le jury a reconnu que l'accusé est coupable, la Cour le condamne aux peines portées par la loi. Il est possible que, l'accusé étant reconnu coupable, il n'y ait aucune peine à lui appliquer, parce que le crime est prescrit, ou parce que l'accusé se trouve dans un cas où la loi l'exempte de l'application de la peine; la Cour prononce alors un *arrêt d'absolution.* L'acquittement suppose la non-culpabilité : il est prononcé par le président ; l'absolution au contraire se présente lorsque l'accusé est coupable, mais qu'il n'y a pas de peine à lui appliquer : l'absolution est prononcée par la Cour. Lorsqu'il y a condamnation, le président avertit le condamné qu'il a trois jours pour se pourvoir en cassation contre l'arrêt.

SECTION V,

DES VOIES DE RECOURS.

Jugements de simple police; opposition; appel. — Les jugements du tribunal de simple police rendus par défaut sont susceptibles d'opposition. L'opposition est faite par une déclaration mise au bas de la signification du jugement, ou par exploit d'huissier dans les trois jours de la signification. Les jugements en matière de police sont susceptibles d'appel, toutes les fois qu'ils prononcent un emprisonnement, ou que le chiffre des condamnations, en y comprenant l'amende, les restitutions et réparations civiles, excède la somme de cinq francs. L'appel est porté au tribunal correctionnel; le délai pour faire appel est de dix jours ; l'appel suspend l'exécution du jugement.

Jugements des tribunaux correctionnels; opposition. — Les jugements par défaut du tribunal correctionnel peuvent être attaqués par la voie de l'opposition. L'opposition doit être formée dans les cinq jours de la signification du jugement par défaut faite au prévenu ou à son domicile. Si la signification n'a pas été remise au prévenu en personne, et s'il n'est point établi, par des actes d'exécution, qu'il a eu connaissance du jugement, l'opposition est recevable jusqu'à l'expiration du délai de la prescription de la peine. L'opposition est faite par exploit d'huissier, signifié à la partie civile et au ministère public; elle emporte de droit citation à l'audience la plus prochaine; elle est comme non avenue, si le prévenu ne comparaît pas : le jugement rendu n'est plus susceptible d'opposition.

Appel; délai et formes de l'appel; instruction sur l'appel. — Tous les jugements rendus par le tribunal correctionnel, à l'exception de ceux par lesquels il statue sur l'appel des jugements de simple police, sont susceptibles d'appel. L'appel est porté à la Cour d'appel dans le ressort de laquelle se trouve le tribunal. La faculté d'appeler appartient au prévenu condamné, à la partie civile, au ministère public; le délai pour faire appel est de dix jours à compter du jugement, s'il est contradictoire, à compter de la signification, s'il est par défaut. L'appel est interjeté par une déclaration au greffe du tribunal, signée de l'appelant, d'un avoué, ou d'un fondé de pouvoir spécial. L'appel suspend l'exécution du jugement.

L'instruction devant la Cour d'appel est soumise aux mêmes règles que devant le tribunal correctionel. Signalons seulement deux points : les débats s'ouvrent par un rapport fait à l'audience sur l'affaire par un des conseillers; en outre, la Cour saisie de l'appel peut ne pas entendre à nouveau les témoins: elle statue d'après les notes d'audience dressées par le greffier en première instance.

Pourvoi en cassation. — On peut se pourvoir en cassation contre les jugements des tribunaux de simple police non susceptibles d'appel, contre les jugements des tribunaux correctionnels statuant comme juges d'appel du tribunal de simple police, contre les arrêts de la Cour d'appel rendus sur l'appel des jugements correctionnels. Les arrêts de la Cour d'assises portant condamnation peuvent être l'objet d'un pourvoi en cassation de la part du condamné. Le ministère public peut se pourvoir en cassation contre un arrêt d'absolution, mais il ne peut attaquer l'ordonnance d'acquittement, rendue à la suite d'un verdict négatif d'un jury : le bénéfice de la déclaration du jury est définitivement acquis à la personne poursuivie et acquittée. Le délai pour se pourvoir est de trois jours à compter du jugement ou de l'arrêt. Le pourvoi en cassation formé par les particuliers, en matière de simple police ou en matière correctionnelle, donne lieu à la consi-

gnation d'une amende de cent cinquante francs, qui est resti-
tuée, si la décision attaquée est annulée. Le pourvoi est suspensif : il est jugé par la section criminelle de la Cour de
cassation. Si la Cour casse la décision attaquée, elle renvoie
devant une juridiction de même ordre pour être statué sur
le fond.

Révision des procès criminels et correctionnels. —
Malgré les garanties données à la défense des individus tra-
duits devant les juridictions de répression, il peut arriver
qu'une condamnation soit prononcée contre un innocent.
C'est pour réparer, autant que possible, les erreurs judiciaires
qu'a été introduite la révision des procès criminels. Cette
matière a été réglée à nouveau par une loi du 29 juin 1867,
modifiant les art. 443 et suivants du Code d'instruction criminelle.

La révision peut être demandée en matière criminelle ou
correctionnelle : 1° lorsqu'après une condamnation pour homicide, l'existence de la prétendue victime de l'homicide est
établie; 2° lorsqu'après une condamnation, il intervient un
second arrêt ou jugement condamnant pour le même fait un
autre accusé, et inconciliable avec la première condamnation;
3° lorsqu'un des témoins entendus contre le prévenu ou l'accusé a été condamné pour faux témoignage. La révision peut
être demandée par le ministre de la justice, par le condamné,
et, après sa mort, par son conjoint, ses enfants, ses parents,
ses légataires universels ou à titre universel, et même par
une personne qui aurait reçu de lui à cet effet une mission
expresse. La demande en révision est portée devant la Cour
de cassation qui est saisie par son procureur général, en vertu
le l'ordre que lui donne le ministre de la justice d'office, ou
sur la réclamation des parties intéressées.

FIN.

OUVRAGES
POUR L'ENSEIGNEMENT SECONDAIRE SPÉCIAL
RÉDIGÉS CONFORMÉMENT AUX PROGRAMMES OFFICIELS

(Tous les volumes ci-après sont imprimés dans le format in-16 et cartonnés)

LANGUE FRANÇAISE.

Grammaire de l'enseignement secondaire spécial, par M. Sommer. 1 vol. 1 fr. 50 c.

Lectures ou dictées, par M. Letion-Damien (année préparatoire et 1re année). 2 volumes :

  Tome I, contrées agricoles. 1 fr. 50 c.

  Tome II, contrées commerciales. 1 fr. 50 c.

Premiers principes de style et de composition, par M. Pellissier (2e année). 1 vol. 1 fr. 50 c.

Morceaux choisis des classiques français (prose et vers), adaptés au précédent ouvrage. 1 vol. 1 fr.

Principes de rhétorique française, par M. Pellissier (3e année). 1 vol. 2 fr. 50 c.

Morceaux choisis des classiques français (prose et vers), adaptés au précédent ouvrage. 1 vol. 2 fr.

Textes classiques de la littérature française, extraits des grands écrivains français, avec notices biographiques et bibliographiques, appréciations littéraires et notes explicatives, par M. Demogeot (3e année). 2 vol. 4 fr. 50.

GÉOGRAPHIE ET HISTOIRE.

Géographie élémentaire de la France, par M. R. Cortambert (année préparatoire). 1 vol. 90 c.

  Atlas correspondant (12 cartes). 2 fr. 50 c.

Géographie des cinq parties du monde, par M. E. Cortambert (1re année). 1 vol. 1 fr. 50 c.

  Atlas correspondant (37 cartes). 6 fr.

Géographie agricole, industrielle, commerciale et administrative de la France et de ses colonies, par le même auteur (2e année). 1 vol. 2 fr.

  Atlas correspondant (22 cartes). 4 fr.

Géographie commerciale des cinq parties du monde, par M. R. Cortambert (3e année). 1 vol. 3 fr.

Simples récits d'histoire de France, par MM. Ducoudray et Feillet (année préparatoire). 1 vol. avec gravures. 2 fr.

Simples récits d'histoire ancienne, grecque, romaine et du moyen âge, par les mêmes auteurs (1re année). 1 vol. 2 fr. 50 c.

Histoire de la France depuis l'origine jusqu'à la Révolution française, et grands faits de l'histoire moderne de 1453 à 1789, par M. Ducoudray (2e année). 1 vol. 2 fr. 50 c.

Histoire de France et histoire générale depuis 1789 jusqu'à nos jours, par le même auteur (3e année). 1 vol. 2 fr. 50 c.

LÉGISLATION, MORALE, INDUSTRIE, ÉCONOMIE POLITIQUE.

Éléments de législation usuelle, par M. Delacourtie, avocat, docteur en droit (3e année). 1 vol. 2 fr.

Éléments de législation commerciale et industrielle, par le même auteur (4e année). 1 vol. 3 fr.

Éléments de morale, par M. A. Franck, membre de l'Institut (3e et 4e années). 1 vol. 2 fr.

Les grandes inventions modernes, par M. L. Figuier (4e année). 1 vol. 1 fr. 50 c.

Simples lectures sur les principales industries, par M. Poiré. 1 vol. 1 fr. 50 c.

Cours d'économie rurale, industrielle et commerciale, par M. Levasseur (4e année). 1 vol. 3 fr.

ARITHMÉTIQUE ET COMPTABILITÉ.

Éléments d'arithmétique, par M. Pichot (année préparatoire et 1re année). 1 vol. 2 fr. 50 c.

Arithmétique, par M. Bovier-Lapierre (année préparatoire et 1re année). 1 vol. 2 fr. 50 c.

Traité d'arithmétique commerciale, par le même auteur (2e année). 1 vol. 1 fr. 50 c.

Cours d'arithmétique commerciale, par M. E. Jeanne (2e année). 1 vol. 3 fr.

Cours de comptabilité, par M. Courcelle-Seneuil (1re, 2e, 3e et 4e années). 4 vol. Chaque volume, 1 fr. 50

GÉOMÉTRIE, TRIGONOMÉTRIE, ALGÈBRE, GÉOMÉTRIE DESCRIPTIVE.

Géométrie, par M. Saint-Loup :

  Année préparatoire (géométrie plane). 1 fr.

  Première année (géométrie plane). 2 fr.

  Deuxième année (géom. dans l'espace). 1 fr. 50.

Principes d'algèbre, par MM. H. Sonnet et E. Jeanne (3e et 4e années). 1 vol. 2 fr. 50 c.

Cours élémentaire de géométrie descriptive, par M. Kiss (3e et 4e années). 2 vol. 5 fr.

Notions élémentaires de trigonométrie rectiligne, par M. Bezodis (4e année). 1 vol. 1 fr. 50 c.

Notions élémentaires sur les courbes usuelles, par le même auteur (4e année). 1 vol. 1 fr. 50 c.

HISTOIRE NATURELLE, PHYSIQUE, CHIMIE, MÉCANIQUE, COSMOGRAPHIE.

Notions élémentaires d'histoire naturelle : Zoologie, Botanique, Géologie, par MM. Gervais, Marchand et Raulin :

  Année préparatoire. 1 vol. 3 fr.

  Première année. 1 vol. 3 fr. 50 c.

  Deuxième année. 1 vol. 4 fr. 50 c.

Éléments de zoologie, par M. Gervais :

  Année préparatoire. 1 vol. 1 fr. 25 c.

  Première année. 1 vol. 1 fr. 25 c.

  Deuxième année. 1 vol. 2 fr. 50 c.

  Troisième année. 1 vol. 2 fr. 50 c.

Éléments de botanique, par M. Marchand :

  Année préparatoire. 1 vol. 1 fr. 25 c.

  Première année. 1 vol. 1 fr. 50 c.

  Deuxième année. 1 vol. 1 fr. 50 c.

  Troisième et quatrième années. 1 vol. 3 fr.

Éléments de géologie, par M. Raulin :

  Année préparatoire. 1 vol. 1 fr. 25 c.

  Première année. 1 vol. 1 fr. 25 c.

  Deuxième année. 1 vol. 1 fr. 25.

  Troisième année. 1 vol. 1 fr. 50 c.

  Quatrième année, par MM. Marié-Davy et Soutel. 1 vol. 1 fr. 80 c.

Cours élémentaire de physique, par M. Gossin :

  Première année. 1 vol. 3 fr.

  Deuxième année. 1 vol. 3 fr.

  Troisième année. 1 vol. 3 fr.

  Quatrième année. 1 vol. 3 fr.

Éléments de chimie, par MM. Debérain et Tissandier :

  Première année. 1 vol. 1 fr. 50 c.

  Deuxième année. 1 vol. 2 fr. 50 c.

  Troisième année. 1 vol. 3 fr.

  Quatrième année. 1 vol. 2 fr. 50 c.

Cours de mécanique, par M. Ed. Collignon :

  Troisième année (1re partie, *Cinématique*). 1 fr. 80.

  Troisième année (2e partie, *Statique*). 1 v. 2 fr. 20

Éléments de cosmographie, par M. Amédée Guillemin (3e année). 1 vol. 3 fr. 50 c.

COULC